涨停板实战技法

谢锐 编著

中国宇航出版社
·北京·

内 容 提 要

本书全面阐述股票涨停的秘密，通过讲解20种涨停板交易战法，几十只涨停板股票的实战案例，详细分析各种不同类型的涨停因子，从而形成一套高成功率的涨停板战法体系，帮助投资者在实战中快速找到具有涨停潜力的股票，准确把握涨停交易机会，获取丰厚的收益。

图书在版编目（CIP）数据

涨停板实战技法 / 谢锐编著. -- 北京 : 中国宇航出版社，2021.8（2025.3 重印）

ISBN 978-7-5159-1925-6

Ⅰ. ①涨… Ⅱ. ①谢… Ⅲ. ①股票交易－基本知识 Ⅳ. ①F830.91

中国版本图书馆CIP数据核字(2021)第101199号

责任编辑 白希国　　**封面设计** 李 松

出版发行 中国宇航出版社

社 址 北京市阜成路 8 号　**邮 编** 100830

（010）68768548

网 址 www.caphbook.com

经 销 新华书店

发行部 （010）68767386　（010）68371900

（010）68767382　（010）88100613（传真）

零售店 读者服务部　（010）68371105

承 印 三河市君旺印务有限公司

版 次 2021 年 8 月第 1 版

2025 年 3 月第 8 次印刷

规 格 787 × 1092

开 本 1/16

印 张 14.25

字 数 269 千字

书 号 ISBN 978-7-5159-1925-6

定 价 42.00 元

前言

所有投资者都希望自己买到的股票能够涨停，最好天天涨停，但这是不现实的，千万不要抱有这样的幻想。不过，通过一定的方法和技巧，投资者可以增加买到涨停板股票的几率。

股市中几乎天天都有涨停板股票，但是能够抓住涨停板股票的投资者少之又少。目前市场上有几千只股票，每天涨停的股票也就几十只。如果整体行情处于强势，涨停个股通常会多一些，偶尔能够出现上百只，投资者捕捉到涨停板个股的几率相对就会高一些。如果整体行情处于弱势，涨停个股通常比较少，有时可能只有几只或者十几只，此时想要捕捉到涨停板个股是非常困难的，就算偶然抓住一只涨停板个股，往往也是一时的巧合和运气。

涨停板股票通常具有强爆发性和高波动性。股票涨停通常意味着股票走势非常强劲。在交易中，强势股往往蕴藏着巨大的机会，很多强势涨停股在涨停之后其涨势大都会持续一段时间。如果投资者能够买到强势涨停牛股，就能轻松获得股价上涨带来的丰厚收益。

很多投资者认为涨停板股票一定存在较大的风险，事实上，涨停的股票之所以会涨停，是有其内在原因的。并且，大多数涨停的股票通常被认为是强势股票，这样的股票通常不会涨停一天就结束，后市往往会有持续性行情，甚至有成为“妖股”的可能。因此，分析和研究涨停板个股，择机买入强势涨停板个股，能够让投资者快速地斩获利润。

当然，股票涨停不能说明这只股票一定非常强势，也不意味着后市肯定会继续强势拉升，可以说，涨停板股票是机会与风险并存的。投资者要学会辨别涨停板中的机会和风险，只有摒弃有风险的涨停板股票，抓住有机会的涨停板股票，才能更加稳健地操作涨停板，从而使资金快速增长。

股票涨停必定有原因，投资者需要找出导致股票涨停的各种原因，然后对这些涨停因子进行综合判断，以确定涨停板股票所具备的强势效应。如果强势效应很强，则后续还会持续上涨，投资者买入必定会有丰厚的回报。如果强势效应很弱，则后续持续上涨的概率就会偏小，投资者买入后的风险就会大于机会。

股票涨停必定有规律。技术分析的三大假设之一就是历史会不断重演，股票涨停也是一样的，很多涨停都有着相同或相近的涨停因素。有些投资者善于通过分析盘面透露出来的信息来捕捉涨停个股，并且很好地把握涨停板的最佳买卖时机。

股市中经常会出现一些“妖股”，这些“妖股”大都是从涨停板开始的。如果投资者能够在股票涨停前准确地潜伏，那么捕捉到“妖股”的可能性就会大大增加。并且，只要投资者能够成功持有“妖股”，其资金就会快速暴增。所以，研究和了解涨停板模式对于捕捉“妖股”具有重要作用。

通过长期研究涨停板个股的特征，笔者总结出一套具有较强规律性的涨停板实战技法。

本书全面阐述了股票涨停的秘密，通过讲解 20 种涨停板交易战法，几十只涨停板股票的实战案例，详细分析了各种不同类型的涨停因子，从而形成一套高成功率的涨停板战法体系，让投资者在实战中能够准确并快速地发现涨停板的密码。通过深入研究这些战法和案例，投资者能够提前发现潜在的涨停板个股，并且准确高效地分析涨停板个股的强势效应，快速地捕捉涨停板个股。

本书着重分析了各类规律性的涨停战法，这些涨停战法几乎涵盖了目前市场上绝大部分涨停股票的涨停规律和涨停因子，具有非常高的实用价值。深入领悟这些涨停战法，对快速捕捉强势涨停牛股能够起到重要的指导作用。笔者希望这些涨停战法能够为大家捕捉涨停板个股带来切实的帮助。

目　录

第一章　涨停板概述

第一节　涨跌停板制度 / 1

第二节　涨停板分析的重要性 / 6

第三节　涨停分歧与一致 / 11

第二章　涨停因子分析

第一节　政策性因素涨停 / 17

第二节　行业基本面因素涨停 / 18

第三节　公司利好消息因素涨停 / 20

第四节　技术性因素涨停 / 26

第五节　概念炒作因素涨停 / 30

第六节　庄家因素涨停 / 31

第七节　突发事件因素涨停 / 32

第三章　涨停板量价关系

第一节　量价关系的含义和内容 / 35

第二节　标准的量价循环结构 / 40

第三节　涨停板量价关系研究 / 43

第四节　股价拉升涨停过程中的单量分析 / 48

第五节　股价涨停板封单量分析 / 49

第四章 20种涨停板战法

第一节 一字涨停板战法 / 55
第二节 T字涨停板战法 / 59
第三节 N字涨停板战法 / 62
第四节 小步上扬涨停板战法 / 66
第五节 强势洗盘涨停板战法 / 69
第六节 揉搓线涨停板战法 / 77
第七节 突破型涨停板战法 / 80
第八节 跳空型涨停板战法 / 83
第九节 一阳穿多线涨停板战法 / 86
第十节 均线聚首涨停板战法 / 89
第十一节 多方炮涨停板战法 / 92
第十二节 地量涨停板战法 / 95
第十三节 筹码顶格涨停板战法 / 98
第十四节 仙人指路涨停板战法 / 103
第十五节 底部十字星涨停板战法 / 106
第十六节 龙头首阴涨停板战法 / 108
第十七节 上涨黑太阳涨停板战法 / 112
第十八节 黄金坑涨停板战法 / 115
第十九节 岛形反转涨停板战法 / 118
第二十节 地天板涨停板战法 / 121

第五章 不同阶段的涨停分析

第一节 庄家建仓涨停 / 125
第二节 低位启动涨停 / 127
第三节 主力洗盘涨停 / 130
第四节 上涨中继涨停 / 133
第五节 主力出货涨停 / 135
第六节 反弹自救涨停 / 137

第六章 拉升涨停板手法分析

第一节 一字涨停板 / 141
第二节 T 字涨停板 / 142
第三节 高开直接拉升涨停 / 144
第四节 高开回档拉升涨停 / 146
第五节 平开直接拉升涨停 / 147
第六节 平开下探回升涨停 / 149
第七节 低开直接拉升涨停 / 150
第八节 低开下探回升涨停 / 152

第七章 涨停速度分析

第一节 直线拉升涨停 / 155
第二节 波段拉升涨停 / 157
第三节 阶梯式拉升涨停 / 159
第四节 斜推式拉升涨停 / 162
第五节 振荡式拉升涨停 / 164

第八章 涨停板的资金分析

第一节 机构资金 / 167
第二节 热钱与牛散资金 / 170
第三节 资金流向分析 / 172

第九章 挖掘潜力涨停板机会

第一节 换手率中潜在的涨停机会 / 175
第二节 财务指标中潜在的涨停机会 / 178
第三节 十大流通股东中潜在的涨停机会 / 182
第四节 重要消息中潜在的涨停机会 / 184
第五节 热点题材龙头股中的潜在涨停机会 / 186

第十章　涨停板的买卖原则

第一节　涨停板的买入原则和时机 / 191

第二节　涨停板止盈方法 / 198

第三节　涨停板止损方法 / 205

第十一章　涨停板的陷阱

第一节　涨停板的陷阱类型 / 209

第二节　逃脱涨停板的陷阱 / 215

后　记

第一章　涨停板概述

第一节　涨跌停板制度

1. 涨跌停板制度的含义

涨跌停板制度又叫“停板制度”，源于国外早期的证券市场，是证券市场上为了防止交易价格的暴涨暴跌，抑制过度投机现象，对每只证券当天价格的涨跌幅度予以适当限制的一种交易制度，即规定交易价格在一个交易日中的最大波动幅度为前一交易日收盘价上下百分之几，超过后停止交易。

在涨跌停板制度下，前一交易日结算价加上允许的最大涨幅构成当日价格上涨的上限，称为涨停板；前一交易日结算价减去允许的最大跌幅构成价格下跌的下限，称为跌停板。因此，涨跌停板又叫每日价格最大波动幅度限制。

我国证券市场现行的涨跌停板制度是 1996 年 12 月 13 日发布，1996 年 12 月 26 日开始实施的。制度规定，除上市首日外，股票（含 A、B 股）、基金类证券在一个交易日内的交易价格相对上一交易日收市价格的涨跌幅度不得超过 10%，ST 股涨跌幅度不得超过 5%，超过涨跌限价的委托为无效委托。我国的涨跌停板制度与国外制度的主要区别在于股价达到涨跌停板后，不是完全停止交易，而是在涨跌停价位或之内价格的交易仍可继续进行，直到当日收市为止。

如今，随着国内股票市场注册制的逐步实施，科创板和创业板率先改变了涨跌停规则，日内涨跌停板幅度变更为涨跌 20%。虽然目前中小板和沪 A 主板的股票还没有实施注册制，但随着注册制市场运行的日趋平稳，注册制制度日趋完善，很快国内股票市场将会实施全面的注册制制度，届时市场上所有的股票涨跌幅度都会实现涨跌 20% 的涨停板制度。

涨跌停板价格的计算公式：

涨停板价格 = 前一交易日收盘价 ×（1+ 涨幅比例），即正常股票前一交易日收盘价 ×1.1，ST 股票前一交易日收盘价 ×1.05；

跌停板价格 = 前一交易日收盘价 ×（1– 跌幅比例），即正常股票前一交易日收盘价 ×0.9，ST 股票前一交易日收盘价 ×0.95。

计算结果按照四舍五入原则取小数点后两位数。

自从中国股市有了涨跌停板制度后，股市中的涨停板尤其是连续涨停板特别吸引投资者的注意。几乎所有的投资者每天都想买到涨停板股票，更期望买到连续涨停板的股票。

2. 涨跌停板制度的曲折历史

我国的涨跌停板制度早在 1990 年就已经正式推出了，在推出之后中国股市经历了一段曲折的过程，中间一段时间也放开过涨跌停板制度。但是由于市场暴涨暴跌，1996 年管理层再度恢复涨跌停板制度，之后一直沿用至今。

1990 年 5 月，深圳股票市场突然出现了“股票热”，引起了全社会的关注。多只个股猛烈上涨，使得参与市场的投资者大幅增加，市场出现供不应求的局面。

深市股票交易的火爆程度引起当地政府的高度重视，随即开始制定相应的措施进行干预。1990 年 5 月 29 日，市政府首次推出涨跌停板制度，涨跌幅度限制为 ±10%。但是由于当时股市表现异常火爆，投资者大都看好股市，股价上涨势头依然非常猛烈。为了抑制市场的过度投机行为，6 月 18 日，政府将涨跌停幅度调整为 ±5%。但是这一举措仍未有效抑制投资者的投机行为，股价依然大幅飙升。

6 月 26 日，市政府再次调整停板制度，确定涨停板为 1%，跌停板为 –5%。即使出台如此严厉的限制措施，股价仍然大幅上涨，出现连续涨停。11 月 21 日，市政府第四次调整停板制度，确定涨停板为 0.5%，跌停板为 –5%，并通过媒体警示投资者注意防范市场风险。

市政府多次调整停板制度后，股价仍然持续飙升。1990 年 7 月 1 日，深圳开始实行《关于对股权转让和个人持有股票收益征税的暂行规定》，卖出股票需缴纳 6‰的印花税，红利所得超过银行 1 年期利息部分，要缴纳 10% 的个人收入调节税。然而，政府提高交易费用依然没能抑制住股价快速上涨，投资者还是纷纷涌入股市。同年 10 月，深圳市委、市政府做出决定，处级以上党政干部不得买卖股票。

尽管当地政府出台了一系列调控措施，但股价还在持续飙升。从 6 月到 10 月，深发展从24元涨到62元，如果从年初算起，一年的涨幅将近30倍；万科从7.5元涨到17.19元，上涨了129%；金田从80元左右涨到215元，上涨了165%；安达从8元涨到20.89元，上涨了161.13%；原野从52元涨到143元，上涨了175%。

1990年11月20日，深圳党政干部响应红头文件的规定，纷纷踏入股市抛售股票。直到1990年11月26日，万科、安达、原野开始下跌。11月28日，金田多头崩溃，开始做空。多方继续盘踞在深发展中抵抗，空方开始在其他4只股票中发力，十几天后，深发展也全面失守，股价跌停。这样，半年以来始终上涨的深圳股市从12月8日开始掉头向下，市场做空能量很快开始爆发，股价急转下跌，投资者纷纷清仓出局，出现恐慌抛盘，致使市场狂跌不止，股价屡屡出现连续跌停。1991年1月2日，市政府将停板幅度统一调整为 ±0.5%，但股价继续下跌，自此股市开始了长达9个月的持续下跌走势。

管理层多次调整都不能有效地控制市场风险，最终决定取消停板制度，让市场机制自行调节。可是，当政府放开停板制度后，市场出现了一种极端现象。1991年8月17日停板制度取消，放开限价的当天，深发展A的股价下跌幅度达到45.96%，市场上演了一场惊心动魄的下跌场面。

直至1996年年初，中国股市已经连续走了3年的熊市，许多股票已经跌到极低。春节过后，股市连连跳空高开，宏观政策也利好不断。3月30日，央行宣布4月1日起停办新的保值储蓄业务。4月1日，国务院批示要“稳步发展，适当加快”。加油打气的还有沪深两个交易所之间的较劲儿。6月20日，央行上海分行宣布，欢迎异地券商在沪开办营业部。上海还推出了上证30指数。在沪市的挤压下，深圳推出30家绩优公司相抗衡。此后，沪深大盘全线飘红，从1996年4月1日到12月12日，上证综指涨幅达124%，深成指涨幅达346%，涨幅达5倍以上的股票超过百只，致使停板制度再次提到了管理层的议事日程。1996年12月16日，经中国证监会同意，上交所和深交所决定，即日起对在两所上市的股票、基金类证券的交易实行价格涨跌幅 ±10%的限制，ST类个股为 ±5%，并实行公开信息制度，这一制度一直沿用至今。

3. 涨跌停板制度的作用

就目前的国内金融市场来看，涨跌停板制度对于保障股票市场的运转，稳定股票市场的秩序以及发挥股票市场的功能具有十分重要的作用。

（1）防止股票价格暴涨暴跌。涨跌停板制度的实施，可以有效地减缓和抑制突发事件和过度投机行为对股票价格的冲击，给市场一定的时间来充分化解这些因素对市场造成的影响，防止股票价格狂涨暴跌，维护正常的市场秩序。

（2）延缓股票价格波幅的实现时间。涨跌停板制度使股票价格在更为理性的轨道上运行。通过实施涨跌停板制度，可以延缓股票价格波幅的实现时间。在实际交易过程中，当某一交易日以涨跌停板收盘后，下一交易日价格的波幅往往会缩小，甚至出现反转，这种现象恰恰说明了涨跌停板制度的上述作用。

（3）抑制股票市场中的过度投机行为。当股票市场出现过度投机和操纵等异常现象时，涨跌停板幅度往往成为交易所控制风险的一个重要手段。股票本身就具有突然上涨 10% 以上的冲击力，尤其在注册制实施后，股票的单日涨跌幅能达到 20%。比如，有突发重大利好或者大盘反转时，如果没有涨跌停限制，很多投资者尤其机构投资者，很容易做出过度投机行为，从而导致股价大幅波动。

（4）涨跌停板具有很大的助涨助跌作用。涨跌停板对买卖股票的交易双方产生了一定的心理影响，从而也影响到投资者的交易行为。通常情况下，如果股票涨停，本来打算卖出股票的投资者就会提高心理预期，从而不愿意卖出。想买入股票的投资者，这个时候因为买不到股票，会更加看好股票行情，愿意以更高价买进。相反，如果股票跌停，本来打算买入股票的投资者就会降低心理预期，从而不愿意买进。想卖出股票的投资者，因为跌停卖不出股票，从而增加恐慌情绪，更加看弱股票行情，愿意以更低价卖出。因此，涨跌停板具有很大的助涨助跌作用。

4. 涨跌停板制度的弊端

总体来说，涨跌停板制度在市场中起到了一定的作用，达到了设置时的初衷，但是也存在一些弊端。

（1）扭曲股价走势。股价的涨跌有其自身规律，用行政手段来限制有时会适得其反。股价不仅不因涨跌停板变得理性，反而因为涨跌停板变得更不理性。迄今为止，还没有一只股票因为有了涨停板最终涨得少了，往往是轻易地涨过了头，因为越是买不到就越想买，从而引起股价更加剧烈的振荡。反之，股价下跌也容易跌过头，股价越下跌市场情绪就越恐慌，投资者就越想早点抛出手中的股票。股价走势的非理性在 ST 股票上表现得尤其明显，今天可能开盘就涨停，明天可能开盘就跌停。

（2）对普通投资者的操作造成障碍。涨跌停板制度增加了普通投资者操作的难度。当市场出现一只好股票时，机构和庄家就会利用自己的资金、信息等资源优势快速地封死涨停板，使普通投资者想买进也买不到，等能够买到时，股价已经差不多快见顶了。同样，当市场上某只股票出现利空因素时，机构和庄家会利用自己的资金、信息等资源优势快速地封死跌停板，使普通投资者想卖出也卖不掉，等能卖出时，股价已经差不多快见底了。涨跌停板往往会让大多数普通投资者吃亏，因为股价连续涨停或者跌停时，股价很容易严重失实，普通投资者很容易作出不理性的操作。

（3）为庄家操纵股价提供便利。涨跌停板制度在给普通投资者的操作增加难度的同时，却为大资金操纵股价提供了方便。庄家和机构经常利用其资金、信息和通道等优势大肆做盘、做图形，诱骗普通投资者上当，使其被深套，或廉价割肉。

（4）庄家和机构大户们容易利用涨跌停板制度来进行高效率的炒作。他们是市场的主力，拥有比普通投资者得天独厚的资源优势，例如资金、技术、信息、研究人员等。因此，他们可以借助涨跌停板制度有计划地控制市场行情，以便达到自己的目的。

（5）股票市场中的涨停板与期货市场中的涨停板有较大的区别。期货市场采用双向开放，既可以做空也可以做多。而目前股票市场中只能做多，没有做空机制，涨停板的限制对于单向趋势的强化程度远不及期货市场。期货市场中采用的交易规则是T+0，即当日介入期货品种的价格发生波动时，投资者能够在交易时段内随时进出，而股票市场中采用的交易规则是T+1，即当日介入个股股价发生波动时，投资者只能买进，而不能卖出，实际上加大了助涨功能。

（6）个股涨停板可能会带来市场的联动效果。个股涨停板可能会带动该类板块个股的强烈反应，进而刺激市场人气，带动大盘上涨。如果某些个股出现连续涨停板，很容易引起市场投资者的关注，从而判断同板块个股或大盘持续上涨，使市场投资者的参与热情高涨，带动整个板块上涨，其影响面可能超过投资者的想象。

（7）容易涨停的个股，通常是流通盘较小的个股。小盘股由于流通盘较小，容易被庄家或机构操纵。庄家和机构大户可以用少量资金操控小盘股，以达到控盘的目的，进而影响同板块甚至大盘的走势。所以，投资者细心观察就会发现，市场上多数率先涨停的个股或者“妖股”，通常都是那些流通盘较小的个股。

（8）涨停板也会影响股票成交量的变化。股市中出现涨停板，会使成交量减少，但并不意味着顺势操作的人在减少，从成交量和封单量能够反映出操作的人在增加，只是受涨停板限制的影响，当日不能完全体现在成交量上面。

第二节　涨停板分析的重要性

如果投资者能够买到涨停的股票，那是很令人兴奋的。但是绝大多数投资者买到涨停板股票，大都靠运气，而非凭借真正的技术。实际上，绝大多数涨停板个股都是有规律可寻的，只要清楚地了解股票的各种涨停规律，就能大大提高投资者买到涨停板个股的概率。因此，对涨停板股票进行分析就显得尤为重要。

1. 股票涨停的秘密

（1）股票出现涨停，说明市场供不应求，投资者要排队才能买进，若想卖出则能轻松抛掉，这是涨停板给市场带来的最客观的感受，也是涨停板背后的第一个“秘密”。对价格来说，供不应求是好事情。所以，在大部分情况下，涨停的股票都会有继续上涨的惯性。造成供不应求的原因多种多样，有时是大盘好，有时是热点对路了，有时是上市公司有利好消息了，还有一种可能就是纯粹的庄家“做盘”。但无论是哪一种情况，都说明股价上涨产生了强大的动力。

（2）涨停的出现会使市场被迫以时间来换空间。从物质层面上讲，时间和空间是不能交换的，但在市场里，情况就不一样。空间被限制住了，然后通过时间的延长，寄希望于市场各方面心态发生变化。所以，涨停板的背后就是用时间换空间，这是它的第二个“秘密”。

时间换空间，有换得成和换不成两种情况。如果通过时间的延长，买进的冲动被抑制了，卖出的冲动被鼓励了，这时时间和空间就实现了交换，涨停板制度的目的就实现了。如果通过时间延长，买进的冲动进一步发酵，卖出的冲动变成了惜售，那么涨停板就成了一个蓄积买盘的“蓄水池”，一夜之后，涨势会更加强烈。所以，时空不能实现互换，对价格上涨来讲，是好事情。

（3）涨停板背后总有一些虚假的“买盘”。股价涨停之后，经常会看到买盘越堆越多，出现巨量封死涨停的情况。可以肯定地说，大部分涨停板的背后，都会有虚假买盘在里边挂着。明明买不到，哪怕等到收盘也不会成交，但就是挂在那里，这种买盘中一定有很多是假买盘。不可否认的是，买盘数量越大，相对来说，其中真实的买盘就越多。如果只是稀稀拉拉的买盘，最后封住涨停，这样的股票走势可能在当天涨停了，第二天的续涨能力则可能会减弱。

2. 涨停板对于控盘主力的重要性

（1）涨停板是控盘主力拉升股价最经济的方式。涨停可以有效地阻止散户割肉盘、解套盘、获利盘的抛压，大大减轻主力拉升股价的资金压力。因为股价涨停后，很多原本想要卖出的投资者都会选择继续观望，期待股价后续还能持续上涨，所以抛压盘自然就少了。涨停板是主力实现股价上涨 10%，却消耗最少资金的方式。相比普通的开盘后拉板，一字板更能节省资金。

（2）涨停板是控盘主力调动市场跟风情绪最有效的方法。股票出现涨停，说明市场供不应求，也说明该只股票的表现非常强势。这自然能够吸引更多投资者关注，尤其是股价开盘后放量突破某一重要阻力位时，能吸引大量的短线高手跟风买入，从而推动股价持续拉升。而股价强势涨停又很容易引起市场更多投资者的关注。这就是控盘主力经常巧借市场力量拉升股价的有效方法之一。

（3）涨停板是控盘主力突破关键技术位的最佳方式。控盘主力通过制造涨停突破股价关键技术位，给市场释放出自身力量很强悍，拉升股价很坚决，志在必得的气势。这自然能使投资者坚定未来股价会持续上涨的信心，必然能引起他们的强烈关注，同时也为控盘主力之后进行拉升、洗盘或者出货打下了坚实基础。

（4）涨停板是控盘主力出货最暴利的方法。控盘主力经常通过把股价拉到涨停板，然后采用反复挂单和撤单的方法，让跟风盘的成交排序前移，主力就能实现股价涨停，且顺利出货的目的。

3. 股票涨停板背后主力的意图

股市中，几乎所有的投资者都希望自己买入的股票能够涨停，投资者也大都遇到过涨停。但股票为何会涨停，股票涨停背后主力的意图是什么，恐怕投资者很少去研究。其实，投资者完全可以通过涨停来分析主力背后的意图，以及研判股票之后的走势。

（1）快速脱离成本区域。

当股价处在相对底部时，主力拿到一定筹码后，为了避免过多的跟风盘进入，通常会利用涨停板快速拉升股价，从而脱离自己的成本区域。例如，某只个股的股价运行在 6 元附近一段时间，此时主力已经拿到了一定数量的筹码，为了防止更多的投资者买到这么廉价的筹码，主力就会快速地拉升股价，脱离主力的成本区域，此后就算有跟风盘买入，那也只是在为主力抬轿。

（2）主力利用涨停建仓收集筹码。

当股价在底部经过长时间的振荡，主力已经无法在底部继续收集到更多的筹码时，为了促使更多投资者抛盘，主力经常会突然拉升股价至涨停，之后再采取振荡调整的走势来收集更多的廉价筹码。

主力在低位建仓时，通常成本也不会是在最低点，主力通过拉升股价涨停来收集更多的筹码。通常在拉升的第一个涨停板附近会是主力的成本区，主力再利用涨停之后的振荡调整来刺激意志不坚定的投资者抛出手中筹码，这样主力也就顺利地获得了廉价筹码。

（3）主力利用涨停板洗盘。

利用涨停板洗盘是最有效且最暴力的洗盘方式之一。当主力收集到足够的筹码时，为了洗掉最后一批意志不坚定的投资者，通常会采用涨停板洗盘的方法。与其慢吞吞地洗盘，还不如利用涨停的方式暴力洗盘更直接，尤其是当主力在时间上不允许其再依靠振荡来洗盘时，主力资金就会选择利用涨停板来洗盘。

主力利用涨停洗盘的方式有两种：一种是股价在涨停之后进行回调洗盘，在这个阶段通常成交量会逐渐减少，又称“持续缩量”，这个回调洗盘阶段股价的振幅通常会比较小。另一种是股价在涨停之后继续拉升洗盘，在这个阶段通常成交量会逐渐增加，又称“持续放量”，这个继续拉升洗盘阶段股价的振幅通常会比较大。

（4）利用涨停板聚集人气，吸引场外资金关注。

市场上涨停的股票是最容易受到投资者关注的，因为所有的投资者都希望自己能买到涨停的股票。投资者的关注越多，人气就越高，吸引的资金就越多。吸引的资金多了之后，股价就更容易拉升。

经常有主力通过拉升涨停吸引人气，以吸引更多的市场资金关注。当关注股票的人气越高，吸引的资金越多，主力就可以花费很少的资金来拉升股价，甚至不用主力耗费资金，市场投资者的资金就将股价抬升上去了，这样一来主力就能轻松地坐收渔翁之利。

（5）主力利用涨停板诱多出货。

市场中总有部分散户喜欢追强势股，追涨停股。主力就是利用很多投资者的这种心理，通过拉升涨停板来达到出货的目的。主力通过大单封死涨停板来吸引市场投资者的注意，让那些喜欢追强势股或涨停股的投资者前来接力。当投资者蜂拥而至时，主力再撤掉之前封住涨停的单子，然后抛售手中的筹码以完成出货。

很多时候，投资者追完涨停板后，经常会发现在涨停第二天股价容易形成冲高回落、高开低走或低开低走的现象，尤其是在高位涨停的个股，更容易出现这样的现象。因为前一天的涨停板大概率是主力封住用来出货的，多数股票其后一段时间可能会开启下跌之路。

4. 容易涨停的股票特征

如何挑选和参与涨停股，这是市场上绝大多数投资者想知道却又不知道的事情。笔者根据多年的研究认为，具有以下特征的股票比较容易涨停。

（1）市场热点板块的龙头个股容易率先涨停。龙头股具备带动整个板块的效应，也是最能聚集人气和资金的个股。当某个题材成为市场的超级热点时，其龙头股通常会率先受到资金的青睐而涨停。所以，投资者可以选择市场热点题材的龙头股进行操作，这样的龙头股很容易得到市场的青睐，走势是最强的，也是最安全的。

（2）新兴产业的高成长性小盘股容易率先出现涨停。目前，成长性投资已经成为当今世界成熟资本市场投资的共识，尤其是在当下“科技兴国”的背景下，各种新兴产业不断涌现并快速发展，促使市场资金向这些产业聚拢。因此，具备高成长性的新兴产业的股票，很容易受到市场投资者的关注和青睐，出现涨停的概率相对较高。

（3）公司即将迎来业绩拐点的股票容易出现涨停。投资股票就是投资上市公司的未来。当上市公司的业绩开始触底回升，迎来业绩拐点时，往往是投资者最好的买入时机。投资者看好公司的未来，自然就会积极买入其股票，从而使股价出现涨停。

（4）流通盘较小的个股（一般不超过 10 亿股）容易出现涨停。蓝筹股由于盘子太大，涨停的几率会小很多，即使出现涨停，行情的持续性也会较差。通常来说，流通盘较小的股票更容易受到资金青睐，因为这类个股拉升涨停需要的资金较少，并且主力机构比较容易控盘，这样的股票涨停的概率自然会高很多。

（5）历史走势具有较多涨停基因的股票更容易涨停。股票过往的走势记载了该只股票的气质，一只经常涨停的股票在关键时刻往往敢于涨停，一只经年累月不见一个涨停板的股票，其涨停的概率必然较小，这就是股票的涨停基因。一般来说，涨停基因强的股票，出现涨停的概率就会更高。

（6）股价出现一根大阳线，之后连续回调 3 ～ 5 日，跌幅已经逐渐缩小，且成交量也缩到地量，这时如果出现量价齐升，就说明有大户在进场吃货，这种股票比较容易出现涨停。

（7）股价由跌势转为涨势的初期，成交量逐渐放大，形成价涨量增的局面，股价小步上扬，缓慢爬升，量能持续堆量增加，这样的股票通常是主力在一边缓慢拉升股价，一边收集筹码。这种走势说明主力后市有拉升股价的意图，当主力收集筹码完成之后，经常会走出加速上涨的行情。因此，这样的股票很容易加速拉升，直至涨停。

（8）股价出现一根大阳线，之后连续 3 ~ 8 日股价在大阳线的高点附近横盘振荡，且成交比较活跃，这时如果股价出现量价齐升并向上突破横盘振荡区间，这种股票也比较容易出现涨停。

（9）当股价经过一段时间的持续下跌后，某只个股以跌停开盘、涨停收盘时，表示主力拉升股价的力度极强，行情可能出现大反转，这样的股票后续也容易出现持续上涨或涨停。

这里需要注意的是，当股价处于高位下跌阶段或有重大利空消息出现时，股价从跌停板开盘到涨停板收盘，这样的个股走势可能是主力机构的自救或跑路行为导致的，这种股票后续会出现持续下跌或跌停的行情，投资者千万不能接力买入。

（10）当股价出现一根大阳线，之后连续 3 ~ 5 日在大阳线上方逐渐走高，且成交量持续增加或者保持与大阳线那一天的成交量相近，这种走势通常是主力机构在做强势整理，并收集筹码。这类走势之后股价经常会加速上涨，甚至出现连续涨停。

（11）在头肩底形态、W 底形态、圆弧底形态的颈线位置和箱体形态上方压力位附近，股价形成持续缩量回调，且量能逐渐形成地量，以及股价回调至距离头肩底形态、W 底形态、圆弧底形态的颈线位置和箱体形态上方压力位，正好形成一个涨停板的涨幅空间时，这样的股票很容易拉升涨停。尤其是股价在回调时出现十字星线，且成交量呈地量状态，这种股票最容易涨停。

（12）股票的均线下降之后，先呈现走平态势，多条均线开始汇聚靠拢，之后股价缓慢向上攀升。当股价突破汇聚的多条均线时，很容易出现一阳穿多线式的涨停。

（13）股票的多条短期均线初现黏合金叉，股价在均线金叉的上方缓步上涨，且成交量持续放大时，这样的股票很容易加速拉升涨停。

（14）股价在底部横盘振荡一段时间后，连续 2 天出现大阳线，抑或连续 3 天出现小阳线或十字线或长下影线，且近期换手率都在 10% 以上时，这样的股票比较容易拉升涨停。

（15）当股价涨停拉升后，出现连续回调，且量能持续减少，直至地量，股价回调至第一根涨停大阳线的底部企稳时，这样的股票比较容易出现 N 字涨停走势。

（16）当股价的走势出现头肩底形态、W 底形态或者圆弧底形态，股价运行至颈线附近，行情走势出现股价横盘振荡，量能持续增加时，这样的股票很容易出现股价突破颈线位置拉升涨停。

（17）当股价的走势在箱体形态盘整一段时间后，股价逐渐爬升至箱体上方压力线附近，且量能持续放大，这样的股票很容易出现股价突破振荡区间后拉升涨停。

当股票出现涨停板时，往往可能是一波行情的启动。如果投资者能够及时地辨别，并且准确地抓住机会买入这样的股票，那么后续出现股票拉升行情时，投资者就能够坐收渔翁之利。很多个股行情真正启动时，可能刚开始股价只是几元，经过后续的不断飙升，股价可能会达到几十元，甚至上百元。如果投资者可以在启动阶段准确地捕捉到这样的股票，那么行情拉升将会带来巨大的收益。

涨停的股票比较容易吸引市场投资者的眼球，有的涨停股票能够吸引到的资金可能是几亿元，甚至几十亿元。通过分析涨停股票的资金，能够看出涨停股票的人气旺盛程度，人气越高，股票上涨的持续性就越足，买入获利的几率也就越高。因此，深入研究涨停板股票将会大大提高买到高盈利股票的几率。

第三节　涨停分歧与一致

1. 分歧与一致的含义

分歧的基本意思是指两人或多人的意愿不一致，产生对峙。

一致的基本意思是指两人或多人的意愿没有分歧，看法和步调达成统一。

一般认为股市中有两种力量：一种是买入股票的一方，称为多方；一种是卖出股票的一方，称为空方。股价的上涨和下跌就是多空双方之间的较量造成的。如果多方力量大于空方力量，股价会上涨；如果空方力量大于多方力量，股价会下跌；如果多空力量旗鼓相当，股价就会横盘振荡。

股市中所谓的分歧和一致，只是一种叫法，本质意思是指背后的资金对当前市场的一种看法。比如，绝大多数投资者一致看多时，就属于看涨一致；绝大多数投资者一致看空时，就属于看空一致；市场上部分投资者看多，部分投资者看空，且双方力量差不多时，就代表出现分歧。

2. 分歧与一致的市场情绪表现

分歧与一致是市场情绪的一种直观表现。情绪是非常脆弱的，很容易受到外界各种因素的影响。尤其买卖股票时，投资者很容易受到多种因素的影响。

股票交易会受到很多因素的影响。这些影响因素可能来自投资者自身的技术能力、思想状态、心理承受能力、思维判断能力以及交易习惯等；也可能来自股票本身的基本面环境，如政策环境、行业环境以及公司环境等；还可能来自市场上众多投资者的情绪反应、机构投资者的分析报告以及操作手法等。

（1）一致时的市场情绪表现。市场情绪趋于一致时，市场中大部分人的看法都是一样的，此时成交量通常是缩量。大多数投资者都看多时，必然买盘人多，卖盘人少，这就形成了有买无卖的局面，卖的人少自然成交量也会减少。相反，大多数投资者都看空时，必然买盘人少，卖盘人多，这就形成了有卖盘无买盘的局面，买的人少自然成交量也会减少。

市场情绪趋于一致时，市场很容易形成合力，也很容易吸引跟风盘。如果市场情绪都看多股价，那么股价会因为趋于一致的买盘行为而持续上涨，此时能吸引很多跟风盘买入股票，从而助推股价上涨。如果市场情绪都看空股价，那么股价会因为趋于一致的卖盘行为而持续下跌，此时很容易使更多的恐慌盘抛售股票，从而助推股价下跌。

当股价出现趋于一致的涨停时，即缩量涨停，这时市场情绪虽然趋于一致，但比较脆弱，因为此时只要有什么风吹草动，就可能影响整个市场的情绪。如果有些投资者想在涨停板上获利兑现，那么他们抛出的筹码很容易刺激其他投资者脆弱的神经，容易让持有筹码的投资者草木皆兵，只要开始出现跟风砸盘的，涨停板就很容易出现炸板。

（2）分歧时的市场情绪表现。市场情绪出现分歧时，市场中有的投资者看多就选择买进，有的投资者看空就选择卖出，此时买卖双方产生争夺。如果买方大于卖方，即看多的投资者比较多，则股价上涨；如果卖方大于买方，即看空的投资者比较多，则股价下跌。

在分歧阶段股价有可能上涨也有可能下跌，主要是看多空双方哪方的力量比较强。产生分歧的原因有很多，比如个股的价位、成交量、技术指标、技术形态、炒作题材逻辑的持续性、基本面情况等。投资者的思想观点不同，学到的技术知识、掌握的操作技能不同，心理承受能力不同，也会导致对行情走势的判断产生分歧。

很多投资者应该听过股市中流行的一句话，即“买在分歧，卖在一致”。其实，这句话是不准确的。具体有 4 个原因：当股价处于相对低位，市场走势存在分歧时，买入股票就相当于在做天使轮的风险投资；当股价转为一致上涨阶段时，进行加仓操作，则相当于追加第二轮投资；当股价在高位出现分歧时，则是风险预警；当股价从高位形成一致下跌时，则是卖出止盈时机。

买在分歧是有一定风险的，因为分歧只是横盘振荡走势，而一致既可能是上涨走势，也可能是下跌走势。投资者在分歧时买入股票，如果股价出现一致上涨，则可以成功获利出局；如果股价出现一致下跌，就会出现亏损风险，应当及时止损卖出。

3. 分歧与一致的适用性

分歧和一致不但适用于个股，也适用于板块和指数。其实，分歧和一致是对一种市场氛围的描述。

（1）个股的分歧和一致。

个股的分歧主要有两种，一种是在股价刚刚启动上涨行情时的分歧，另一种是在股价走出一段一致上涨行情后出现分化形成的分歧，属于空中加油走势类型。

低位启动时的分歧，通常是股价刚启动时的放量涨停板。因为主力为了后市能够更好地拉升股价，要在启动时进行最后的洗盘，洗掉那些意志不坚定的投资者。还有一部分投资者看着一直不温不火的股票出现涨停，生怕股价再跌回去，选择即刻卖出，于是形成分歧，主力趁机收集筹码。如果股价出现换手二连板，通常属于确认的分歧板。该阶段分歧后，行情很快就会启动，市场情绪通常会转为一致。

股价走出一致上涨加速后的分化，通常都是股价出现几个涨停板后，市场情绪出现分歧。部分投资者选择获利了结，对后市有信心的主力或投资者则接收抛盘投资者的筹码，待分化稳定之后再次启动一致上涨行情。通常来说，在牛市或“妖股”行情中可以是一致和分歧的交替重复过程。

（2）板块的分歧和一致。

板块的分歧和一致，其实就是个股分歧和一致的放大。通常来说，板块的整体走势是跟随龙头股的。当龙头股带动整个板块集体上涨时，属于板块一致。当板块一致上涨之后，很多个股出现分化，一部分个股跟随龙头股继续上涨，一部分个股开始下跌时，属于板块分歧。当龙头股带动整个板块集体下跌时，也属于板块一致。当板块一致下跌后，很多个股转为上涨，还有一部分个股继续下跌时，则属于板块分歧。

让板块出现一致效应的除了龙头股带动外，通常还有行业基本面反转、行业政策性利好或利空等因素。

（3）指数的分歧和一致。

指数的分歧和一致是和板块息息相关的，有时是和一条主线同步共振的，有时是几条主线交错开的，但可以肯定的是绝对不会和板块的周期相悖。指数上涨时大多数个股会跟随上涨，指数下跌时大多数个股也会跟随下跌，这是大多数投资者的共识，也是指数与板块和个股的一致性。

还有另外一种情况，就是指数虽然是上涨的，但大多数板块和个股是下跌的，或者指数是下跌的，大多数板块和个股却是上涨的，这是指数与板块和个股的分歧性。比如：有的时候投资者会发现大金融板块在拉升，大盘指数经常都是上涨的，但很多其他板块和题材个股出现下跌；也有的时候大金融板块在下跌，大盘指数也跟随下跌，但很多其他板块和题材个股出现上涨，这也是指数与板块和个股的分歧性。

4. 分歧与一致中的交易机会

（1）低位启动分歧阶段的买入机会。

低位启动分歧阶段通常都以打板为主。投资者可在涨停板附近买入，因为低位启动分歧通常是主力快速将股价拉升至涨停板，分歧会出现在涨停板附近或者涨停板上。

第一板的分歧通常出现在涨停板上或涨停板附近，第二板的分歧则空间可能会较大，机会也会更多，并且分歧二板的确定性更强，风险回报比例更高一些。因为第二板是确认板，一旦行情确定启动，后市股价大概率还会持续上涨。

（2）低位启动拉升一致阶段的买入机会。

低位启动上涨由分歧转为一致时，是买入的好时机，此阶段低吸和追涨成功率都会很高，并且风险比较低，投资者只要把握住日内认为的低点买进就可以。这一阶段买入是成功率最高，风险最低的阶段。

（3）空中加油分歧阶段的买入机会。

股价经过一段一致性拉升后，市场会再次产生分歧，部分投资者会选择获利卖出、落袋为安，部分投资者则仍然看好后市，继续坚守多方买进。此时，多空双方进行博弈，就看哪一方的力量比较强大。此阶段属于振荡行情，适合操作高抛低吸。

（4）空中加油分歧转一致阶段的买入机会。

股价在上涨中途经过一轮剧烈的分歧后，多方再次占据主导优势，行情再次选择上攻，市场也再度转为一致，此时行情突破市场分歧振荡区间，属于买入时机。但是，行情前期经历过一波一致性上涨，在第二波一致性上涨时，投资者要注意控制仓位。

5. 涨停板的分歧与一致

股市中几乎每天都有涨停板，这些行情不断影响着市场的变化。很多投资者认为只要是涨停板就可以去打板，从来没有思考过隔日的行情会如何演变，特别是在板上买入的，隔日如果是低开，那么带来的损失可能会被扩大。

股票打板时放出的量能，决定了市场对于这个涨停板表现出一致性还是分歧性，这是非常重要的。分歧板是股价放出巨量，换手率非常大，市场多空争夺非常激烈导致的结果。一致板则是缩量的涨停板，没有多少卖单，买方一买就直接逼上涨停板了，市场一致看好这只个股的涨停，后续也没有出现多少抛压。

分析分歧与一致时，投资者一定要考虑清楚买卖双方谁是主动方。如果那个主动方没有做出应该有的效果，则很容易发生反面情况。比如：股价在涨停的第二天，主动方是持有股票的投资者，基本上他们手上是有盈利的，而对买入方来说，高位买一只股票是一件可做可不做的事情。所以，此时的分歧主要在持有股票的投资者。这时最大的看点就是，买入的投资者能不能接得住卖出的量。如果第二天，大量抛单都抛出来，但是价格没下去，那么行情可能就会继续上涨。

股价出现极致放量的大分歧之后，如果买方依然表现出了很强的动力（比如巨额封单、不撤单等），就容易改变市场情绪，使得投资者的观点从分歧转向一致，这时不看好的投资者也开始看好了，持有的投资者也开始锁仓。当越来越多的投资者锁仓了，观点就趋于一致，无论要买的投资者还是持有的投资者，都看好后市会接着涨。之后股价就会缩量上涨，直到有一天，持有股票的投资者都开始选择卖出了，于是就会产生巨量抛单。这时，如果买方大部分人也觉得股价太高不买了，那么股价就会直接放量下跌。

投资者要特别注意一致板到顶的情况，这种个股属于强势个股，通常情况下很难买入这种股票。当行情产生分歧，股价打开一字板，投资者能够买到时，风险已经非常高了。这种股票通常会一路一字涨停板涨到头，一致上涨完成后，市场出现短暂的分歧之后再度转为一致下跌的走势。如果投资者在错误的时间进场，很容易出现大幅亏损。

第二章　涨停因子分析

股市中几乎每天都有股票涨停，每位投资者都希望自己买到的股票能够涨停。实际上，绝大多数投资者都是靠运气买到涨停股票的，并且就算买到的股票涨停了，也不知道股票涨停的逻辑是什么，更不知道是什么原因促使股票涨停的。

每只涨停的股票背后都会有一个支撑其涨停的理由，我们称之为“涨停因子”，这些“涨停因子”不但能促使股票涨停，还可能促使股票价格在未来一段时期内持续上涨。因此，投资者应该学会分析和研究股票的“涨停因子”，用以研判股票之后的走势。

第一节　政策性因素涨停

国家政策决定着特定行业和企业的发展，同时也使相关上市公司的股价随之出现异动。可以说，国家出台的一系列政策在很大程度上左右着股市的运行。

我国的股市属于政策市，大多数人都认同这种说法。虽然我国股市一直想要实现市场化，但实际上始终摆脱不了政策的影子。政策市是我国股市的一大特色，政府发布的各项政策能直接影响股价的走势。政策的内容不同，影响股价走势的强度和时间也不同，有的政策影响股价的长期走势，有的政策则影响股价的短期走势。

一般性的政策对股市的影响较小，重大政策则会对股市产生较大的影响。政府出台重大政策后，股市中相关的股票就会剧烈波动。如果是重大利好性政策，则可能会使很多股票涨停。如果是重大利空性政策，则可能会导致很多股票跌停。

在我国，对于各行业的发展，政府政策的支持非常重要。如果某一行业得到政府政策的大力支持，那么该行业将会迎来快速发展，该行业上市公司的股票也会受到更多投资者的青睐。如果国家政策对某一行业进行限制，那么该行业的发展速度就会减缓，该行业上市公司的股票也很难受到投资者的欢迎。这充分体现了我国政策市的特点：政策惠及哪里，市场资金就奔向哪里；政策限制哪里，市场资金就撤离哪里。

以新能源车和锂电池行业举例，几年前，国家大力提倡新能源车并对相关产业链的公司进行补贴，一时间新能源车和锂电池行业受到市场青睐，股价持续上涨，很多个股出现涨停。

在中美贸易摩擦期间，我国对稀土出口进行控制，使得稀土行业大受青睐，稀土行业的相关股票也应声上涨。

前几年，我国钢铁业出现严重的供大于求，政府对各地钢厂实施限产等政策，导致钢铁行业的盈利能力急剧下降，市场投资者都不愿意购买该行业的股票，股价一直难有起色。

政府有重大利好性政策出台时，通常能刺激股价大幅上涨，很容易促使股票涨停。比如，降准降息，对某新兴行业进行大力扶持和补贴，对某些公司进行税费减免等，这些政策都能刺激股价上涨。

股市中，多数主力机构的操作都是跟随国家政策布局的。国家政策支持的行业、板块或扶持的地区等，相关上市公司的股票很容易受到主力机构资金的青睐，从而产生一波甚至几波强势上涨行情；反之，那些国家政策没有惠及的行业或地区，相关上市公司股票的表现通常较为逊色。

相对普通投资者，主力机构具有很多优势，比如资金优势、信息优势、专业优势、系统优势、风控优势和联合优势等。因此，主力机构经常能够灵敏地嗅到政府政策的布局动向，从而比普通投资者更加快速地布局。与机构投资者相比，普通投资者本身不具备信息优势，经常获得较为滞后的信息，当得知政策信息后再进行布局时，只能为提前布局的主力机构抬轿拉升股价。

根据市场发展情况，政府有选择地利用政策对金融市场进行宏观调控，是保证金融市场稳健运行的有效措施。因此，我国的政策市虽然在一定程度上限制了股市市场化的发展，但在特殊时期也保障了股市的稳定运行。

第二节　行业基本面因素涨停

行业基本面的整体环境会对行业内的上市公司产生重大影响，一个行业的兴衰直接影响上市公司的发展状态。

如果一个行业朝气蓬勃，那么该行业内上市公司的发展潜力和盈利能力也会更强。如果一个行业夕阳西下，那么该行业内上市公司的发展也会日渐颓废，难有作为。因此，行业基本面因素对行业内上市公司的股价会产生很大的影响。

行业在国民经济中的地位变更，行业的发展前景和发展潜力，新兴行业带来的冲击，以及上市公司在行业中所处的位置、经营业绩、经营状况、资金组合的改变及领导层的人事变动等，都会影响相关股票的价格。

研究和分析一个行业时，投资者首先要分清该行业是属于朝阳产业还是夕阳产业。如果属于朝阳产业，上市公司未来的发展前景将是一片光明，如生物技术行业、信息技术行业和高精尖科技行业等。如果属于夕阳产业，那么上市公司未来的发展前景不容乐观，如钢铁、煤炭等行业。

在社会发展的进程中，朝阳产业和夕阳产业并不是一成不变的，有可能某一行业在当下是朝阳产业，但若干年后，便可能成为夕阳产业。比如，钢铁和煤炭在十几年前属于朝阳产业，而现在已经变成了夕阳产业。

从产业或企业的发展规律来看，大都会经历从诞生到发展，从发展到繁荣，再从繁荣到衰落的过程。在这一过程中，行业的兴衰总是起起落落。当行业发展兴旺时，相关上市公司的股价会持续上涨，一飞冲天。当行业发展陷入低谷时，相关上市公司的股价则会一落千丈。

当行业发展陷入低谷期时，已经买入该行业股票的投资者是最难熬的，他们担心行业发展会继续恶化，怕自己的投资会打水漂，血本无归，而此时没有买入该行业股票的投资者也不敢冒然买入。因此，该行业的股票就会备受冷落，价格也难有起色。

不过，当行业的发展环境明显改善时，就会重新点燃市场投资者的热情，投资者会陆续买入该行业上市公司的股票，从而刺激股价持续上涨。

行业发展环境的改善主要来自以下两个方面。

一是政策方面。由政策引导行业复苏，这种情况通常是该行业长期处于低谷，已经影响到经济环境的发展，这时通过政策引导其复苏来改善经济环境的状况；还可能是当下市场环境需要该行业的复苏，因此通过政策引导推动其复苏。

二是市场方面。市场方面主要在于供求与市场价格的关系。当市场出现严重的供大于求时，价格必然下跌，从而拖累行业发展；当市场供不应求时，价格必然上涨，从而促进行业发展。因此，当供大于求的局面得到缓解，开始达到供求平衡时，价格可能会触底反弹，从而带动行业复苏。

如果行业基本面得到改善，那么投资者会对行业的未来发展抱有期望，愿意买入股票，从而能够推动股价上涨。如果行业基本面出现大幅改善，那么上市公司的股价更容易拉升，甚至涨停。

比如：前几年新能源汽车火热时，上游原材料钴在市场上供不应求，价格一涨再涨。之后随着新能源汽车的平稳发展，钴的产能出现供过于求的局面，从而导致价格一路下跌。直至2019年下半年，钴行业才开始重新复苏，市场价格也开始反转。这时，很多机构和投资者开始积极买入钴行业上市公司的股票，促使钴概念的华友钴业和寒锐钴业的股票出现涨停，并且随后一段时间，这两只股票迎来持续性的上涨。

第三节　公司利好消息因素涨停

促使股价涨停的因素有很多，既有外部因素，也有公司内部因素，而公司内部因素经常能够直接影响股价的走势。

1. 上市公司业绩大幅增长引起的涨停

业绩是支撑股价的基石，上市公司的业绩体现了上市公司的经营能力，是投资者普遍关心的重要内容。如果上市公司财报每次披露的公司业绩都有大幅增长，那么公司股票就很容易受到投资者青睐，在二级市场中股价就会顺势上涨，甚至涨停。如果上市公司公布的业绩大幅下滑，甚至出现大幅亏损，那么股价就很容易出现下跌走势。

上市公司的实际业绩是支撑股票价值的基础，是支撑股价的重要因素，会直接影响股价的变化。

投资者考量上市公司的业绩增长时，主要关注两个方面：一是上市公司的实际业绩增长，这些业绩变化主要体现在财务报表上面；二是上市公司的预期业绩增长。

实际业绩增长是实实在在看得着的数据，反映在上市公司的财务报表上。当上市公司实际业绩增长时，投资者对公司的信心就会增强，愿意买入公司的股票，从而推动股价上涨，甚至涨停。

预期业绩增长无法用当前的财务报表提供的数据来支撑，只能利用历史财务数据以及上市公司当前的市场发展状况来预测。如果上市公司近几年的业绩都是稳定上涨的，那么通常可以预估其未来的业绩也会继续增长。如果上市公司市场发展状况非常好（比如主营业务订单爆满或者已经布局了具有高成长性的行业），那么就能给其未来业绩增长预期带来积极影响，使得投资者普遍看好公司未来的发展潜力，愿意买入公司股票，从而刺激股价上涨，甚至涨停。

2. 上市公司实施高送转方案引起的涨停

炒作高送转行情基本上每年都会出现，股市中经常上演一场又一场的涨停大战。那些送转比例较高的上市公司，经常引起股价的连续涨停。

根据每年高送转行情的炒作规律，和实际交易过程中的操作情况来看，送转比例越高的上市公司股票，越容易受到投资者追捧。尤其那些股价还处于相对低位的股票，当宣布高比例送转时，股价经常会迎来一波大幅度的拉升。甚至有些股票在股价进行除权后还会上演填权行情。所以，高送转股票很容易吸引市场投资者的关注。

由最近几年高送转行情的规律来看，每年的中报和年报发布时，最先披露高送转的上市公司容易受到投资者的青睐，经常出现连续涨停。

虽然高送转股票容易受到投资者追捧，但是绝大多数投资者都不能提前预测哪些股票具备高送转的可能性，因此很难提前买到高送转的股票。即使买到高送转的股票，也只是靠运气。

那么，哪些股票具备高送转的可能性呢？主要有以下几种。

（1）流通股本数量少的股票，即股本较少、流动性较差的股票。流通股本越少，高送转的概率越大。

（2）高成长性公司，三年累计分红占比少的股票。分红越少，高送转的概率越大。

（3）股价高且有基本面支撑的股票。股价越高，高送转的概率越大，尤其那些股价在 100 元以上的股票。

（4）近期主力资金大幅流入的股票。流入额越大，越表明有投资者提前知晓，高送转的概率越大。

（5）每股收益高的股票。盈利能力越好，高送转的概率越大。

（6）未分配利润越高、盈余公积金越高和净资产越高的股票，高送转的概率越大。

在操作高送转的实际交易过程中，那些股价没有启动，又具备高送转可能性的个股，其参与价值是非常高的。如果能够提早潜伏进去，那么后续获得的利润就会相当可观。

高送转行情最容易受到市场炒作的阶段，主要在上市公司披露预高送转阶段，上市公司宣布大比例高送转阶段，以及高送转的填权阶段。

操作高送转行情时也要注意一些问题，并不是所有高送转股票的股价都会出现大幅上涨。有些前期经过大涨的高位股在宣布高送转后，经常会有主力利用高送转的利好信息来趁机出货。

3. 上市公司 ST 股票摘星脱帽引起的涨停

股市中，ST 或 *ST 股票通常被称为“垃圾股”，俗称“不具备投资价值的股票”。有些投资者是不能购买这样的股票的，很多机构也不愿意投资这样具有较大风险的股票。

摘星脱帽是指实行特别处理的个股恢复正常交易，去掉 ST 或 *ST 特别处理标志。上市公司被执行 ST 或 *ST 处理，说明上市公司存在退市风险，而摘星脱帽也就意味着企业远离退市风险。对股票来说，摘星脱帽构成比较重大的利好。

很多投资者都想买到那种大概率能够摘星脱帽的股票，因为这样的股票经常会出现连续涨停，甚至股价短期内能够翻倍。但是，大多数投资者都不知道哪种类型的 ST 股能够摘星脱帽。

下面介绍几种具有摘星脱帽可能性的股票。

（1）上市公司的净资产为正数，而且越大越好。因为净资产值为正值是 ST 股摘帽的首要前提之一，只要净资产值为正值，公司实现扭亏便有机会“摘帽”。

（2）上市公司的主营业务经营正常并逐渐好转，说明公司经营状况开始走出困境，就算股票短期内不能摘帽，也是迟早的事儿。

（3）上市公司的大股东有雄厚的背景或实力。当自己的子公司处在退市边缘时，一般情况下大股东不会坐视不管，总会想出一些法子（如资产置换、输送利润等）来帮助上市公司扭亏为盈，这种操作经常出现在 ST 股票中。

（4）上市公司具有借壳上市、资产重组或优质资产注入的预期。当上市公司股票被 ST，上市公司主营业务等各方面都无法扭转股票被退市的风险时，经常会有一些其他未上市的公司来寻求借壳上市、资产重组或者优质资产注入，因为当上市公司股票被 ST 面临退市时，股价和估值都是相对廉价的。如果成功借壳，那么不但未上市的公司能成功上市，还能拯救已经被 ST 的股票。因此，这样的股票通常会受到投资者追捧。

每年年末到第二年年初这段时间，正是上市公司预告业绩以及发布年报的时候，也是 ST 股最活跃的时候，往往会出现一些大黑马。所以，这段时间很多投资者会积极关注和买入具有摘星脱帽可能的 ST 股票。

每年年报发布时，总会有一些 ST 股摘帽。投资者可以提前从业绩预告中知道哪些 ST 股有摘帽的可能，然后从中选择一些股价还没有上涨的股票进行潜伏买入，等上市公司正式发布摘星脱帽信息时再考虑出局。

需要注意的是，投资者对摘星脱帽的 ST 股要区别看待：有些 ST 股是靠自己实际的生产经营好转而扭亏为盈的，这种股票可以重点关注，趁股价处于低点时介入。有些 ST 股摘帽靠的则是“美化”财报（如资产置换、变卖主业资产或者由大股东输送利润）来扭亏的，这些 ST 股的生产经营实际上并未获得明显改善，在购买时要特别谨慎。

4. 上市公司实施重大资产重组引起的涨停

资产重组是指企业资产的拥有者、控制者与企业外部的经济主体进行的，对企业资产的分布状态进行重新组合、调整、配置的过程，或对设在企业资产上的权利进行重新配置的过程。

资产重组是上市公司进行资源有效整合和优化的一种方式，也是资本运作的重要途径。上市公司通过资产重组可以卸掉公司长期背负的包袱，重塑市场良好形象，让“丑小鸭”变成“白天鹅”，甚至能让面临退市的上市公司起死回生。

很多重组后的上市公司的主营业务更贴近市场当前或未来的发展需求，并且能大大地提高公司的获利能力和盈利水平，因此常会促使股价大幅上涨。目前，市场上资产重组的方式有很多，下面介绍几种常见的方式。

（1）收购兼并。

收购兼并主要是指上市公司收购其他企业股权或资产兼并其他企业，或采取定向扩股合并其他企业。收购兼并是上市公司为寻求公司快速发展而进行的主动对外扩张行为。收购兼并是目前我国上市公司资产重组中使用最广泛的一种重组方式。

（2）股权转让。

股权转让是上市公司资产重组的另一个重要方式。在我国，股权转让主要是指上市公司的大宗股权转让，包括股权有偿转让、二级市场收购、行政无偿划拨和通过收购控股股东等形式。上市公司大宗股权转让后一般会出现公司股东甚至董事会和经理层的变动，从而引入新的管理方式，调整原有的公司业务，实现公司经营管理和业务的升级。

（3）资产剥离和所拥有股权的出售。

资产剥离和所拥有股权的出售是上市公司资产重组的一个重要方式，主要是指上市公司将其本身的一部分出售给目标公司而由此获得收益的行为。根据出售标的的差异，可划分为实物资产剥离和股权出售。

资产剥离和所拥有股权的出售，作为减少上市公司经营负担、改变上市公司经营方向的有力措施，经常被加以使用。在我国上市公司中，相当一部分企业在上市初期改制不彻底，带有大量的非经营性资产，为以后的资产剥离活动埋下了伏笔。

（4）资产置换。

资产置换是上市公司资产重组的重要方式之一。在我国，资产置换主要是指上市公司控股股东以优质资产或现金置换上市公司的存量呆滞资产，或以主营业务资产置换非主营业务资产等行为。资产置换被认为是各类资产重组方式中效果最快、最明显的一种方式，经常被加以使用。上市公司中的资产置换行为非常普遍。

（5）其他。

除了上述几种资产重组方式之外，我国还出现过这样几种重组方式，即国有股回购、不良资产剥离、债务重组、托管、公司分拆、租赁等。

对企业发展来说，资产重组具有重要意义。在一个拥有健全的市场机制、完备的法律体系、良好的社会保障环境的社会经济中，企业进行资产重组可以壮大自身实力，实现社会资源优化配置，提高经济运行效率。具体来说，资产重组具有如下几点意义。

（1）与企业自身积累相比，企业并购能在短期内迅速实现生产集中和经营规模化。

（2）有利于减少同一产品在行业内的过度竞争，提高产业组织效率。

（3）与新建一个企业相比，企业并购可以减少资本支出。

（4）有利于调整产品结构，强化优势产品，淘汰劣势产品，形成支柱产业。

（5）可以实现企业资本结构的优化，在国家产业政策指导下，可以实现国有资产的战略性重组，使国有资本的行业分布更为合理。

重大资产重组通常是投资者非常喜欢的话题，因为一旦资产重组成功，股价经常就能一飞冲天，真正实现从“丑小鸭”向“白天鹅”的转变，甚至股价可能会在短期内实现翻倍。但是，投资者操作资产重组股票时，也存在一定的风险，就是一旦重组失败，股价通常会下跌。

5. 上市公司股东增持或回购股票引起的涨停

增持是证券业中的一句行话，顾名思义就是增加持有，也可以叫加仓，是指股东在原有持股的基础上增加买入。增持的主体包括上市公司的控股股东、持有公司股份的高管、持有公司股份的战略合作伙伴或者其他重要股东。

股份回购是指公司按一定的程序购回发行或流通在外的股份的行为。股份回购是通过大规模买回公司发行在外的股份来改变资本结构的防御方法。股份回购是目标公司或其董事、监事回购目标公司的股份。股份回购主要是用现金，或以债权换股权，或以优先股换普通股的方式回购其流通在外的股票的行为。

上市公司的大股东或高管等本身处于上市公司中，他们对上市公司的情况最为了解。

他们在二级市场公开买入或者回购自家股票，说明他们对目前公司的价值非常认可，对公司未来的发展抱有充足的信心，看好公司未来的发展潜力。他们增持或回购股票，其目的是为了自己未来能够获得最大收益。

因此，上市公司股东增持或回购公司股票，会给投资者传递一个积极信号，也是上市公司在市场弱势时维持股价稳定的有效方法之一，能够吸引很多投资者的关注。

如果上市公司的重要股东大比例增持或回购公司股票，那么在二级市场中会引起很多投资者的积极反应，他们会争相买入公司股票，从而推动股价上涨，甚至持续涨停。但是，如果上市公司重要股东增持或回购的股票很少，那就很难引起投资者的关注，自然也不能推动股价大幅上涨。

6. 上市公司获得优质资产注入引起的涨停

“资产注入”通常是上市公司的大股东把自己的资产出售给上市公司，也可能是上市公司发起人（自然人或公司）的另外一些非上市的资产注入上市公司中去。原则上注入的资产应该质量较高，盈利能力较强，与上市公司的业务关联比较密切，这样才有助于提升上市公司的业绩，进而提升股价。

有些上市公司可能连续亏损而存在退市的可能，有些上市公司的主营业务一直表现很差，也有些上市公司存在大量的劣质资产。此时，如果有优质资产注入，将会给这些上市公司带来明显的转机。

对上市公司来说，优质资产注入构成重大利好，投资者也会看好其未来的发展。因此，很多投资者会买入其股票，从而推动股价强势上涨，甚至连续涨停。

优质资产注入时，投资者一定要评估注入资产的质量。比如，注入的资产能够给企业带来多少收益，毛利率会有多少，能让企业每股增加多少收益，这种收益能够维持多长时间，等等。评估这些指标内容，能让投资者知晓注入该优质资产将给上市公司未来带来怎样的影响。

7. 上市公司控股股东变更为有实力背景的股东引起的涨停

上市公司有时会变更控股股东。变更后，新控股股东的实力和背景将对上市公司的股价产生很大影响。

上市公司的控股股东对上市公司的影响非常大，控股股东的战略眼光和战略布局、管理思路、实力和背景，这一切都关系着上市公司未来的发展。

炒股就是炒“未来”。如果上市公司的控股股东具有长远的战略眼光，宏伟的战略布局，正确的管理思路，并且有实力又有背景，就会让投资者对该上市公司的未来信心十足。如此一来，自然能吸引更多投资者购买其股票，从而推动股价上涨。

但是，如果上市公司的控股股东目光短浅，战略布局狭窄，管理思路混乱，或者实力和背景较弱，那么投资者就会担忧上市公司未来发展的可持续性，从而不愿意买入其股票。

上市公司新变更的控股股东实力和背景越强，就越容易受到投资者追捧。比如，时常会有一些上市公司的控股股东变更为国资委，说明国家对这些上市公司未来的发展充满信心。因此，投资者会买入其股票，从而推动股价持续上涨，甚至连续涨停。

8. 上市公司重大事件引起的涨停

因为重大事件引起上市公司股票涨停的情况是非常多的。容易引起股价涨停的重大事件主要有：上市公司获得重要订单，上市公司中标大单，上市公司与某一重要大型企业达成战略合作，上市公司获得大额政府补贴，上市公司某项高精尖技术的研究获得重要突破，等等。

投资者最希望听到和看到的，就是上市公司发布利好性消息。出现重大利好性消息时，没有持股的投资者就会争抢着购买该上市公司的股票，持股的投资者通常会捂股不卖。这样一来，就形成了买多卖少的局面，自然会引起股价上涨，甚至涨停。

上市公司遇到重大事件时，股价很容易在短期内改变原有趋势和合理的价值区间。通常情况下，重大事件引起的涨停持续时间较短，行情涨得快，跌得也快，因为当股价偏离实际价值过远时，必然会出现价值回归。但是，如果重大消息对上市公司未来长期业绩产生较大的利好影响，那么其引起的股票涨停会持续较长的时间。

在实际操作中，如果上市公司突发重大利好消息，那么投资者一定要判断重大利好消息是否能够确实带动股价上涨。投资者必须要提防利好出尽变成利空，尤其要注意那些前期股价上涨幅度已经很大的上市公司，谨防庄家或主力利用重大利好消息来达到他们出货的目的。

第四节　技术性因素涨停

股市中，股票因为技术因素涨停是很常见的。技术走势是市场交易情况和投资者情绪反应的重要体现，也是大多数投资者买卖股票的重要参考。因此，技术走势很容易引发投资者的买入或卖出情绪。

技术因素引起的涨停是多方面的，因为股市中的技术分析工具本身就十分复杂。目前，大多数投资者还是习惯于使用那些经典的技术分析理论和指标，比如均线、成交量、KDJ、MACD、BOLL 等。

股市中会有多种技术因素能够引起股价涨停，比较经典的有如下几种。

1. 股价底部启动涨停

股价底部启动涨停，通常是指股价经过一段时间的下跌或者横盘振荡，已经完成筑底过程，庄家和主力已经完成吸筹，股价启动上涨行情而涨停。

股市中几乎所有的投资者都希望自己能抄底成功，能够买到股价处于底部的股票，那样就能够坐享股价上涨带来的红利。但是，绝大多数投资者都不知道如何去判断股价是否处于底部，更无法判断股价何时会启动上涨。因此，很多投资者经常抄底抄到半山腰，并且经常买进之后很长时间都看不到股价上涨，白白地浪费了时间和机会。

实际上，股价真正的底部是走出来的，存在一定的规律性，下面介绍一些具有底部启动规律的走势征兆。

（1）股价前期经过充分的调整，累计下跌的幅度较大，并且经过一段时间的振荡休整。

（2）在股价前期跌势的末期和横盘振荡阶段，量能没有明显的放大，越是缩量越好，说明做空的动能衰减。当股价接近启动阶段时，成交量呈逐渐增加态势，成交量的增加以温和放量为佳。

（3）个股具有一定的基本面支撑，比如业绩支撑或题材支撑。个股有了基本面支撑，就更容易吸引市场上的人气和资金。

（4）股票实际流通盘越小越好，因为流通盘越小，庄家越容易控盘，拉升股价需要耗费的资金也越少。股价触底后，庄家认为该只股票具备投资价值便开始进入该股。当行情启动时，就更容易吸引投资者跟风买入。

2. 股价超跌涨停

股价超跌涨停是指股价前期经过一段时间的大幅下跌，呈现超跌状态，一些庄家和主力认为该只股票具备投资价值时，就会快速买入股票，从而推动股价强势涨停。

在实际操作过程中，想要捕捉超跌反弹的涨停是非常困难的。股价处于持续下跌状态时，多数投资者会带有悲观情绪，不敢冒然抄底，害怕抄到半山腰。因此，敢于操作超跌反弹股票的，通常都是庄家或主力机构，只有他们真正把股价拉起来了，投资者才会跟风买入。

普通投资者虽然很难成功地捕捉到超跌涨停的股票，但是掌握一些技巧可以增加捕捉到这种股票的机会。

（1）股价超跌时，前期下跌幅度越大，做空能量越能充分释放，后市的反弹空间就越大。

（2）最好是庄家也被套其中，庄家投入的资金庞大，必然不会坐视自己的股票被套牢或割肉，庄家通常会在适当的时机选择自救式拉升，这样股票超跌涨停的概率就会高很多。投资者需要学会辨别庄家是否被套牢或者已经离场，这可以从交易量和盘中的排单交易中去仔细辨别。

（3）股价多次下跌不破新低，说明庄家不愿意股价继续下跌，是股价可能企稳反弹的征兆，后市反弹上攻的概率高于继续下跌的概率。

（4）股价大幅下跌后成交量逐渐减小，甚至呈地量状态。持续缩量说明卖方不愿意继续卖出，行情企稳反弹的概率更大。

（5）上方没有明显的阻力位，股价反弹时阻力越小，股价反弹就越强劲。阻力越大，股价反弹就越无力。股价反弹面临的重要阻力位，主要来自关键技术阻力位和筹码集中分布阻力位。

（6）大盘是整个行情的指示灯，股价反弹时大盘不能太坏。如果大盘表现非常差，就会直接影响股价反弹的空间和强度。因为大盘很差时，投资者很容易产生恐慌情绪，不敢购买上涨的股票，更不敢购买前期持续大跌的股票，这样一来庄家拉升股票很难带动投资者的跟风情绪。

（7）超跌个股最好具备题材或板块效应，股价涨停最好也具有题材或板块效应。如果个股属于当前的热点题材或热门板块，那么股价超跌反弹就很容易吸引投资者的关注，自然能够吸引很多的抄底跟风盘买进，进而更容易激发股票涨停。

3. 股价回调支撑涨停

股价上涨并不是只涨不跌的，通常是波段式上涨，即涨一段空间再回调一段，然后再上涨。股价在上涨过程中必定有回调，在回调过程中又会遇到技术支撑而涨停。尤其是强势股回调至重要支撑位时，很容易出现支撑涨停走势。

寻找回调支撑股票时，关键是寻找回调时的重要支撑位。常见的重要支撑位有均线支撑、前期低点支撑、趋势线支撑、形态颈线支撑、黄金分割支撑、筹码密集区支撑等。

股价回落至这些重要支撑位时，容易受到支撑出现反弹或反转走势。尤其是活跃股回调遇到重要支撑位时，通常会出现反弹行情。

寻找回调支撑股票时需要注意：如果股价处于相对低位时出现回调，遇到重要支撑位，股价受支撑后继续上涨的概率非常大，此时买入股票成功的几率非常高。反之，如果股价处于高位时回调至重要支撑位，则需要特别警惕，谨防支撑位演变为假支撑，股价走出突破支撑位的下跌走势。

4. 股价加速拉升涨停

股价强势拉升涨停是股价处于上涨趋势的过程中，出现加速上涨，从而引发的强势涨停走势。这种走势在上涨趋势的股票中很常见。上涨加速的原因有很多，比如利好消息刺激，庄家快速拉升股价准备在高位出货，等等。

股价出现加速涨停的前提，必须是股价前期处于上涨趋势中。寻找趋势加速的股票时，关键要注意两点：一是股价沿着短期 5 日均线或 10 日均线持续上涨；二是成交量持续温和放量。当股票开始加速涨停时，通常成交量会继续增加或者大幅缩量。

这里需要注意的是，如果股价出现爆量涨停，即量能是前期的 3 ～ 5 倍甚至更多，就要谨防庄家利用加速涨停出货。

5. 股价突破形态涨停

股价突破形态涨停是指股价在技术走势上形成某种形态，股价运行在形态颈线附近，然后突破形态颈线的压制出现上涨并涨停。

在实际走势中，K 线的形态多种多样，常见的有 W 底形态、头肩底形态、圆弧底形态、箱体形态等。股价突破这类底部形态时，容易吸引投资者关注，也容易出现突破形态涨停。

股价突破形态拉升涨停时，成交量最好能放大。只有放量突破，股价涨停才更安全，后期溢价的概率才更高。

寻找形态突破的股票时，需要投资者能够准确地辨别股价走势属于哪种形态，因此投资者要熟练掌握各种形态理论。

需要注意的是，在操作形态突破股票时，投资者一定要等形态确实做出突破后再买入，这样安全性相对会高很多。因为股价正式突破形态拉升前，庄家有时会做出试探性突破的操作，而试探性突破通常只是短暂的突破，股价大都会冲高回落，很快就重新回到形态压力线的下方。如果投资者在股价正式突破形态前买入股票，那可能会因为庄家做试探性突破而无法获利。

6. 股价突破关键技术压力位涨停

股价上涨经常会遇到很多的关键技术压力位。比如，前期股价下跌时的多重支撑位在股价下跌后转为压力位，股价前期上涨时多个相近高点形成的压力位，股价上涨时关键的整数关口压力位，股价突破历史新高位置的压力位，等等。

关键技术压力位带给投资者的主要是情绪压力。股价上涨至关键压力位时，很多持仓的投资者会纷纷抛售手中的筹码，而没有买入的投资者不愿意在关键技术压力位买入股票。因此，在实际交易过程中，关键技术压力位通常较难突破。

绝大多数时候，股价突破关键技术压力位时，大都是庄家或主力在起主导作用。一旦股价突破关键技术压力位，投资者的情绪立即变得兴奋起来，原本持仓的投资者将不愿意卖出手中的股票，而没有买入的投资者会积极地买入股票，从而推动股价持续拉升，形成突破关键技术压力位的涨停。

第五节　概念炒作因素涨停

股市中会有各种题材和概念，而这些题材和概念往往是庄家和主力炒作的对象。概念和题材在股市交易中是时常提到的话题，是在市场变化和发展进程中不断孵化出来的。比如，网红经济概念就是从新媒体和自媒体经济衍化而来，是市场共同关注到网络视频直播经济衍生出来的新题材。

概念炒作注重“未来性”，是对未来的一种预期。这种预期可以激发投资者的想象力和对未来的憧憬，能够影响其交易行为，从而推动股价上涨。通常来说，概念炒作的“未来性”是不确定的，即概念的内容在未来是否能够兑现并不确定。概念炒作对当下的交易不重要，重要的是投资者期望概念未来的“可能性”。股市交易主要是对上市公司未来的预期和憧憬，即炒股就是炒未来。

概念和题材是支撑庄家和主力进行股票炒作的重要因素。庄家和主力要对某只股票进行炒作时，就要给市场一个合理的炒作理由，而这个理由必须能够得到大多数投资者的认可，而概念和题材就是庄家和主力能够给予市场的重要理由之一。比如，星期六（002291）属于网红经济概念，而网红经济又是 2019 年下半年非常流行的一种新媒体模式，这就给予庄家和主力可以炒作的理由，同时这个理由能够得到大多数投资者的认可，因此该股成为了一只“妖股”。

概念炒作具有引领市场资金的作用。当某个概念成为市场超级热点受到多数投资者认可和青睐时，市场资金就会蜂拥而至，从而推动股价持续上涨。

A 股市场中，无论是庄家还是普通投资者，都喜欢炒作具有概念支撑的股票，因为有概念支撑的股票更容易获得市场关注和资金青睐。对庄家和主力而言，炒作有概念支撑的个股，需要花费的时间和资金相对会少很多。对普通投资者而言，有概念支撑的个股相对更加安全，盈利的概率也会高一些。

庄家和主力炒作某一概念时，通常都以涨停板开始，因为只有涨停板才能更快地吸引投资者的眼球。庄家和主力炒作涨停股票时，他们会努力制造要炒作的个股有某个概念的逻辑支撑，并且通常会把该个股炒作成该概念和题材的龙头股，因为龙头股通常最能吸引市场关注和资金青睐。一旦炒作的个股受到投资者的认可和青睐，很快就能吸引大量的资金前来抢筹，从而推动股价持续拉升，如此一来，涨停板和连板走势就会应运而生。

需要注意的是，对概念的炒作多数是短期炒作，是通过短期内尽可能地放大概念的“未来效应”，来方便庄家和主力暴力拉升股价，而股价在爆炒之后，通常会逐渐回归到正常的估值水平。因此，概念炒作比较适合短线交易。

第六节　庄家因素涨停

目前股票市场上，大多数个股的强势上涨都会有庄家的身影，股票涨不涨主要就看庄家有没有炒作的兴趣。只要庄家有炒作的激情，就能够“乌鸡变凤凰”，即使垃圾股也能飞上天。

庄股的走势大都有一个特点，就是“静若处子，动如脱兔”。反映在股价走势上，就是没启动时股价总是死气沉沉的，难有好的获利机会，投资者拿着这样的股票都嫌闹心，但一旦启动上涨，那就势如破竹，短期内持续大幅拉升。

A 股市场中长期存在幕后庄家是不争的事实，尤其是整体行情偏好，市场做多氛围较强时，庄家更是大行于市，左右股价运行。目前对于操控股价，管理层出台了很多严格的规定和处罚措施。但是，面对资本市场的诱惑，庄家为了达到自己的目的，依然变换各种手法隐蔽操控，使得盘面走势更加复杂，让普通投资者很难了解其真实意图，很难掌握其操作的脉络。

庄家是制造“妖股”的有力推手，市场上大部分“妖股”都是庄家运作而成。很多“妖股”里面通常不止一个庄家，有时可能好几个庄家在运作。这些庄家的观点和思路达成一致，市场形成合力时，股价通常会一飞冲天。庄家之间产生分歧时，行情就会存在一定的风险。

庄家因素引起的涨停现象较多，有建仓式涨停、洗盘式涨停、启动式涨停、拉升式涨停、出货式涨停和反弹自救式涨停等。对于这些涨停类型的模式，笔者会在后续相关章节中详细分析。

需要注意的是，庄家因素引起的涨停中，建仓式涨停、洗盘式涨停、启动式涨停和拉升式涨停，持仓的投资者比较容易获得利润；出货式涨停和反弹自救式涨停，持仓的投资者面临的风险较大。因此，需要仔细辨别庄家因素引起的涨停，搞清楚到底属于哪种涨停模式。

第七节　突发事件因素涨停

突发事件因素引起的涨停主要是指由于突发性的政策利好或者突发性的其他利好事件引发的股价涨停。

突发事件首先重在“突发”二字，是事先没有预料的事情，突然发生，对某一行业、某一板块、某一题材，或者某只个股构成重大利好。因为这种突发性事件，一般都没有投资者能够提前介入，所以当其出现时很容易引发市场抢筹的情况，这种情况极易使股价涨停。

有些突发性利好消息公布前，会有机构或者投资者提前买入，这种情况通常都是内幕消息泄露导致的。

突发利好事件对股价的影响，主要取决于其重要程度。突发事件的影响力越大，对相关上市公司的股价影响就越强烈；反之，突发事件的影响力越小，对上市公司股价的影响就越有限。

突发利好事件对市场的影响范围会对股价走势产生较大影响。突发事件影响的范围越大，能够刺激上涨的个股就越多；反之，突发事件影响的范围越小，能够刺激上涨的个股就越有限。

突发利好事件对市场的影响时间也会对股价走势产生较大影响。如果突发事件影响的时间较长，相关股票处于上涨趋势的时间就越长，投资者获利的概率就越大；反之，如果突发利好事件影响的时间较短，那么相关股票只会在短期内上涨，投资者只能做短线操作来获取盈利。

如果将突发性消息出来之前的市场看成平衡性市场，那么突发性事件发生后就会让平衡状态失衡。突发性消息既可能会彻底改变行情原有的走势，让行情出现反转，也可能会加速原有行情走势。这主要取决于突发性消息与市场行情走势是同向性还是逆向性关系。

当突发性消息出现时，投资者一定要先对其进行分析和判断，分析消息的重要程度、影响范围、影响时效等，同时也要分析这些消息会影响哪些上市公司的股票，影响程度有多大，以此作为是否买入的依据。

如果突发性消息影响很大，影响范围很广，时效性也很长，那么投资者可以直接寻找相关股票，在股价低点处买入持有。如果突发性消息影响虽然很大，但是影响范围有限，且时效性也较短，那么投资者可以寻找低点进行短线操作，快进快出，获利之后及时落袋为安。

当个股出现突发利好消息时，投资者一定要认真辨别，慎重买入，因为有的股票突发利好消息，有可能是庄家或主力利用利好消息来出货。

第三章　涨停板量价关系

第一节　量价关系的含义和内容

1. 量价关系的含义

量和价是股市用语。量是指一只股票单位时间的成交量，有日成交量、月成交量、年成交量等。价是指一只股票的价格，以收盘价为准，还有开盘价、最高价、最低价等。

一只股票价格的涨跌与其成交量大小存在一定的内在关系。投资者可通过分析量价关系，判断形势，买卖股票。

成交量是反映股市中人气聚散的一面镜子。人气旺盛，买卖活跃，成交量自然就会放大；反之，人气低迷，买卖不活跃，成交量就必定萎缩。

成交量是观察庄家大户动态的有效途径。资金量巨大是庄家大户的优势，他们的一切意图都要通过成交来实现。成交量骤增，很可能是庄家在买进卖出。

量价关系基本涵盖了市场上的一切信息。因为影响市场因素发生作用的最终结果，都会体现在投资者之间的交易行为上，而交易行为最终要通过成交量和股价来实现。

量价关系的状态不仅是市场运行的现实反映，还预示着市场未来的发展趋势。所以，研判市场趋势必须要抓住量价关系这一本质。

在上涨趋势初期，如果成交量随着股价上涨而放大，则涨势已成，投资者可顺势跟进。如果股价经过一段大涨之后突然出现极大的成交量，价格却未能进一步上涨，一般表示多头转弱，行情随时可能逆转，投资者要格外小心。

2. 量价关系的原理

量价关系是指成交量和价格同步或背离的关系。正常的量价关系应该是“上涨放量，下跌缩量”，否则就是不正常的量价背离。

成交量的放大源于多空双方意见的分歧。如果有人看多，有人看空，看多者买入，看空者卖出，这样就会形成成交。如果多空双方意见趋于一致，即交易者同时看多或看空，那么成交量就会萎缩。

成交量最重要的价值，是从市场人气的角度判断市场参与意愿和参与深度。成交量与价格之间的关系，市场上有 3 种观点。

（1）价格是第一位的，成交量是次要的。

（2）成交量领先于价格运动。成交量是资金活跃程度（流动性）和入场资金规模（人气基础）的最直观表现。

（3）成交量验证价格形态。

这 3 种观点没有对错，只是角度不同而已，没有严格意义的区分。

对量价的理解也分为 3 点。

第一，价格的变化关系到盈亏的变化，当价格出现不利的变化时，应先考虑止盈或止损，即头寸的处理。

第二，成交量在某些时候会出现明显的增加（或减少），若此时价格仍未出现突破性的变动，应注意成交量的异动，因为价格的变化很可能随后就来。

第三，价格的突破，特别是向上突破，一般需要成交量的配合，即后期需要考量成交量，看其是否符合验证价格形态的特征，进而判定价格突破变化的有效性。

股票炒作是一种群体行为，具有群体的差异性。有的投资者会从自己的角度出发，有的投资者会从资金的角度出发，有的投资者则会从消息面角度出发，但是无论从哪个角度出发，最终都要反映在实际的交易行为上。交易行为一定会引发成交量和价格的变化。

量为价先，这不是一句空话。在股价运行中，成交量至关重要，决定着股价的走向。成交量的高低反映着市场交易的活跃度。股票就像海中的船，而投资者注入的资金就像海水。水可载舟亦可覆舟，水不动而船难行，这就是量价之间的关系。

庄家最擅长的就是跟普通投资者玩股票心理操纵术。很多技术图形之所以会失效，是因为这些图形通常是主力制造的用以迷惑投资者的假象。同时，一些技术指标本身具有滞后性，往往会误导投资者，而成交量通常难以做假。成交量的变化，特别是剧烈的变化，一方面反映出主力的行动意图，另一方面也反映出市场的跟风热度，而这两点恰恰决定了股票的涨跌。

成交量低说明投资者参与交易的兴趣较低，股票人气低，这样的股票很难炒作，价格也很难上涨。成交量高则说明投资者参与的兴趣很高，股票人气很高，就算每天有投资者离场也会有新的投资者进场买入。正是因为成交量反映了股票的活跃度，所以成交量的变化往往预示着股价将会出现变化。

3. 行情走势中的量价关系

成交量有增有减，股价也有涨有跌。实际行情走势中，成交量与股价变化多端，呈现多种形式。各种形式的成交量与股价组合，形成对价格未来走势的重要判断依据。

（1）量增价平。

量增价平，主要是指个股在成交量增加的情况下，股价没有同步上涨，而是维持在一定价位水平上下波动的一种量价配合现象。

量增价平是比较常见的量价关系形态。量增价平既可能出现在上升行情的各个阶段，也可能出现在下跌行情的各个阶段。但是，量增价平出现在不同的阶段和位置，所表达的市场意义并不相同。

如果量增价平出现在股价上涨过程中，则说明获利盘出货吐盘较多，股价正在进行小幅调整，盘整后的股价仍然有上涨的可能。

如果量增价平出现在股价上涨的高价位，则说明股价在顶部附近。如果出现滞涨现象，那么股价滞涨盘整后，可能会出现下跌走势。

如果量增价平出现在股价下跌途中，则预示庄家故意打压股价，其对倒出货的可能性较大。这时，投资者要关注后期的量价配合程度，要么出现量增价涨，要么出现量缩价跌。

如果经过较长时间的下跌后，股价处于低价位区，成交量开始持续放出，股价却没有同步上扬，这种走势预示着可能有新资金在打压建仓。一旦股价在成交量的有效配合下掉头向上，则表明底部已形成。

（2）量增价涨。

量增价涨，又称放量上涨，主要是指个股在成交量增加的同时，股价也同步上涨的一种量价配合现象，是量价配合和谐的经典形态。

量增价涨通常出现在上升行情初期，有时也出现在上升行情的中途。

上升行情初期的量增价涨，是指股价经过一轮较长时间的下跌和底部盘整后，市场中逐渐出现诸多利好因素，这些利好因素增强了市场预期向好的心理，换手逐渐活跃，说明有不少资金介入，跟进做多的力量得到加强。随着成交量的放大和股价的同步上升，此时买入获利概率较高。

上升行情中途的量增价涨，是指股价经过一段时间的上涨，量价关系出现量增价涨的现象。与上升行情初期量增价涨的市场意义一致，上升行情中途的量增价涨也意味着股价后期还有上涨的空间，跟进买入获利概率较高。

（3）量缩价涨。

量缩价涨，又称缩量上涨，主要是指个股在成交量减少的情况下，股价反而上涨的一种量价配合现象。

量缩价涨有时出现在上升行情中期，有时出现在上升行情末期，偶尔也出现在下跌行情的反弹过程中。在不同的行情阶段，持续的量缩价涨形态表示的市场意义也不同。

在持续的上升行情中，适度的量缩价涨表明主力控盘程度较高，大量的流通筹码被主力锁定，后市行情可能还会继续上涨。但毕竟量缩价涨显示的是一种量价背离趋势，因此在随后的上升过程中，如果出现成交量再次放大的情况，可能意味着主力在高位出货。

股价经过一段时间的持续上涨后，出现量缩价涨，说明投资者对股价后市继续上涨并不认可，量价出现背离。这种情况下，股价后市的上涨空间很有限，继续上涨的行情难以维持，是股价即将见顶的标志。

下跌行情的反弹过程中出现量缩价涨，说明股价反弹阶段的上涨无法得到投资者的认可，后市行情继续下跌的概率较大。

（4）量增价跌。

量增价跌，又称放量下跌，主要是指个股在成交量增加的情况下，股价反而下跌的一种量价配合现象。

量增价跌现象大部分出现在上涨末期或下跌行情初期。

股价上涨末期的量增价跌，是指股价经过长期上涨后达到高价位的区域，此时股价一般形成高开低走或者冲高回落之势，成交量的放大意味着获利盘在大量抛盘出逃，随着抛盘压力越来越大，股价呈现下跌走势。因此，股价高位时出现量增价跌是卖出股票的信号。

股价下跌初期的量增价跌，是指股价经过一段较大的上涨后，市场上的获利筹码越来越多，投资者纷纷抛出股票，致使股价开始下跌，即放量下跌。这种高位量增价跌现象是卖出的信号。

（5）量缩价跌。

量缩价跌，又称缩量下跌，主要是指个股在成交量减少的同时，股价也同步下跌的一种量价配合现象。

量缩价跌可以出现在股价运行的任何阶段、任何位置，但其表达的市场意义是不一样的。

量缩价跌出现在股价下跌过程中，说明持股者还在继续出货，但接盘的人越来越少，空方力量占绝对优势，股价将继续下跌。

如果量缩价跌出现在下跌的底部，接近地量地价形态，则说明空方力量已经耗尽，是抄底介入的时机。

如果出现在上涨途中，则说明股价出现调整状态，多空力量在相互搏杀。若空方获胜，则预示股价将反转下跌；若多方获胜，则预示股价将上涨。

（6）天量天价。

天量天价，是指股价经过大幅上涨后，在高价位放出巨量，同时股价再度出现大涨的一种量价配合现象。

天量是阶段性上涨以来最大的成交量。天价对应着股价上涨以来的最高价位。

天量天价大多出现在股价见顶附近。如果出现天量天价，股价又在顶端出现滞涨现象，则意味着股价行情即将反转下跌，是卖出信号。

（7）地量地价。

地量地价，是指股价只有极少的成交量时，该股股价也维持在相当低的价位的一种量价配合现象。这意味着股票买卖仍不活跃，是股票达到底部的一个重要标志。

地量是阶段性下跌以来的最少成交量。地价对应着股价下跌以来的阶段性新低。

如果行情出现地量地价，说明该股行情比较清淡，成交比较冷清，波动幅度很小，延续时间很长。成交量逐渐活跃时，就是投资者买入的时机。

如果股价持续下跌过程中，没有再出现持续的带量下跌或者阶段性带量下跌，那么即使出现地量地价，也不意味着市场出现了底部。因为空头的下跌能量没有释放出来，市场后续下跌的可能性还很大。

（8）量平价涨。

量平价涨，是指成交量变化很小，几乎保持在一个水平线上，但股价在上涨的一种量价配合现象。

量平价涨形态大多出现在股价冉冉上升或缓慢上升的过程中，成交量保持一定的量，但是变化不会很大。这说明多空力量比较平衡，但多方力量一直占据优势，股价缓缓上升。

如果股价没有达到一定的高价位，则该股后市继续上涨的可能性较大。当成交量开始持续增加时，可能就是股价开始加速上涨之时。

（9）无量涨停。

无量涨停，是指个股成交量很少的情况下，股价出现涨停的一种量价配合现象。

无量涨停是量缩价涨的一种极端形式。无量涨停意味着基本没有抛压，同时又出现巨大的涨停封单。

无量涨停经常出现在上市公司有重大利好的个股中，特别是中小盘股，庄家尤为偏好。一般情况下，放巨量打开涨停板时就是卖出时机。

（10）无量跌停。

无量跌停，是指个股在成交量很少的情况下，其股价出现跌停的一种量价配合现象。

无量跌停是量缩价跌的一种极端形式。无量跌停意味着基本没有买单，同时又出现巨大的跌停封单。

无量跌停经常出现在上市公司有重大利空消息的个股中。因为在一些个股出现重大利空消息后，资金会不计成本地出逃，但没有人接盘，造成卖盘大买盘小的现象，这时切勿盲目抄底。

（11）量价同向。

量价同向，是指股价与成交量变化方向相同。量增价涨和量缩价跌都属于量价同向关系。

股价上涨时，成交量随之增加，是市场继续看好的表现。股价下跌时，成交量随之减少，说明卖方看好后市，持仓惜售，转势反弹仍大有希望。

（12）量价背离。

量价背离，是指股价与成交量呈相反的变化趋势。量缩价涨和量增价跌都属于量价背离关系。

股价上涨而成交量减少或持平，说明股价的升势得不到成交量的支撑，这种升势难以维持。股价下跌而成交量增加，是后市低迷的前兆，说明投资者害怕后市行情走弱而抛售离市。

第二节　标准的量价循环结构

一直以来，量价关系都是技术分析的一个重要部分。股价的变动必然伴随着成交量的变动，量在价先，掌握量价运行关系对分析股价有着极其重要的作用。

股价在每个阶段呈现的量价关系有所不同，通常情况下，标准的量价循环结构分为9个阶段。

1. 第一阶段：股价处于底部，量能持续增加

股价处于底部，说明股价已经跌不下去了，下方支撑作用较强。量能增加，说明越来越多的人开始发现股票的价值，抄底资金不断涌入。虽然价格尚未体现，但是走强信号已经出现，预示着后市股价可能会逐渐转好。

主力机构大多会在此阶段建仓，而普通投资者很可能会因忍受不了长期横盘而选择卖出。

2. 第二阶段：量能持续增加，股价稳步上涨

量价齐升是很明显的做多信号，此时成交量温和放大，股价开始逐步上涨，这是行情爆发前期的最佳买点。投资者最好配合均线的趋势进行分析，如果股价呈现多头趋势，那么投资者可以果断买入。

主力机构经常会选择在此阶段进行洗盘震仓，达到洗去浮动筹码的目的，为后市拉升作准备，而普通投资者很可能因为小有盈利而止盈离场。

3. 第三阶段：股价逼空上涨，量能高位持平

经过前期量能的积累，量能逐渐达到较高位置，股价此时进入主升浪，出现大幅拉升，成交量居高不下。这说明市场换手充分，参与度较高，后市仍有冲高机会，但要控制仓位，谨防追高。

在此阶段，主力机构多半已经高度控盘，市场抛压较小，行情大好，部分无知或者超短线操作的普通投资者可能会追高博弈。

4. 第四阶段：股价运行至较高位置，涨速明显放缓，量能逐渐萎缩

当股价运行至较高位置时，市场资金持有者追涨意愿较弱，换手逐步降低。此时股价已经处于较高位置，上涨动能已经不足，量价出现背离迹象，价格虽然在上涨，但是量能没有跟上。

主力机构经常会在此时假意拉升股价趁机出货，而普通投资者看到股价再次拉升终于耐不住寂寞，追高买入。该阶段买入风险较大。

5. 第五阶段：股价高位运行，量能持续萎缩

当股价处于高位时，上涨动力严重不足，投资者大都持币观望，追高买入意愿较弱，筹码持有者因为没有盈利而不愿抛售，换手逐渐下降，量能萎缩。此时，行情已经处于严重的量价背离阶段，风险较高，逢高回避为最佳选择。

此时，主力机构的大多数筹码已经抛售离场，筹码主要集中在追高买入的普通投资者手中。

6. 第六阶段：股价高位回落，量能逐步萎缩

当股价出现高位回落时，高位追高者逐步认识到股价上涨动力不足，风险较大，有些投资者开始逐步止损离场。但是，还有一些投资者因为不愿割肉止损，而选择继续扛着，成交量逐步减少。

此时主力机构多数已经清仓出局，投资者如果持股的话，及时止损是最佳选择，否则很容易在高位套牢。

7. 第七阶段：股价高位跳水，量能快速增加

当股价高位跳水时，行情出现放量下跌走势。此时，股价的趋势多半已经走坏，很多恐慌盘开始抛售，使得行情快速下跌。此阶段风险非常大，投资者要尽量回避。

在此阶段，通常没有主力控制行情走势，但依然有很多高位接盘的投资者会选择死扛。该阶段会让那些一心想死扛的投资者站在高岗上面，形成稳固的套牢盘。

8. 第八阶段：股价持续下跌，量能持续萎缩

当股价持续下跌时，大部分投资者已经在高位被套牢，因此抛盘压力很小。并且，随着股价不断下跌，新进入的投资者也在不断被套，市场成交量也会逐渐减少。

9. 第九阶段：股价下跌放缓，量能逐渐增加

当股价已经大幅下跌后，部分散户开始忍痛割肉离场，一些资金持有者逐渐发现股票的价值，抄底买入股票，量能逐渐放大。

主力机构多在此时把股票加入自选股跟踪关注，待股价跌不动时，再开始分批建仓，重复第一阶段。

第三节　涨停板量价关系研究

1. 放量涨停

放量是指成交量比前一段时间明显放大。

（1）放量的形态。

①递增式放量。

递增式放量是一种局部量能形态，是指成交量随着个股的一波上涨或下跌，呈逐级放大的形态。

在递增式放量形态中，投资者经常可以看到“后一交易日的量能略大于前一交易日”这种现象，这是量能连续变化而非跳跃式变化的一种体现。

一般来说，这种量能形态常见于个股的一波快速上涨走势中，是买盘加速涌入的表现。由于交易是双向的，因而这种递增式的量能同时也说明市场的抛压在逐渐增加。

当量能无法再递增下去时，买盘开始减弱，个股将在卖盘的抛压下出现回调下跌走势。可以说，出现在一波快速上涨走势中的递增式放量形态，其量能的峰值处往往就是个股的局部高点处。在量能的峰值处，投资者可以卖出股票。

②脉冲式放量。

脉冲式放量是量能的一种间歇式放大形态，是指成交量在某一交易日突然大幅放出，次日成交量又快速恢复如初的量能形态。

脉冲式放量是成交量的一种突然性的跃动，打破了多空双方的连续交投平衡，是量能的一种明显异动。

一般来说，脉冲式放量或源于消息面刺激，或源于主力当日对倒拉升，或源于主力当日大力打压出货。无论是哪一种原因，脉冲式放量都离不开散户的参与，多为散户跟风较多所致。脉冲式放量往往是短期出现下跌走势的信号。在实际交易中，投资者应注意规避风险。

（2）放量涨停的模式。

通常来说，大多数投资者只关心股票的价格，当股价涨停后，很多投资者就不关心成交量或其他技术指标了。

实际上，在交易过程中，股价涨停之后研究和分析成交量和其他技术指标更具有重要意义，因为它决定了股价未来可能的走势。

①底部放量涨停。

如果在底部位置放量出现一个涨停，那么不管是短线还是波段，都是较好的买进位置。所以，股价底部放量涨停之后投资者可以跟进。

必须明确的是，既然是底部放量涨停，就一定是经过长期下跌后，股价处于超跌或者偏低位置，并且大多数筹码都处于被套状态，行情在重要支撑位企稳，或者经过一段时间的横盘振荡，形成触底形态。

当股价在低价区形成头肩底形态、W 底形态或圆弧底形态，且股价向上有效突破形态颈线涨停时，是买入时机。当股价在低价位有效突破横盘振荡区间涨停时，也是买入时机。

②高位放量涨停。

股价高位放量涨停，说明股价在高位时存在多空分歧，筹码出现松动迹象，放量越大，分歧就越大。后市走势主要看多空双方谁的力量比较强。如果多方占据主导优势，股价会继续上涨；如果空方占据主导优势，则股价下跌的可能性较大。

必须明确的是，既然是高位放量涨停，就一定是经过一段时间的持续上涨，股价达到高位，大多数筹码都处于获利状态。

股价放量涨停后是继续上涨还是转为下跌，主要看股价涨停后第二天的走势。如果放量涨停后的次日股价高开高走，或者平开、低开后快速大幅拉升，以涨停或者大涨收盘，则后市依然看好，股价还可能继续上涨。如果股价大幅低开或者高开低走，最终以大幅下跌或者跌停收盘，则后市看弱，股价转为下跌的概率较大。

这里需要注意，如果股价在高位区出现头肩底形态、W 底形态或圆弧底形态，且股价出现放量突破颈线涨停，需要谨慎追入。这种走势通常是主力故意做出行情看涨的 K 线形态，来吸引市场投资者接盘，以便自己顺利出货。

③先缩量后放量涨停。

有时股价持续上涨后，成交量反而越来越少，主要原因是庄家在高位时，不敢在盘中剧烈地振荡出货，担心筹码松动而增加出货压力。开盘后不久，股价就会快速地封死涨停板，说明股价已经到了最后的疯狂阶段。随后，股价可能出现放量涨停走势。如果股价放量涨停后，第二天高开低走，并且成交量大幅增加，则预示可能即将出现股价顶部或者阶段性顶部，投资者应当坚决离场。

股价缩量上涨后再放量涨停还有一个原因，就是个股出现突发性重大利好消息。当个股出现重大利好消息时，庄家会在股票开盘时直接用大量买单封死涨停板或者开盘后快速拉升封死涨停板，之后连续多日封死涨停板，使得股价涨停但成交量很小。后市成交量开始放大，说明庄家在大幅获利的情况下，开始抛出手中的筹码。

庄家之所以制造先缩量后放量涨停，就是为了阻止散户跟风买货。如果个股有利好消息或庄家志在高远，那么先缩量后放量涨停的目的就很明确。首先可以吸引公众眼球，致使散户购买的欲望越来越强，为以后顺利出货打好基础。其次，由于股价封涨停板，散户无法顺利买到股票，这样庄家在拉抬股价的过程中，由于浮筹少，减少了干扰，拉升也较容易。最后，如果股价上升到一定程度，由于中间卖盘极少，使想买股票的散户无法如愿，一旦涨停板打开，就会有投资者涌入，庄家则顺利出货。

（3）股价放量涨停后的走势。

从行情走势来看，股价无非就是 3 种走势，即上涨、下跌和横盘整理。股价放量涨停后，也对应存在这 3 种走势，但这 3 种走势具有不同的意义。

①放量涨停后继续上涨。

放量涨停后股价继续上涨，是股价上涨的正常行情走势表现。股价出现涨停，说明市场上买盘大于卖盘，投资者看好后市，股价顺势上涨，是正常的量价关系走势。

股价放量涨停，很容易吸引市场投资者的眼球，尤其是股价低位涨停，或者股价涨停突破重要阻力位时，最能吸引市场投资者的做多热情，很容易吸引大量资金入场，从而推动股价上涨。

②放量涨停后横盘整理。

放量涨停后股价横盘整理，说明股价上涨的动力不足，市场投资者对股价继续上涨产生分歧，因此行情产生多空分歧，使得股价形成盘整走势。

另外，也可能是主力拉升时，上方抛压较大，主力不愿意继续拉升，但也不愿意股价下跌，担心低位筹码被其他主力或投资者接走，因此选择横盘整理走势。

如果大盘在持续下跌，大多数个股也在持续下跌，而有些个股放量涨停后维持横盘整理，通常是主力在维持价格稳定。在行情普遍下跌的情况下，必然会出现很多抛盘，而庄家为了维持价格稳定就会吸收筹码，从而使股价没有上涨，而量能放大。

③放量涨停后下跌。

从量价关系上来说，股价放量涨停是一件好事，但是放量涨停后不一定就会出现持续上涨走势，特别是股价放量涨停遇到重要压力位，或者在下跌过程中出现的放量涨停，经常具有一定的欺骗性。因此，分析放量涨停时，投资者一定要注意这种情况，谨慎参与。

放量涨停有时是庄家不惜成本地对倒拉升，其目的是为了吸引市场投资者的注意，让投资者能够跟风买进，来达到庄家减仓或出逃的目的。有时放量涨停是庄家的试盘操作，主要是为了试探市场买盘或卖盘的效果。如果买盘很强，则股价可能会顺势向上冲高；如果卖盘很强，则股价可能就会冲高后下跌。

2. 缩量涨停

缩量涨停是指股票在成交量很少的情况下就达到了涨停限制。

（1）缩量的形态。

①递减式缩量。

递减式缩量是一种局部量能形态，是指成交量随着个股的一波上涨或下跌，呈逐级缩小的形态。

在递减式缩量形态中，投资者经常可以看到“后一交易日的量能略小于前一交易日”这种现象，这是量能连续变化，而非跳跃式变化的一种体现。

一般来说，这种量能形态常见于个股一波上涨走势后的下跌过程中，是卖盘持续减弱的表现。由于交易是双向的，因而这种递减式的量能同时也说明市场抛压在逐渐减小。

当量能无法再递减下去时，卖盘开始减弱，个股将在买盘的增加下出现回升上涨走势。可以说，出现在一波上涨回调走势中的递减式缩量形态，其量能的低谷处往往就是个股的局部低点位置。在量能的低谷处，投资者可以买入股票。

②突发式缩量。

突发式缩量是量能的一种间歇式缩小形态，是指成交量在某一交易日突然大幅缩小，次日成交量又快速地恢复如初的量能形态。

突发式缩量是成交量的一种突然性跃动，打破了多空双方的连续交投平衡，是量能的一种明显异动。

一般来说，突发式缩量通常出现在因重大消息面刺激的极端行情中。比如，个股出现重大利好消息，股价强势涨停时，市场抛压很少，从而导致成交量形成突发式缩量，或者个股出现重大利空消息，股价出现强势跌停时，市场买盘很少，从而导致成交量突发式缩量。

（2）缩量涨停模式。

缩量涨停反映出绝大多数持股者对此股无强烈的抛售意向，此股便可在没有较大抛压的情况下涨停，相对成交量就小些。由于相对的抛压少，上涨阻力小，因此有利于股价上涨。

①底部缩量涨停。

缩量涨停经常出现在底部区域。因为在市场底部区域多数人已经被套牢，而此时场外投资者仍然认为股价还没有真正见底，处于观望状态，所以很少的成交量就能使股价涨停。

②高位缩量涨停。

股价连续大涨后的缩量涨停，往往是股价即将见顶的信号。实际交易中，有些股票在持续涨停后，成交量反而越来越少。这主要是因为，股价已经拉升到高位，庄家不敢轻易振荡出货，担心市场筹码松动而增加出货压力，因此会在开盘后短时间内封上涨停，就形成了缩量涨停。

投资者一定要特别注意高位缩量涨停的走势。如果次日成交量大幅放大，就应果断离场。

③持续缩量涨停。

通常情况下，缩量涨停说明市场筹码锁定很好，后市还有可能继续上涨，甚至继续出现涨停。

当持续缩量涨停后，再出现放量涨停，说明市场筹码出现松动，部分获利盘开始跑路。量能放得越大，后市下跌的概率就越大。

（3）缩量涨停的多种情况。

一般情况下，股价出现缩量涨停是一种好现象，说明投资者看好后市走势，从而惜售手中的筹码。通常来说，缩量涨停，后市继续上涨的概率较大，但并非所有的缩量涨停，后市都会持续上涨。

出现缩量涨停有多种情况，具体如下。

①行情走势向好，投资者惜售迹象明显。当市场明显活跃，或者处于超级热点时，多数的投资者都会认为市场将会进一步走好，未来股价继续上涨的空间很大。这时，投资者会认为手中的筹码未来增值潜力巨大，因此不愿意抛售，即使股价涨停也不愿意抛出，这就形成了缩量涨停的情况。

②突发性利好导致股价连续无量涨停。这种情况比较常见，当个股出现突发性利好时，庄家难以提前收集到足够的筹码，因此庄家通常会直接封死涨停板或者快速拉升封死涨停板，使投资者无法买到筹码，就形成了缩量涨停走势。如此一来，投资者会认为该股后市具有爆发潜力，更容易引起抢筹，这种情况下，后市大多还存在持续上涨的空间。

③庄家控盘，涨停无须放量。多数个股在庄家绝对控盘的情况下，庄家基本上可以随意主导行情走势。因为外面的筹码相对较少，庄家想要拉升股价会比较容易，股价拉

升时市场抛压非常小，通常耗费很少的资金就能将股价拉升至涨停，从而形成缩量涨停走势。这种缩量涨停的走势，是股市中常见的情况。

④股价暴跌后的无量反弹涨停。股价暴跌后，大多数投资者的筹码处于套牢状态。多数投资者因为套牢惜售而不愿意割肉出局，从而使股价无量涨停。股价暴跌之后的无量反弹涨停，通常不是股价下跌的低点。股价大都会在恐慌性抛盘后再次放量，筹码经过充分换手后才容易形成低点。因此，暴跌之后的无量反弹涨停，通常是投资者在行情暴跌过程中及时离场的时机。

第四节　股价拉升涨停过程中的单量分析

股价拉升过程中，不同的量能变化对股价拉升会产生不同的结果。买方量能的变化会直接影响市场投资者买入的心理和情绪，从而决定股价拉升的快慢，以及是否能够形成很好的涨停封板。

1. 巨量拉升涨停

巨量拉升涨停，就是股价在拉升过程中，买入的量能非常大，股价上的反应通常是极速跳跃的拉升，市场上所有在卖单上挂出的单子，都会被巨大的买单迅速吃掉，从而推动股价在很短的时间内拉升至涨停。

巨量拉升涨停模式，通常是主力或机构所为。市场上出现巨量拉升情况时，通常是以扫单形式出现，就是主力用巨大的买单，极速地扫掉卖单上的筹码，甚至可能出现主力或机构直接巨量挂涨停板，瞬间将所有卖单筹码直接全部扫完。

巨量拉升涨停模式，通常是某只股票出现了某种重大利好消息，而该消息已经被市场投资者知晓，主力或机构为了抢得先机，选择利用巨量直接暴力拉升，并将股价封死在涨停板。

2. 大单抢筹涨停

大单抢筹涨停，就是股价在拉升过程中，买入的单子都是一些连续的大单，使股价跳跃式上涨，市场中在卖单上挂出的单子，会被持续性的大单快速吃掉，从而推动股价快速拉升。

大单抢筹通常是主力或机构所为。市场中出现大单抢筹拉升时，通常主力不会去管卖单上的挂单数量，只要卖单上有挂单，主力都会以更大的买单快速地将卖单消化掉，从而让股价快速拉升，并将股价推升至涨停。这种大单抢筹拉升涨停的模式，通常是主力急于拉升股价，从而快速吃掉所有的卖单，并强势拉升封死涨停。

大单抢筹模式，通常是主力或机构得知了某种利好消息，而该消息还没有被市场知晓，因此主力能够利用时间差，快速地吃掉卖单所有的筹码，将股价推升至涨停，并以大单锁定涨停价筹码。

3. 小单拉升涨停

小单拉升涨停，就是股价在拉升至涨停的过程中，通常都是以小单形式出现，卖单上所有挂出的筹码都不会被买单直接吃掉，而是被买方逐渐消化。虽然在盘面上看起来买单一直比较小，但是整体来说，买单数量超过卖单，从而逐渐地吃掉卖单上的筹码，推动股价逐渐上涨，并最终推升至涨停板。

小单拉升涨停模式，通常是主力或机构资金不足，或者是搜集的筹码并不是特别充分，担心快速拉升股价后受到市场投资者抛盘影响，无法很好地将股价推升至涨停。

小单拉升至涨停，也可能是主力或机构担心快速拉升股价形成股价异动，引起市场中其他的投资者或者机构来抢筹，所以就在逐渐推升股价的过程中不断地收集市场上的筹码。这种模式拉升股价，主力或机构经常会一边拉升股价一边洗盘，希望能洗出一些意志不坚定的筹码，从而达到收集更多筹码的目的。

第五节　股价涨停板封单量分析

涨停板封单量的大小，能够反映出涨停板个股市场人气的高低，也能直观地反映出该股在市场上受追捧的程度。对投资者来说，清楚地了解涨停板封单量大小及所代表的含义非常重要。

涨停板上不同的封单量有着不同的含义。如果投资者能够通过对涨停板封单量的分析，准确地了解主力意图，将对把握涨停板个股的后续交易具有重要的参考作用。

1. 巨量封涨停

巨量封涨停是指股价在涨停板上出现巨量封死涨停板。巨量封涨停不但要看封单手数多少，最重要的还要看封单数量相当于该股流通盘的百分之几。在没有好消息的情况下，封单手数超过流通盘的 10% 就算是巨量，偶尔有些巨量封单甚至能达到整个流通股的市值量。

市场上绝大多数巨量封死涨停板的情况，都是因为个股突然出现了重大利好消息，导致市场上的投资者或机构疯狂抢购，比如高比例送配、重大资产重组等消息。

实际上，在真正交易过程中，形成巨量封涨停的情况基本上都是机构行为导致的，因为多数情况下光靠散户筹码很难出现巨量封涨停。

如果个股基本面表现平静，没有重大的利好消息，那么股价一开盘就出现巨量封单的情况必定是主力所为。没有基本面重大利好的情况下，个股通常很难聚集巨量的散户筹码，因此只能是主力在操作。其原因是主力想要通过封单告诉投资者，有这么多的买盘挂在涨停板上，股价后市要大涨。很明显这是虚假信息。由于巨量封住涨停，实际上多数散户投资者是买不到筹码的，主力有关巨量封涨停的表态主要是不希望出现抛盘。

如果股价处于低位，那么主力有可能想做一波行情，以巨量封涨停来开启拉升的序幕。因为巨量封涨停很容易吸引市场投资者的注意，从而积累人气，只要人气足够高，股价就很容易被市场合力拉升。这样，在拉升股价时，主力就会轻松很多，并且后续出货会比较容易。如果配合相对强度指标之类的图形进行分析，就大致能够判断出其中的奥秘。

如果股价处于高位，则表明主力控制的筹码较多，同时股价也在主力的获利区域。即使爆出巨量封涨停，那也只是暴露了买盘巨大的虚假信息，实际上其中很大一块是主力自己的对倒盘。因为主力的筹码太多，所以巨量封涨停的目的是为了让涨停板上的部分市场买单成交，这是主力有出货意愿的一次试探。主力在巨量封涨停后，再通过不停地撤单和挂单，将散户投资者的筹码排到前面去成交，以此完成主力顺利出货的目的。

如果股价处于从高位回落后企稳过程中的反弹巨量封涨停，那就表明当前市场上主力的筹码并没有全部出清。因此，主力借助巨量封涨停的方式来吸引投资者跟风买入，再次趁机抛售筹码，来达到尽快完成出货的目的。

2. 大单封涨停

大单封涨停是指股价在涨停板上的封单有很多都是大单买盘挂单。通常来说，这里的大单是指单笔委托 5000 手以上，有时甚至是几万手、十几万手的单笔委托。实际上，在盘面上很多系统都把 500 手设置为大单交易。但在封涨停时，500 手是不够的。因此，涨停板上通常会把 5000 手以上看成大封单。

大单封涨停是主力或机构常用的一种操盘手法。一般来说，就是主力在把一只股票拉升到涨停之后，聚集资金挂在涨停板的“买盘一”上，数量常常可以达到10万手以上，这需要数千万元甚至上亿元的资金才能做到。大单封涨停本身就是主力实力的一种证明。

主力利用大单封涨停必然有其意图，其主要意图如下。

（1）快速拉升股价，脱离成本区。

如果一只股票处于底部启动位置，那么主力利用大单封涨停就可以使投资者无法在当日买入涨停的股票，只能次日之后以更高价格追入。并且，从卖盘的心理角度进行分析，一般投资者看到有大单封死涨停后，就不会轻易抛空，这样也减小了主力拉升股价的成本。

（2）培养市场龙头股。

如果股价较低，流通盘适中，总股本却很大的指标股被选为大单封涨停，那么就极有可能是主力选取该股作为龙头股来拉升整个大盘行情。大单封涨停之后，这样的股票会带动同类板块上涨，蔓延到整个股市，最终达到令行情反弹或反转的效果。

另外，主力可以利用大单封涨停来吸引市场投资者注意，聚集人气。当该股人气足够高时，主力拉升股价便会更加轻松，后续主力可以轻松地拉抬股价，让该股成为市场中的龙头股。

（3）涨停板上的建仓手法。

主力建仓前，通常会有一个详细的建仓计划。如果因为某个突发利好马上就要公布，那么提前知道利好的主力就会迫不及待地建仓，而在涨停板上建仓是最佳选择。因为那些意志不坚定的投资者，还有那些见好就收的投资者，都会抛出手中的筹码，这就为主力在一两日内吸收到足够的筹码创造了条件。

虽然涨停板上建仓增加了主力的成本，但不失为一种快速吸筹的方法。而且，主力可以利用涨停板带动人气，为以后顺利出局埋下伏笔。

（4）主力诱多出货。

对持筹较多的主力来说，最痛苦的事莫过于出货。把手中的筹码一点点地抛给跟风者，让自己账面的浮利变成真金白银，是每个主力处心积虑的事。一般来说，在熊市行情中，因为买盘稀少，庄家不好出货，这时主力往往采用护盘的手法，且战且退。

股价上涨到一定高度或者回调到一定的支撑位时，主力会利用行情突然涨停来吸引跟风盘。这时挂在涨停板上的大封单都是虚的，一旦主力观察到涨停板上排队的跟风者越来越多，就会主动撤掉大买单，挂出卖单，把筹码全都抛售给跟风者。

3. 小单封涨停

小单封涨停是指股价在涨停板上的封单绝大多数都是由小单构成。市场投资者大都不看好这种封单的涨停板。因为这种涨停板封单，虽然有时是好事，但有时又有很大风险。

当股价处于低位时，如果行情走势出现小单封涨停，通常是主力故意为之。主力并没有完成筹码的收集，并且不想这么快引起市场投资者的关注，因此利用小单封涨停，让市场投资者认为该股后续乏力。这样一来，很多持有该股票但意志不坚定的投资者就会纷纷卖出，主力则可以趁机收集更多筹码。

当股价处于高位时，如果行情走势出现小单封涨停，则说明主力已经不愿意获得更多筹码，同时也担心其他获利盘在高位封板时卖出大量的股票，从而无法成功出货。因此，主力在高位用小单封涨停，一边吸引市场投资者买入，一边隐秘地以小单或者偶尔一笔大单出货。

当股价处于下跌或回调阶段时，如果行情走势出现小单封涨停，很大概率是主力手中的剩余筹码不是很多，并且为了顺利出货而故意为之。主力在股价反弹阶段不愿意用大单来封涨停，主要是担心受到上方套牢盘抛压，从而让自己手中筹码增加。因此，主力用小单来封涨停，刺激市场上一些投资者盲目跟风买入，可以趁机抛出手中的筹码。

4. 勉强封板涨停

勉强封涨停板是指股价涨停后，封板的筹码非常少，有些个股封单量少的时候，只有几百手封涨停板，甚至有的涨停个股只有几十手的封单。

从勉强封单量来看，市场对该股的涨停是持怀疑态度的，对该股之后的走势并不抱有希望。因此，涨停板封单上买单稀少，虽然依然封住了涨停板，但是很难吸引大量投资者的关注。

其实，勉强封板涨停是多空双方博弈达到的一个心理平衡点。多方担心后市无法继续走强而不愿意继续买入，空方则担心卖了之后行情会继续上涨而选择继续持有。于是封单较少，成交通常也会减少。

5. 多次开板涨停

多次开板涨停是指股价涨停后多次开板，但最终截至收盘还是封死了涨停板。涨停板上开板意味着多空双方在涨停板上产生分歧，因此股价涨停后多空争夺激烈，空方多次占据优势，但最终依然被多方强势回击，回封涨停板。

涨停板上多次开板可能是机会，也可能是风险，具体要看出现涨停时股价所处的位置。

如果股价处于低位，涨停板多次开板，很可能是主力故意为之。通过洗盘，主力将意志不坚定的投资者清洗出局，同时收集更多筹码，以便之后更加轻松地往上拉升股价。这种多次开板的涨停，后市股价大概率会持续上涨。

如果股价处于高位，涨停板多次开板，也可能是主力故意为之。主力的主要意图是利用涨停板出货。股价每次打开涨停板时，市场上都会有一些喜欢抢涨停的投资者跟风买入，主力则持续在涨停板挂单后，又撤掉自己的挂单，然后抛出卖单，将筹码抛售给市场投资者。虽然最终封住了涨停板，但是这种类型的多次开板涨停，其后走势容易直接低开低走，持续下跌。

第四章　20 种涨停板战法

顾名思义，涨停板战法就是利用股价涨停的强势走势，来追逐短期内获得暴利的机会。

牛市和振荡市是涨停板战法使用的最好环境，而在单边熊市或下降斜率较大的调整阶段，其使用效率相对要低很多。

国内 A 股市场中，敢于连续拉涨停的主力多为敢死队、游资和私募，这些主力和公募基金不同，他们操盘时往往遵守极其严格的战术纪律。一般情况下，敢死队、游资炒作一只股票，通常都是短期内强势拉升股价来完成套利交易，其操作风格就是“静若处子，动如脱兔”，快进快出，雷厉风行。

第一节　一字涨停板战法

1. 一字涨停板战法的内容

一字涨停是指开盘即涨停一直持续到收盘为止的 K 线形态。这种 K 线形态因形似汉字“一”而得名。

一字涨停的股票，因为开盘就有大量买单封住涨停，卖单数量则远远小于买单。这说明市场投资者强烈看好该只股票。在一字涨停期间，投资者几乎不可能买到该只股票。尤其是强势的一字涨停板，通常封单量非常大，市场卖出的筹码则非常少。

2. 一字涨停板战法的特点

（1）一字涨停板的最高价、最低价、开盘价和收盘价都是一个价格。也就是说，股价全天不仅以涨停板开盘，而且以涨停板收盘，盘中没有出现任何的开板走势。

（2）一字涨停板通常出现在个股受到重大利好消息影响后，或者出现在主力已经收集完筹码，开始暴力拉升之时。

（3）如果一字涨停板是缩量涨停，说明市场一致看好股价未来的走势。下方盈利盘不愿意这么早地卖出，上方套牢盘又看到了解套的希望，不急于割肉卖出，从而使涨停板位置卖单稀少，形成缩量涨停。

（4）如果一字板是放量涨停，说明市场筹码出现松动，部分获利盘获利出场，部分套牢盘则割肉离场。一字板放量涨停，并不代表上涨行情就此结束，可能在充分换手后，股价走得更为强势。

3. 一字涨停板战法的买入原则

一字涨停是股价强势的表现，如果投资者能够买到一字涨停板的股票，就意味着可以获得很好的溢价空间。但是，由于股价出现一字涨停板经常都是主力机构大资金推动，因此普通投资者大都很难买到一字涨停板的股票。如果有些投资者能够买到一字板股票，则说明其一字板股票的筹码可能已经出现了松动。

（1）抢单买入法。这种方法是指股价出现重大利好消息时，投资者第一时间在涨停板挂单买入的方法。虽然这种方法的成功率比较低，但是偶尔也能够成功。因为有些个股出现重大利好消息的第一天涨停时，经常会有一些消息滞后的投资者看到股价涨停而卖出手中的筹码。

（2）隔夜委托法。股票是可以隔夜委托的，对于很多经验丰富的投资者来说可能并不陌生，而一些新入市的投资者可能并不清楚。在股市交易中，头一天晚上下单，第二天交易时间就可以自动成交，被称为“隔夜委托”。隔夜委托会在下一交易日早盘申报至交易所主机，参与交易所集合竞价。因此，如果投资者提前获得了个股确定性的利好消息，就可以在前一夜进行隔夜委托操作。

（3）快速通道法。有些券商和机构是有快速交易通道的，快速交易通道通常比普通通道更容易抢单成交。股市中，哪怕快一秒钟操作成功也能达到非常好的效果，尤其通过快速通道抢涨停板或跌停板时更为明显。投资者大都不知晓这种方法，并且快速通道也是绝大多数投资者无法参与的。

（4）换手买入法。这种方法只有一字板出现高换手时才有机会使用。通常来说，出现缩量一字涨停板时，普通投资者较难在涨停板买进股票。股价涨到一定阶段时，由于获利盘抛售，市场会产生分歧，此时如果个股市场人气很高，则可以在股价一字板涨停高换手时买入股票。

4. 一字涨停板战法的止盈原则

投资者成功买入一字涨停板股票后，什么时候止盈卖出是决定投资者是否能成功将盈利落袋为安的关键。

（1）开板止盈法。这种方法简单明了，就是股价一字涨停开板时，投资者及时卖出手中的持股，获利出局。

（2）均线止盈法。股价强势涨停拉升时，通常都会沿着 5 日均线上涨，所以想博弈更多上涨机会的投资者，可将 5 日均线设为止盈均线。如果股价沿着 5 日均线上涨，就持有股票；反之，如果股价跌破 5 日均线，就卖出股票，落袋为安。

（3）K 线止盈卖出法。股价见顶时总会出现见顶的 K 线形态，因此股价上涨之后出现具有下跌征兆的 K 线形态时，投资者可以获利出局。

（4）趋势线止盈法。股价强势拉升涨停，会形成一根斜率非常高的趋势线，投资者可以沿着这条趋势线持股。当股价在趋势线上方运行时，就持有股票；反之，当股价跌破趋势线时，就卖出股票。

（5）高位巨量换手止盈法。股价持续涨停拉升后，很容易在高位产生分歧，多数情况下，股价在高位出现巨量换手是股价见顶的标志。如果有新的主力机构进入，则还有继续上涨的机会；反之，如果没有新的主力机构入场，则巨量换手通常代表股价已经涨到头，投资者需要及时止盈出局。

（6）顶部形态止盈法。这种方法是指股价大幅上涨后形成不同类型的顶部反转形态，顶部反转形态出现后，投资者止盈离场。在一字涨停板上涨走势中，这种方法运用较少。因为股价强势上涨，短期内涨幅可能较大，而构筑顶部形态需要较长时间，并且可能会压缩利润空间，所以选择用顶部形态止盈的投资者会比较少。

5. 一字涨停板战法的止损原则

（1）股价跌破一字涨停板支撑位止损。如果投资者在涨停板上买入股票，那么后市股价跌破买入的一字涨停板价位，且持续弱势下跌时，就要果断止损卖出股票。

（2）股价跌破下方重要支撑位时止损。有些一字涨停板可能是虚假涨停板，后市股价很快就出现下跌。如果股价下跌时跌破重要支撑位，那么投资者需要及时止损卖出股票。

（3）股价看跌 K 线形态止损。如果投资者在一字涨停板上买入股票，第二天股价出现高开后快速下跌，并且跌破前一天的一字涨停板后，一直弱势下跌，那么投资者应当及时止损卖出股票。

（4）股价低开下跌止损法。如果投资者在一字涨停板上买进了股票，第二天股价低开低走，且全天表现弱势，那么投资者可以卖出股票止损出局。

6. 案例详解

如图 4–1 所示，九鼎新材（002201）在 2019 年 7 月 18 日、19 日和 24 日的股价走势均为一字涨停板。前面两个缩量一字涨停板之后，股价在 7 月 22 日形成了放量换手板，之后股价再次强势拉升。7 月 24 日的一字涨停板之后，经过短暂的回调洗盘，股价再次继续拉升，其后市股价在短期内达到翻倍的走势。如果投资者能在一字涨停板时买入股票，则后市股价持续强势上涨，会给投资者带来非常丰厚的利润。

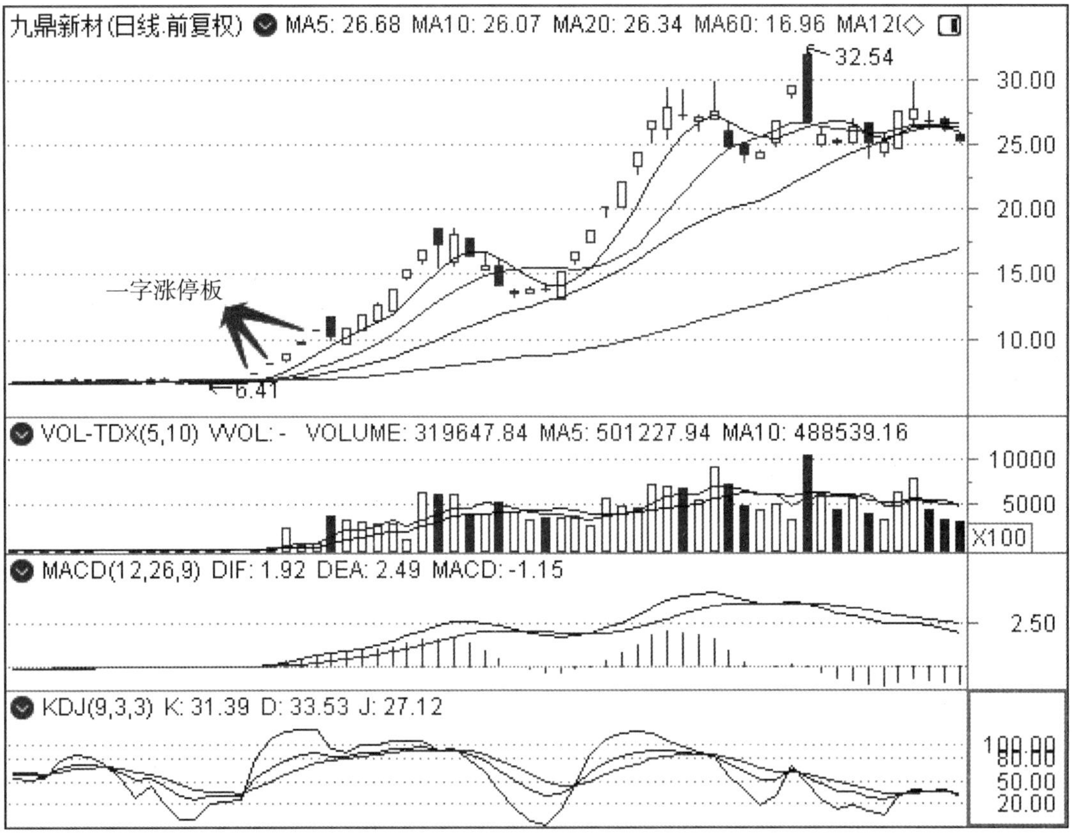

图 4–1

通常来说，出现一字涨停板是股价非常强势的表现，能够快速地点燃市场人气，从而助推股价持续上涨。如果投资者能够及时把握住涨停一字板的买入时机，后市往往能在短期内获得巨大利润。

第二节　T 字涨停板战法

1. T 字涨停板战法的内容

T 字涨停板是指股价以涨停板开盘，但盘中股价出现开板回落，最终又再度回封涨停板直至收盘。

T 字涨停板走势是市场由一致转为分歧，最后再度转为一致的走势。股价出现一字板涨停，说明市场一致看涨股价。盘中出现开板回落，说明市场出现看空情绪，并且短时间内看空情绪大于看涨情绪。之后，市场情绪再度转为一致看涨，股价再次回封涨停，直至以涨停价收盘。

2. T 字涨停板战法的特点

（1）T 字涨停板是一字涨停板盘中烂板所致，代表着盘中多空双方的剧烈分歧。

（2）T 字涨停板在开板过程中，股价通常会形成大量的成交和换手。成交量越大，说明多空分歧越大；反之，成交量越小，说明多空分歧越小。

（3）T 字涨停板在开板下跌过程中，成交量通常会越来越小，之后再度上涨回封涨停时，成交量又会增加。

（4）T 字涨停的下影线越长，代表盘中多空分歧越大；反之，下影线越短，则代表盘中多空分歧越小。

（5）T 字涨停板，开板次数越多，说明盘中多空分歧越大；反之，开板次数越少，则说明盘中多空分歧越小。

（6）T 字涨停板，盘中开板后，回封涨停板的时间越早，说明股价越强势；反之，回封涨停板的时间越晚，则说明股价越弱势。

（7）T 字涨停板，股价回封涨停板后，回封的量越大，说明股价越强势；反之，回封的量越小，则说明股价越弱势。

3. T 字涨停板战法的买入原则

相比买入一字涨停的股票，买入 T 字涨停的股票就比较容易了，因为股价盘中出现了开板。也就是说，股价走势给了投资者买入的机会，关键就看如何买入。

（1）盘中放量上攻买入法。该方法是指股价在盘中出现分歧回落后，形成一致性放量上攻进行回封时，投资者可以适当买入。

（2）回封涨停买入法。对于很多投资者来说，股价盘中出现开板，意味着多空双方发生分歧，就算股价盘中放量上涨，很多投资者也不能确定股价就能完成回封，因此不敢在放量上攻时买入股票。鉴于这种情况，投资者可以选择股价在回封涨停板时买入，此时股价通常会形成短暂的大量成交换手。

（3）回落不破下影线买入法。该方法主要是指股价形成T字涨停板走势当天没有买入股票，之后股价回落时受到T字涨停板下影线位置支撑，无法向下突破，此时投资者可在下影线附近买入股票。

（4）小幅高开买入法。该方法主要是指股价形成T字涨停板当天没有买入股票，第二天股价小幅高开，回踩不破前一天涨停板位置时，投资者可以买入股票。

4. T字涨停板战法的止盈原则

T字涨停板走势虽然比一字涨停板弱一些，但整体都是股价非常强势的表现。T字涨停板的止盈方式，也类似一字涨停板。

（1）均线止盈法。股价强势涨停拉升时，通常都会沿着5日均线上涨，所以想博弈更多上涨机会的投资者，可将5日均线设为止盈均线。如果股价沿着5日均线上涨，就继续持有股票；反之，如果股价跌破5日均线，就果断卖出股票，落袋为安。

（2）K线止盈卖出法。股价见顶时总会出现见顶的K线形态，因此股价上涨之后出现具有下跌征兆的K线形态时，投资者可以获利出局。

（3）趋势线止盈法。股价强势涨停拉升，会形成一根斜率非常高的趋势线，投资者可以沿着这条趋势线持股。股价在趋势线上方运行时，就继续持有股票；反之，股价跌破趋势线时，就果断卖出股票。

（4）高位巨量换手止盈法。股价持续涨停拉升后，很容易在高位产生分歧，多数情况下，在高位出现巨量换手是股价见顶的标志。如果有新的主力机构进入，则说明还有继续上涨的机会；反之，如果没有新的主力机构入场，那么巨量换手通常说明股价已经涨到头，投资者需要及时止盈出局。

（5）顶部形态止盈法。这种方法是指股价大幅上涨后形成不同类型的顶部反转形态，出现顶部反转形态后，投资者止盈离场。相比一字涨停板，这种方式更多运用在T字涨停板中。因为一字涨停板之后，经常会有持续性的涨停或大涨，所以股价上升速度会很快。而 T 字涨停板后，股价虽然容易强势上涨，但是上涨的速度和力度没有一字涨停那么强，这样就有更多的时间和空间来等行情构筑顶部形态。

（6）短线大幅高开低走止盈法。如果在前一天 T 字板买入了股票，第二天股价大幅高开，并且带量下跌，高开低走，那么投资者就应当卖出股票，止盈出局。

5. T 字涨停板战法的止损原则

（1）股价跌破 T 字涨停板下影线支撑位时止损。如果在 T 字涨停板上买入了股票，后市股价出现下跌，且跌破 T 字涨停板当天的下影线位置，那么投资者可以止损卖出股票。

（2）股价跌破下方重要支撑位时止损。有些 T 字涨停板也可能是虚假涨停板，后市股价很快就出现下跌。如果股价下跌时跌破下方重要支撑位，那么投资者需要及时止损卖出股票。

（3）股价看跌 K 线形态止损。如果投资者在 T 字涨停板当天买入股票，第二天股价高开后快速下跌，并且跌破前一天的 T 字涨停板后，一直持续弱势下跌，那么投资者应当及时止损卖出股票。

（4）股价低开下跌止损法。如果在 T 字涨停板上买进了股票，第二天股价在前一天 T 字涨停板下影线附近低开，然后低走或者稍微反弹后低走，且全天表现弱势，那么投资者可以卖出股票止损出局。

6. 案例详解

如图 4–2 所示，黑芝麻（000716）在 2019 年 12 月 30 日的股价走势为 T 字涨停板。在前面一个缩量一字涨停板之后，股价在 12 月 30 日形成了放量 T 字换手板。次日，股价低开下探至前一天 T 字涨停的下影线低点和 5 日均线位置，受到支撑后强势拉升至涨停。之后股价再次强势拉升，其后市股价在短期内涨幅超过 20%。如果投资者能在 T 字涨停板时买入股票，就能在后市股价拉升中获得较高的利润。

出现 T 字涨停板，说明股价在涨停板上产生巨大分歧，但多方依然掌控全局，最终将股价再次拉升到涨停板上。T 字涨停板在底部起涨或者出现在上涨中途时，说明主力并没有撤离，对后市股价的持续上涨会有提振作用。

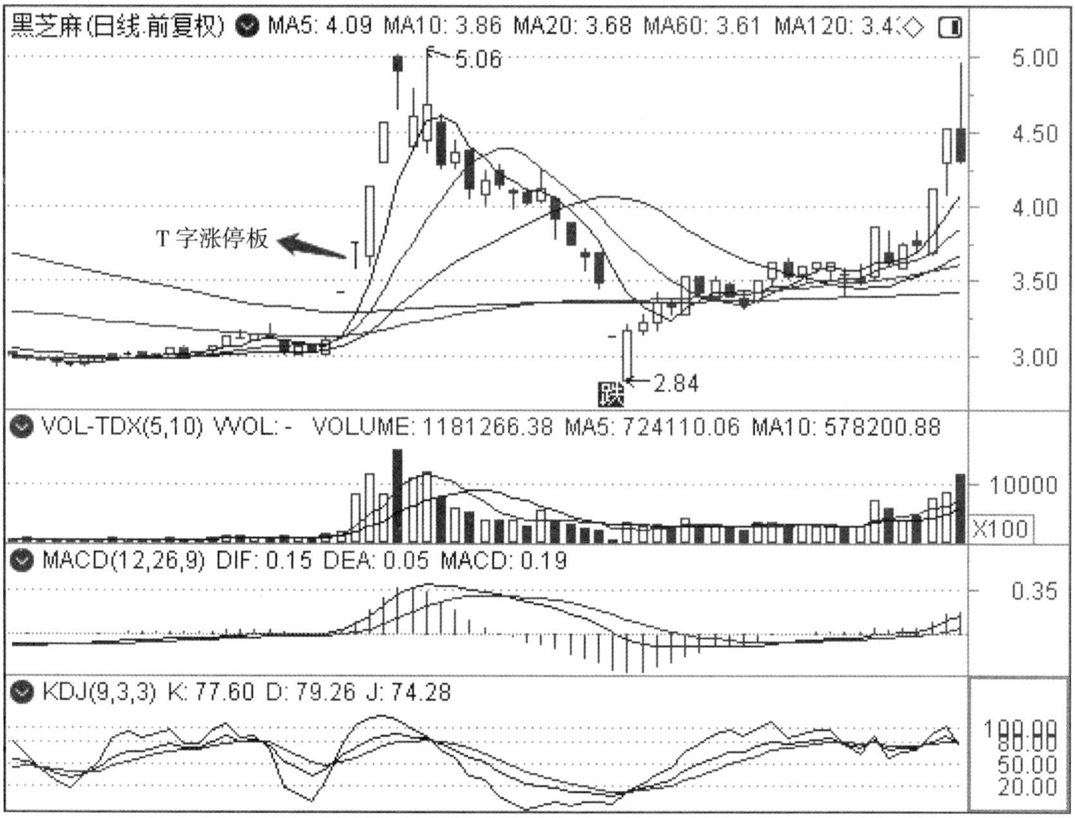

图 4–2

第三节　N 字涨停板战法

1. N 字涨停板战法的内容

N 字涨停板战法是指主力前期借势拉出第一个涨停板，然后借获利盘兑现或大盘回调，快速出现几日的下跌，股价回落到前期涨停板的起始位置附近时，再次出现放量涨停的走势。在形态上看，该走势就像英文字母“N”，因此通常称为 N 字涨停走势。

N 字涨停走势的运行过程可分为 3 个阶段：第一个阶段是前期的一天涨停，第二个阶段是股价连续几日的回调，第三个阶段是股价再次放量涨停。

通常来说，N 字涨停板战法追求的是短期内通过股价暴涨、暴跌来完成快速洗盘的操作。这往往是主力急于拉升股价而选择的快速洗盘方式，这种 N 字涨停出现之后，股价很容易持续性上涨，如果投资者能够及时跟进买入，往往能够获得可观的收益。

在分化行情中，N 字涨停战法的成功率相对较高。这种方法是捕捉短线牛股最有效的战法，也是短线极具爆发力的战法之一。

2. N 字涨停板战法的特点

（1）N 字涨停板战法中，前后 K 线都是涨停板阳 K 线。

（2）N 字涨停板战法中，股价在回调阶段的调整周期一般是 3 ～ 6 天。如果调整时间太长，那么前期涨停聚集的人气就会逐渐消散。

（3）N 字涨停板战法中，前后涨停板 K 线的股价上涨时，成交量都会放大；中间股价回调时，成交量则逐渐减少。

（4）N 字涨停板战法中，股价调整阶段回调的时间越短越好。股价回调时间短，说明个股已经相当强势，资金抢筹非常明显。

（5）N 字涨停板战法中，股价向下调整的幅度越小越好，调整期间的最低点未跌破前一次涨停的最低点更好。

（6）N 字涨停板战法中，股价后一次涨停比前一次涨停的价位越高越好。后一次涨停价位高，说明多方进攻意愿强烈。如果后一次涨停板的股价向上破位了调整期间的某一重要压力位，那就更好了。

3. N 字涨停板战法的买入原则

（1）回调 5 日不破买入法。该方法是指股价在第一天涨停后，连续 5 日下跌回调都没有下破第一天涨停阳线的低点，说明第一天阳线低点的支撑力很强，投资者可以适当买入，博弈 N 字涨停走势的机会。这种类型是在 N 字走势还没有完全成型的时候，投资者买入股票博弈股价后市会按照 N 字涨停走势运行的预期来买入，相对而言会有一定的预期偏差风险。

（2）回调地量买入法。该方法是指股价在第一天涨停后，在股价下跌回调过程中，量能持续降低，逐渐形成地量状态，说明市场抛盘压力很轻，股价很容易展开新一轮的上攻，投资者可以适当买入，博弈 N 字涨停走势的机会。同样，这种类型的走势也是在 N 字走势没有完全形成的时候，投资者买入股票博弈后市会按照 N 字涨停走势运行的预期来买入股票，这种方式也存在一定的预期偏差风险。

（3）上攻突破买入法。该方法是指股价在 N 字涨停中，后面一根涨停 K 线出现，并且向上突破了前面第一根涨停阳 K 线，甚至突破了前期下跌阶段的重要压力位，此时投资者可以买入，后市持续上涨的可能性比较大。

（4）上攻涨停买入法。该方法是指股价在N字涨停中，后面一根涨停K线出现，投资者在该K线出现的当天，股价盘中冲击涨停附近买入。之所以在涨停附近买入，是因为当股价冲上涨停时，N字涨停走势更具有确定性，未来看涨的意愿就会更加强烈。

（5）回踩重要均线买入法。该方法是股价在回调期间受到某条重要均线支撑，股价无法向下突破，投资者可以该条均线为依托买入股票。

4. N字涨停板战法的止盈原则

（1）回调买入，上涨不破前高卖出止盈法。如果投资者是在股价N字涨停的回调期间买入的股票，那么股价走出第二次涨停后，后续走势无法突破前期高点时，投资者可以卖出股票止盈出局。

（2）上涨突破前高，重要压力位止盈法。如果投资者在N字涨停期间买入了股票，那么股价上涨突破前高点后，遇到上方的重要压力位，且无法继续向上突破时，投资者可以止盈卖出股票。

（3）上涨突破前高，沿着均线持股，股价破位均线止盈法。如果投资者在N字涨停期间买入了股票，那么股价突破前高时，投资者可以沿着短期均线持股。如果股价在某条短期均线上方，可以继续持股；反之，如果股价向下跌破某条均线，则可以止盈卖出股票。

（4）上涨突破前高，沿着趋势线持股，股价破位趋势线止盈法。如果投资者在N字涨停期间买入了股票，那么股价突破前高时，投资者可以沿着最靠近的趋势线持股。如果股价在趋势线上方，可以继续持股；反之，如果股价向下跌破该趋势线，则可以止盈获利出局。

（5）见顶K线止盈法。如果投资者在N字涨停期间买入了股票，那么股价突破前高继续上涨，在某一天出现见顶K线，如黄昏之星、看跌吞没等形态时，投资者可以卖出股票止盈出局。

5. N字涨停板战法的止损原则

（1）股价跌破第一根涨停阳线低点止损。在N字涨停走势中，第一根涨停阳线的低点是重要的支撑位，股价下跌破位第一根涨停阳线的低点时，投资者可以止损卖出股票。

（2）股价跌破重要支撑位止损。在有的N字涨停走势中，N字走势在某一重要的支撑位上方，则投资者可以把这一重要支撑位作为止损点。如果股价在该支撑位上方，则选择持股；反之，如果股价向下跌破该重要支撑位，就卖出股票止损出局。

（3）股价出现高位 N 字涨停走势，量价背离时止损出局。股价高位运行时，有时也会出现 N 字涨停走势，该走势可能是主力为了出货故意制造的涨停。在这种涨停中，进场会出现价涨量跌的现象。因此，如果投资者在 N 字涨停走势的高位买入股票，而没有及时卖出，就应当止损出局。

6. 案例详解

如图 4–3 所示，小康股份（601127）在 2020 年 11 月 5 日—16 日的走势即为 N 字涨停板。前面一个长阳拉升涨停板之后，中间股价经历了连续 6 个交易日的持续缩量回调。股价回调至 20 日均线和年均线附近时企稳，最后在 11 月 16 日再次强势上攻涨停。从 K 线走势上来看，股价形成一个上升 N 字涨停板走势。之后股价持续强势拉升，其后市股价短期内上涨超过 60%。如果投资者能在 N 字涨停板走势开始时买入股票，那么在后市股价上涨过程中，将会有极大的获利空间。

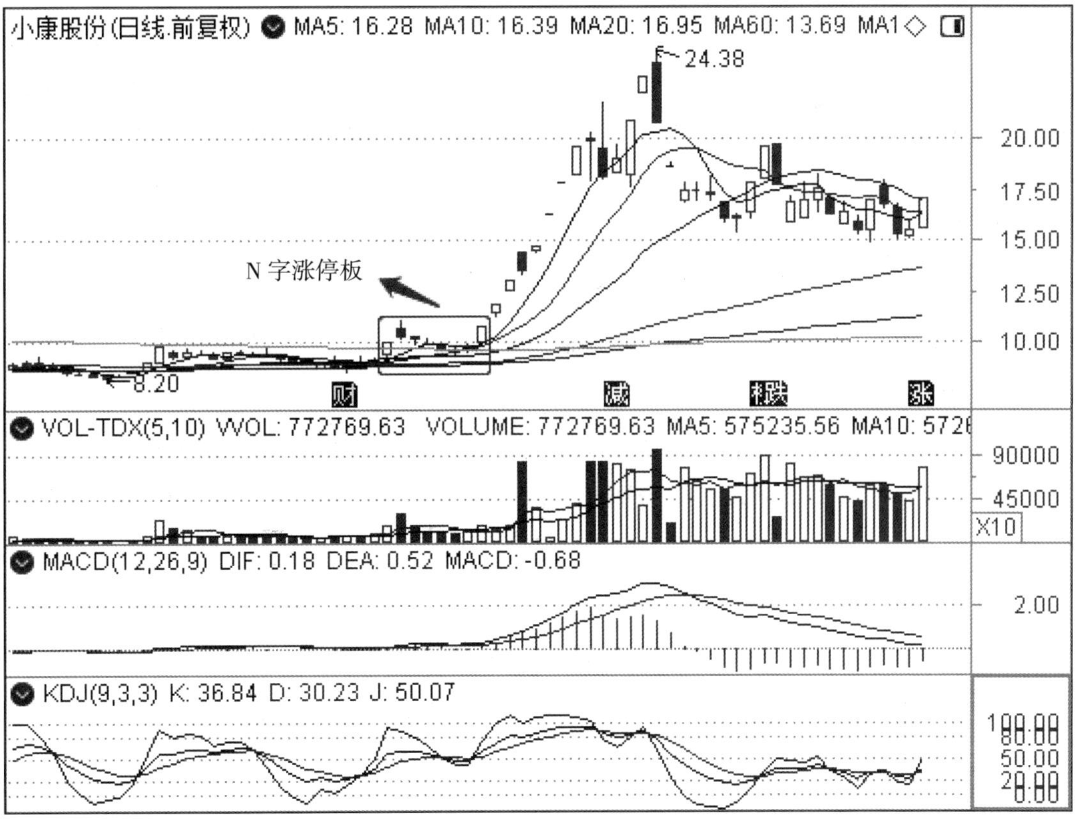

图 4–3

出现 N 字涨停走势，是股价开启新一轮上涨走势的表现。中间回调主要是主力的洗盘行为，目的是洗掉市场上那些意志不坚定的浮筹，以收集更多的筹码。主力将筹码收集得差不多时，就会开启新一波的拉升上涨，而开启 N 字涨停后，股价通常还会持续上涨。

第四节　小步上扬涨停板战法

1. 小步上扬涨停板战法的内容

小步上扬涨停板是指经过一段时间的小阴小阳线缓慢上涨，股价在某一天出现涨停加速的走势。

小步上扬涨停板走势中，小步上扬阶段通常是主力通过控制股价缓慢上涨，来达到逐渐洗盘和吸筹的目的。主力吸收的筹码足够多时，就会开启加速上涨走势，即开始拉升涨停，启动行情快速上涨走势。

股价小步上扬后以涨停板启动上涨走势时，主力的目的主要有两个：一个是为了通过股价异动来聚集市场人气，从而减轻后市主力资金拉升股价的压力；另一个是通过快速拉升股价来脱离成本区，让市场上没有及时跟进的投资者，只能以更高的价格买到股票，从而垫高其投资成本。

2. 小步上扬涨停板战法的特点

（1）股价小步上扬阶段，通常是小阳线居多，小阴线较少，甚至可能出现全部是小阳线上涨的状态。

（2）股价小步上扬阶段，股价底部整体呈现缓慢抬高走势，股价重心缓慢上移。

（3）股价小步上扬阶段，股价通常是以一条很平缓的趋势线或者均线，也或者是曲线的走势缓慢上涨。

（4）股价小步上扬阶段，成交量通常呈现缓慢增长状态。

（5）股价小步上扬阶段，KDJ 和 MACD 等指标通常会形成金叉上行。

（6）股价小步上扬后涨停阶段，成交量和换手率都会大幅增加。

3. 小步上扬涨停板战法的买入原则

（1）小步上扬阶段均线支撑买入法。如果小步上扬阶段股价是沿某条均线上涨的，那么股价回踩这条均线位置受到支撑时，投资者可以果断买入股票。

（2）小步上扬阶段趋势线支撑买入法。如果小步上扬阶段股价是沿某条趋势线上涨的，那么股价回踩这条趋势线位置受到支撑时，投资者可以果断买入股票。

（3）小步上扬阶段曲线支撑买入法。如果小步上扬阶段股价是沿某条曲线上涨的，那么股价回踩这条曲线位置受到支撑时，投资者可以果断买入股票。

（4）小步上扬涨停板买入法。如果投资者在小步上扬阶段没有买入股票，那么股价开始加速上涨时，在主力拉升股价涨停启动加速上涨行情的当天，投资者可以果断买入股票。

4. 小步上扬涨停板战法的止盈原则

（1）股价加速上涨遇到重要压力位止盈法。股价向上涨到上方的某一重要压力位，且无法继续向上突破时，投资者可以止盈卖出股票。

（2）股价破位短期均线止盈法。小步上扬涨停走势出现后，后市股价大概率会持续拉升，因此股价通常会沿着某条短期均线上涨，投资者可以沿着短期均线如5日均线或10日均线持股。股价在某条短期均线上方运行时，投资者可以继续持股；反之，股价向下跌破该条均线时，可以止盈卖出股票。

（3）股价破位趋势线止盈法。小步上扬涨停走势出现后，后市股价大概率会表现非常强势。股价通常会沿着某条斜率很陡的趋势线上涨，投资者可以沿着这条趋势线持股。股价在趋势线上方运行时，投资者可以继续持股；反之，股价向下跌破该趋势线时，可以止盈卖出股票。

（4）见顶K线止盈法。小步上扬涨停通常是股价加速上涨的表现，后市大概率会表现非常强势。股价连续强势拉升后，在某一天出现见顶K线，如黄昏之星、看跌吞没等形态时，投资者可以卖出股票止盈出局。

5. 小步上扬涨停板战法的止损原则

（1）股价跌破小步上扬趋势线支撑时止损。如果股价沿着趋势线小步上扬时，没有成功启动加速上涨，反而转为下跌，那么股价跌破小步上扬下方趋势线支撑时，投资者可以卖出股票止损出局。

（2）股价跌破小步上扬均线支撑时止损。如果股价沿着某条均线小步上扬时，没有成功启动加速上涨，反而转为下跌，那么股价跌破小步上扬下方的均线支撑时，投资者可以卖出股票止损出局。

（3）股价跌破小步上扬上涨曲线支撑时止损。如果股价沿着某条上涨曲线小步上扬时，没有成功启动加速上涨，反而转为下跌，那么股价跌破小步上扬下方曲线支撑时，投资者可以卖出股票止损出局。

（4）股价跌破小步上扬启动点支撑时止损。股价走出小步上扬时，其小步上扬的启动点具有较强的支撑作用。如果股价没能启动加速上涨，反而转为下跌，那么股价向下跌破小步上扬启动点支撑时，投资者可以卖出股票止损出局。

（5）股价跌破小步上扬下方重要支撑位时止损。如果距离小步上扬较近的下方有一重要支撑位，投资者也可以把这一支撑位作为止损点。股价向下跌破该支撑位时，投资者应当及时卖出股票止损出局。

（6）股价跌破第一根涨停板阳线底部时止损。如果行情启动加速涨停，投资者可在股价加速上涨后买入股票。但是，如果股价后市没能持续上涨，反而转为下跌，那么股价向下跌破第一根涨停板阳线的底部时，投资者可以卖出股票止损出局。

6. 案例详解

如图 4–4 所示，国际实业（000159）在 2019 年 2 月 13 日—3 月 14 日的走势即为

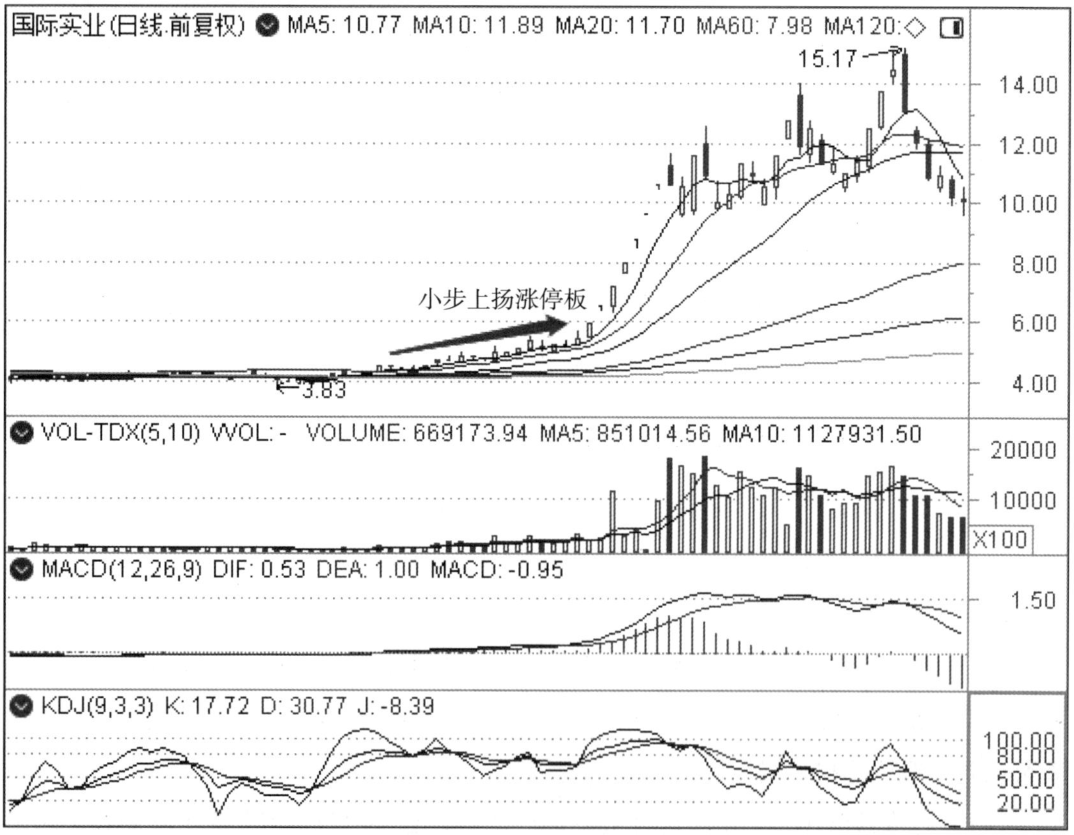

图 4–4

小步上扬涨停板走势。2019 年 2 月 13 日—3 月 13 日，股价呈现缓慢向上小步上扬的爬升走势。期间，量能间歇性温和增加，直到 3 月 14 日股价开始强势拉升涨停，开启行情加速走势，后市短期内股价上涨幅度超过 60%。如果投资者能在小步上扬涨停板走势出现时买入股票，那么在后市股价上涨过程中的获利空间会非常大。

股价出现小步上扬涨停板走势时，在前期的小步上扬阶段，主力通常一边抬升股价，一边洗盘，将那些意志不坚定的投资者清洗出局，同时收集更多筹码，这样后续拉升时就能减少市场投资者的抛盘压力。主力收集足够多的筹码后，就会强势拉升股价涨停来开启加速上涨走势，同时也能快速地脱离成本区。这样的走势出现后，其后市往往会出现持续性的拉升上涨。

第五节　强势洗盘涨停板战法

强势洗盘涨停板战法主要有 3 种类型，即强势上扬涨停板战法，强势横盘整理涨停板战法和强势震仓涨停板战法。

1. 强势上扬涨停板战法

（1）强势上扬涨停板战法的内容。

强势上扬涨停板是指股价走出强势上扬阶段之前，已经出现过大涨或涨停，进行短暂的强势上扬整理之后，继续以涨停板向上加速上涨的走势。

强势上扬涨停板的强势上扬阶段，通常是主力利用股价强势上扬进行洗盘，目的是洗掉前期意志不坚定的获利盘，为后续的持续拉升作准备。

强势上扬涨停板是股价强势上涨的中继状态。股价在强势上扬之后的涨停板，通常是新一波上涨行情的启动，是股价非常强势的表现。

（2）强势上扬涨停板战法的特点。

①股价强势上扬之前，通常已经出现过一波大涨或涨停。

②股价强势上扬之前，指标通常已经进入高位区域，股价通过强势上扬阶段，对指标进行修复。

③强势上扬阶段，股价通常呈现逐渐上涨走势。

④强势上扬阶段，股价低点通常运行在前期大涨或涨停板股价的上方。

⑤股价强势上扬阶段，其成交量依然比较活跃，换手率也相对较高。随着股价上扬

时间的推移，成交量通常会逐渐增加。

⑥强势上扬阶段，股价通常会等待下方短期均线靠拢后才进行新一波的拉升上涨。

⑦强势上扬阶段，股价每次波动的低点，通常会沿着一条短期斜率较低的趋势线上涨。

⑧强势上扬阶段，股价上扬走势的时间周期通常为 3 ～ 8 天。

（3）强势上扬涨停板战法的买入原则。

①强势上扬底部趋势线支撑买入法。在强势上扬阶段，股价的低点往往会沿着一条倾斜向上的趋势线运行，投资者可在股价回踩趋势线支撑时买入股票。

②强势上扬均线支撑买入法。在强势上扬阶段，短期均线会逐渐靠拢。股价受到靠拢后的某条短期均线支撑时，投资者可以买入股票。

③强势上扬加速涨停买入法。强势上扬本来就是股价强势的表现，是主力的强势洗盘行为，洗盘的主要目的是为了方便后市拉升。所以，股价出现强势上扬加速涨停时，说明要开启新一波的强势上涨，投资者可以买入股票。

（4）强势上扬涨停板战法的止盈原则。

①见顶 K 线止盈法。强势上扬涨停通常是股价在强势上涨途中，经过短暂的强势洗盘后加速上涨，其后市往往还会表现得非常强势。股价连续强势拉升后，某天出现见顶 K 线，如黄昏之星、看跌吞没等形态时，投资者可以卖出股票止盈出局。

②股价破位短期均线止盈法。强势上扬涨停走势出现后，后市股价大概率会持续拉升，因此股价通常会沿着某条短期均线上涨，投资者可以沿着短期均线，如 5 日均线或 10 日均线持股。股价在某条短期均线上方运行时，可以继续持股；反之，股价向下跌破某条短期均线时，就可以止盈卖出股票。

③股价加速上涨遇到重要压力位止盈法。股价向上涨到上方的某一重要压力位，且无法继续向上突破时，投资者可以止盈卖出股票。

（5）强势上扬涨停板战法的止损原则。

①股价跌破强势上扬下方趋势线时止损。股价走出强势上扬趋势期间，下方的短期趋势线支撑会较强，如果股价不能成功开启新一波上涨，则会掉头向下运行。股价跌破下方趋势线时，投资者可以卖出股票止损出局。

②股价跌破强势上扬下方支撑的短期均线时止损。股价走出强势上扬趋势，代表股价非常强势。股价强势上扬期间，短期均线会逐渐靠拢，并对股价形成支撑。如果股价向上突破失败，则很容易转为下跌。因此，股价跌破下方支撑的短期均线时，投资者可以卖出股票止损出局。

③股价跌破强势上扬第一根 K 线的底部时止损。强势上扬阶段第一根 K 线的低点对股价具有重要支撑作用，这个低点也是强势上扬阶段短期趋势线的起点。股价转为弱势，且跌破强势上扬阶段第一根 K 线的低点时，投资者可以卖出股票止损出局。

④股价出现看跌 K 线形态时止损。股价出现强势上扬走势，通常说明股价前期已经出现过一波强势上涨，下方积累了不少获利盘。如果市场行情转为弱势，那么股价强势上扬后开启新的一波上涨可能会失败，获利盘纷纷出逃，会导致股价快速下跌，从而形成看跌 K 线走势，如断头铡刀、射击之星等。股价出现弱势看跌 K 线形态时，投资者可以卖出股票止损出局。

（6）案例详解。

如图 4-5 所示，中信建投（601066）在 2020 年 6 月 22 日—7 月 1 日的走势即为强势上扬涨停板走势。股价在 2020 年 6 月 19 日强势涨停后，6 月 22 日—7 月 1 日期间，股价呈现出斜向上的强势上扬走势。之后在 7 月 2 日股价开始强势拉升涨停，开启行情加速上涨走势，后市股价短期内持续拉升上涨，短期涨幅超过 20%。如果投资者能在强势上扬涨停走势中买入股票，那么后市股价上涨的获利空间是非常可观的。

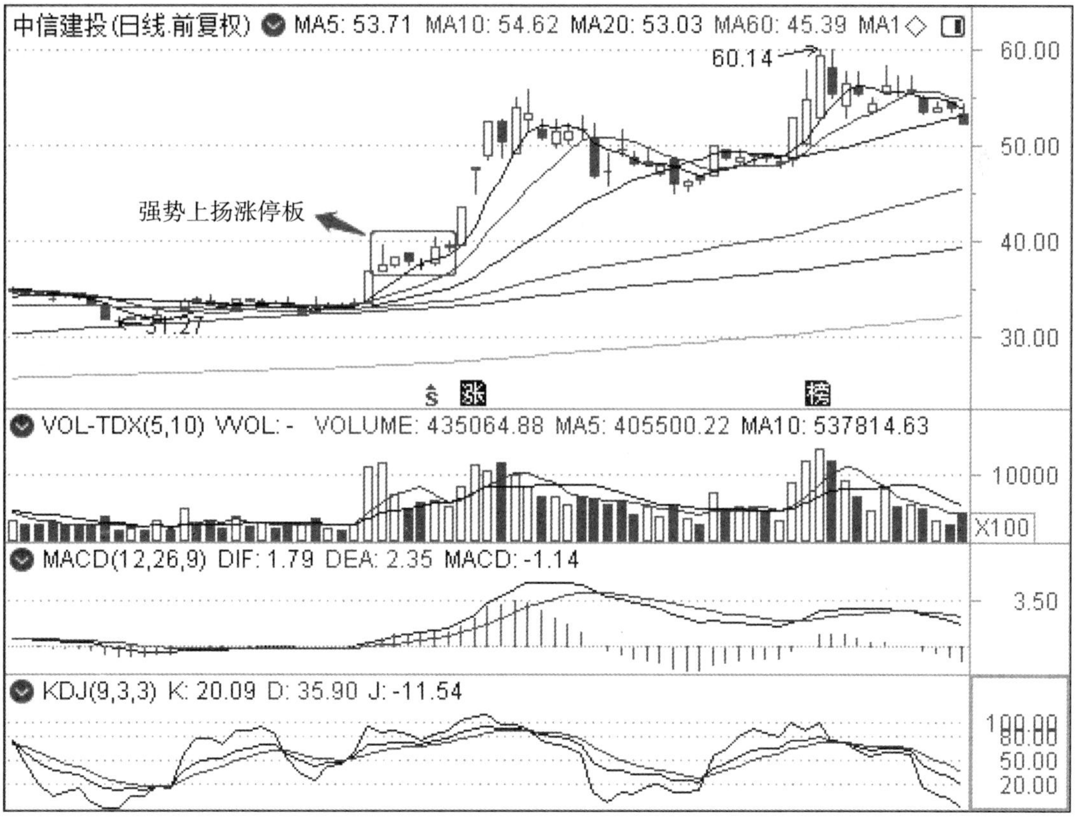

图 4-5

行情出现强势上扬涨停板时，通常情况下，出现强势上扬之前，股价是以涨停板形式出现的，股价涨停之后，会沿着一定的斜率上涨强势洗盘。主力洗盘完成后，股价再次以涨停板形式开启新一波的强势上涨走势。

2. 强势横盘整理涨停板战法

（1）强势横盘整理涨停板战法的内容。

强势横盘整理涨停板是指股价走出强势横盘整理阶段之前，已经出现过大涨或涨停，股价进行短暂的强势横盘整理之后，继续以涨停板加速上涨的走势。

强势横盘整理涨停板的强势横盘整理阶段，通常是主力利用股价横盘整理强势洗盘，目的是洗掉前期意志不坚定的获利盘，为后续的持续拉升作准备。

强势横盘整理涨停板，是股价强势上涨的中继状态。股价在强势横盘整理之后的涨停板，通常是新一波上涨行情的启动，是股价非常强势的表现。

相比强势上扬期间涨停板的走势，强势横盘整理期间涨停板的走势会弱一些。

（2）强势横盘整理涨停板战法的特点。

①强势横盘整理之前，股价通常已经出现过一波大涨或涨停。

②强势横盘整理之前，指标通常已经进入高位区域，股价通过强势横盘整理阶段，对指标进行修复。

③强势横盘整理阶段，在前期大涨或者涨停板价格的上方，股价低点通常会横盘整理。

④强势横盘整理阶段，成交量依然比较活跃，换手率也相对较高。但随着横盘整理时间的延长，成交量通常会减少。

⑤强势横盘整理阶段，通常会等待下方短期均线靠拢之后，股价才进行新一波的拉升。

⑥强势横盘整理阶段，股价横盘整理的时间周期通常为 3 ～ 8 天，最长不能超过 13 天。周期太长，前期上涨积累的人气会被消耗殆尽。

（3）强势横盘整理涨停板战法的买入原则。

①强势横盘整理底部平台支撑买入法。强势横盘整理阶段，股价低点往往会在一条直线的支撑下运行。股价回踩下方支撑线时，投资者可以买入股票。

②强势横盘整理均线支撑买入法。强势横盘整理阶段，股价通常会在某条重要的均线位置受到支撑企稳。因此，股价受到某条短期重要均线支撑时，投资者可以买入股票。

③强势横盘整理涨停突破横盘区间压力位买入法。强势横盘整理通常是在某个区间

位置整理，当行情开启加速走势时，股价会强势突破横盘振荡区间。因此，股价强势拉升突破横盘整理区间压力位时，投资者可以买入股票。

④强势横盘整理加速涨停买入法。强势横盘整理本来就是股价强势的表现，强势横盘整理只是主力的强势洗盘行为，洗盘的主要目的就是为了方便后市拉升。所以，股价出现强势横盘整理加速涨停时，说明股价要开启新一波的强势上涨，投资者可以买入股票。

（4）强势横盘整理涨停板战法的止盈原则。

①见顶 K 线止盈法。强势横盘整理涨停，通常是强势上涨途中经过短暂的强势横盘整理洗盘后，股价加速上涨的表现，后市往往会表现得非常强势。股价连续强势拉升后，某天出现见顶 K 线，如黄昏之星、看跌吞没等走势时，投资者可以卖出股票止盈出局。

②股价破位短期均线止盈法。强势横盘整理涨停走势出现后，后市股价大概率会持续拉升，因此股价通常会沿着某条短期均线上涨，投资者可以沿着这条短期均线如 5 日均线或 10 日均线持股。股价在短期均线上方运行时，可以继续持股；反之，股价向下跌破短期均线时，可以止盈卖出股票。

③短期均线死叉止盈法。强势横盘整理涨停走势出现后，其后市股价大概率会持续拉升，投资者可将 5 日均线和 10 日均线的死叉走势设为止盈位置。当股价持续上涨后开始走弱，5 日均线与 10 日均线死叉时，投资者可以止盈卖出股票。

④股价加速上涨遇到重要压力位止盈法。当股价向上涨到上方的某一重要压力位，且无法继续向上突破时，投资者可以止盈卖出股票。

（5）强势横盘整理涨停板战法的止损原则。

①股价跌破强势横盘整理下方支撑线时止损。股价走出强势横盘整理期间，横盘振荡区间下方的支撑会较强。如果股价不能成功开启新一波上涨，则会掉头向下运行。股价跌破下方支撑线时，投资者可以卖出股票止损出局。

②股价跌破强势横盘整理下方重要均线支撑时止损。股价走出强势横盘整理期间，短期均线会逐渐靠拢，并对股价形成支撑。如果股价向上突破失败，则很容易转为下跌。股价跌破下方重要均线支撑时，投资者可以卖出股票止损出局。

（6）案例详解

如图 4-6 所示，苏奥传感（300507）在 2019 年 11 月 13 日—29 日的走势即为强势横盘整理涨停板走势。股价在 2019 年 11 月 13 日强势涨停后，11 月 14 日—28 日期间，股价呈横盘整理走势。之后在 11 月 29 日股价开始强势拉升涨停，开启加速上涨走势，后市股价短期内持续拉升上涨，短期涨幅超过 20%。如果在强势横盘整理涨停走势中，投资者能够买入股票，则后市股价上涨的获利空间会非常可观。

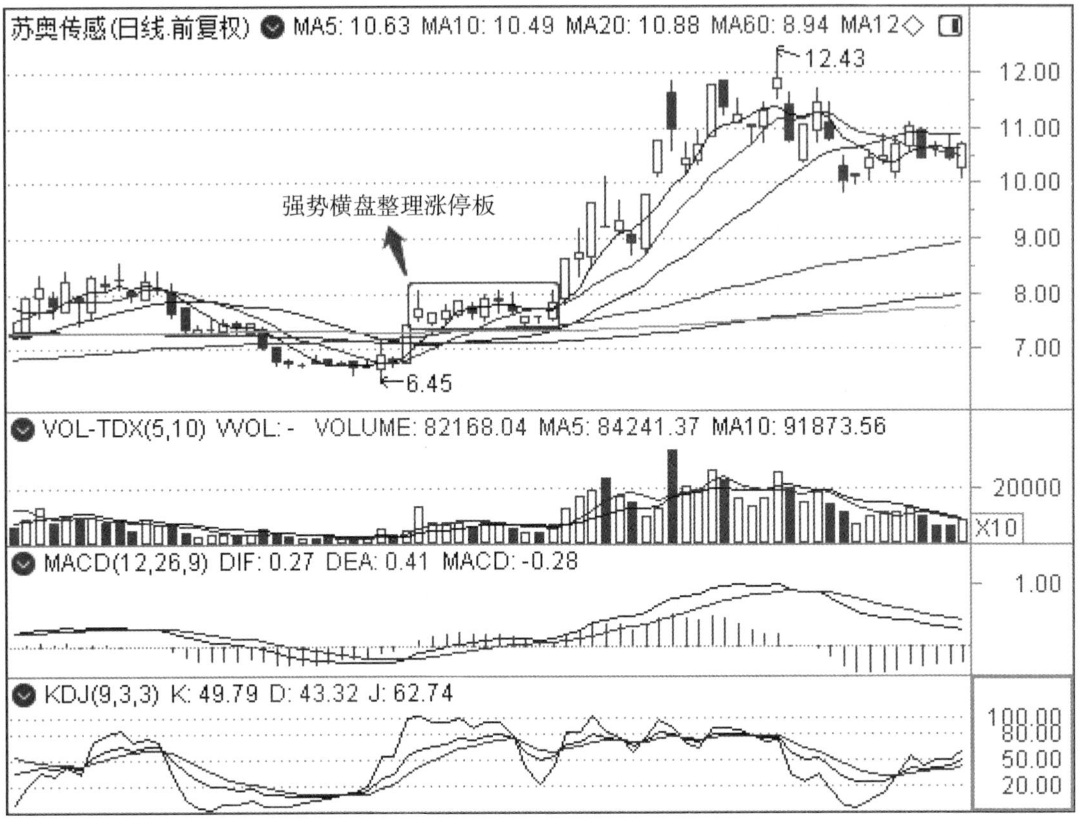

图 4-6

行情走势中出现强势横盘整理涨停板时，通常情况下，在出现强势横盘整理之前，股价是以涨停板的形式出现。股价涨停之后，短期内会进行横盘整理洗盘。主力洗盘完成后，股价会以涨停板的形式再次开启新一波的强势上涨走势。

3. 强势震仓涨停板战法

（1）强势震仓涨停板战法的内容。

强势震仓涨停板是指走出强势震仓阶段之前，股价已经出现过大涨或涨停，进行短暂的强势震仓之后，股价继续以涨停板向上加速上涨的走势。

强势震仓涨停板的强势震仓阶段，通常是主力利用股价震仓强势洗盘，目的是洗掉前期意志不坚定的获利盘，为后续的持续拉升作准备。

强势震仓涨停板，也是股价强势上涨的中继状态。股价在强势震仓之后的涨停板，通常也是新一波上涨行情的启动，是股价非常强势的表现。

强势震仓涨停板在强势震仓阶段，股价波动通常会非常大，看起来有种上蹿下跳的感觉，这是强势震仓涨停板的最大特点。主力通过控制股价的大幅波动来完成洗盘，选择这种方式洗盘，通常是因为主力持有的筹码还不够多，并且主力认定股价后市会上涨。

（2）强势震仓涨停板战法的特点。

①强势震仓之前，股价通常已经出现过一波大涨或涨停。

②强势震仓阶段，股价低点可能出现在震仓前的大阳线或涨停板的底部，也可能出现在震仓前的大阳线或涨停板的上方。

③强势震仓阶段，成交量依然比较活跃。如果是重心向下的震仓，随着时间的延长，成交量通常会减少。如果重心平稳，成交量通常比较稳定。如果重心向上，随着时间的延长，成交量通常会逐渐增加。

④强势震仓阶段，通常等待下方短期均线靠拢之后，股价才会进行新一波的拉升。

⑤强势震仓阶段，股价震仓的时间周期通常为3～8天。

⑥强势震仓阶段，股价波动会非常剧烈，要么是较大幅度的上涨和下跌来回切换，要么是长上影线和长下影线频繁出现。

（3）强势震仓涨停板战法的买入原则。

①强势震仓均线支撑买入法。强势震仓阶段，股价通常会在某条重要的均线位置受到支撑企稳。因此，股价受到某条短期重要均线支撑时，投资者可以买入股票。

②强势震仓涨停突破震仓高点压力位买入法。强势震仓时，股价波动的幅度通常比较大。行情开启加速上涨走势时，股价会强势突破震仓期间的高点位置。因此，股价强势拉升突破震仓高点压力位时，投资者可以买入股票。

③强势震仓加速涨停买入法。强势震仓是主力的强势洗盘行为，主要是为了方便后市的拉升。股价强势震仓后加速涨停，说明股价要开启新一波的强势上涨，投资者可以买入股票。

（4）强势震仓涨停板战法的止盈原则。

①见顶K线止盈法。强势震仓涨停通常是强势上涨途中，经过短暂的强势震仓洗盘后，股价加速上涨，其后市往往会表现得非常强势。股价连续强势拉升后，某天出现见顶K线，如黄昏之星、看跌吞没等走势时，投资者可以卖出股票止盈出局。

②股价破位短期均线止盈法。强势震仓涨停走势出现后，后市股价大概率会持续拉升，因此股价通常会沿着某条短期均线上涨，投资者可以沿着短期均线，如5日均线或10日均线持股。股价在短期均线上方运行时，可以继续持股；反之，股价向下跌破短期均线时，可以止盈卖出股票。

③短期均线死叉止盈法。强势震仓涨停走势出现后，后市股价大概率会持续拉升，投资者可将5日均线和10日均线的死叉走势设为止盈位置。当股价持续上涨后开始

走弱，5 日均线与 10 日均线死叉时，投资者可以止盈卖出股票。

④股价加速上涨遇到重要压力位止盈法。当股价向上涨到上方的某一重要压力位，且无法继续向上突破时，投资者可以止盈卖出股票。

（5）强势震仓涨停板战法的止损原则。

①股价跌破强势震仓前的大阳线或涨停板低点时止损。走出强势震仓期间，股价波动会比较大，但通常不会跌破强势震仓前的大阳线或涨停板的低点。如果股价不能成功开启新一波上涨，则会掉头向下运行。股价跌破强势震仓前的大阳线或涨停板的低点时，投资者可以卖出股票止损出局。

②股价跌破强势震仓下方重要均线支撑时止损。股价走出强势震仓走势，短期均线会逐渐靠拢，并对股价形成支撑。如果股价向上突破失败，则很容易转为下跌。因此，股价跌破下方重要均线支撑时，投资者可以卖出股票止损出局。

（6）案例详解。

如图 4-7 所示，聚龙股份（现为 *ST 聚龙，300202）在 2019 年 9 月 25 日—10 月 10 日和 2019 年 10 月 11 日—22 日的走势即为强势震仓涨停板走势。股价在 2019 年 9

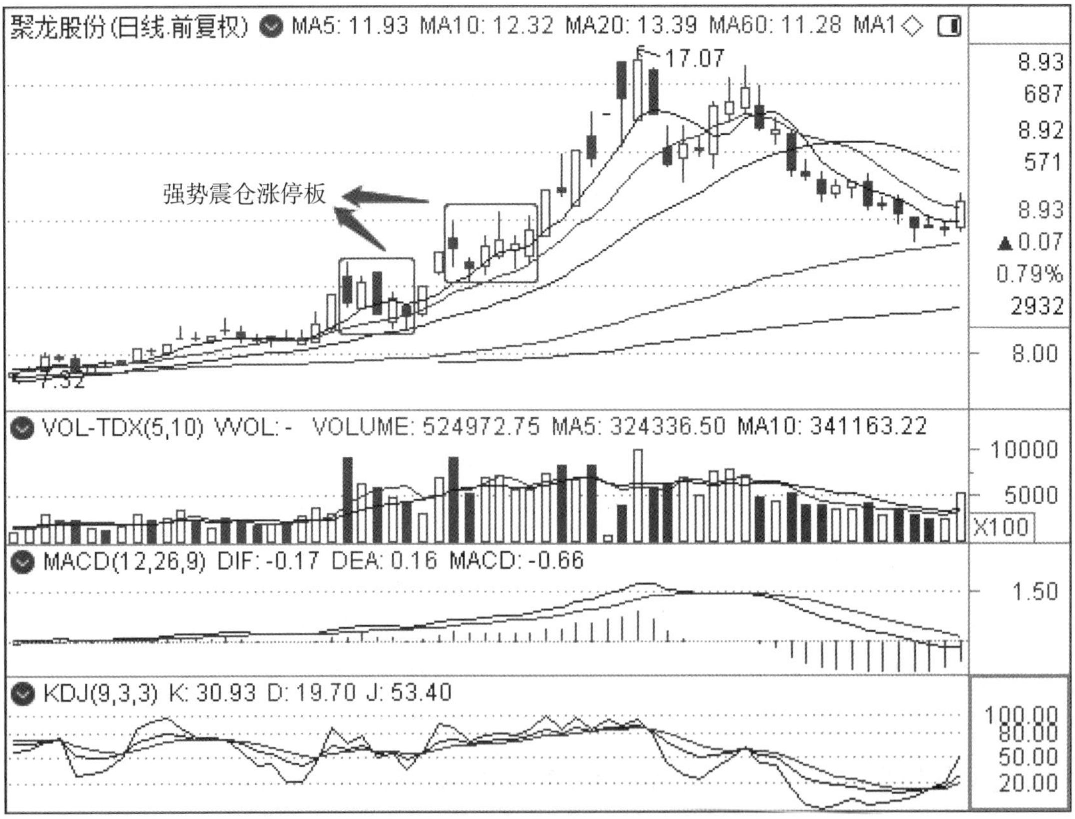

图 4-7

月 25 日强势涨停后，9 月 26 日—10 月 9 日期间，股价呈振荡下跌走势。之后股价在 10 月 10 日开始强势拉升涨停，开启行情加速上涨走势。10 月 11 日，股价强势涨停后，10 月 12 日—21 日期间，股价呈横向振荡走势，之后股价在 10 月 22 日开始强势拉升涨停，再次开启行情加速上涨走势。该股强势震仓后，短期涨幅超过 30%。如果投资者能在强势震仓涨停走势中买入股票，则后市股价上涨的获利空间是非常不错的。

行情走势中出现强势震仓涨停时，通常情况下，出现强势震仓之前，股价也是以涨停板的形式出现。股价涨停之后，短期内会进行大幅波动来强势震仓洗盘。主力洗盘完成后，股价会以涨停板的形式再次开启新一波的强势上涨走势。

第六节　揉搓线涨停板战法

1. 揉搓线涨停板战法的内容

揉搓线是指经过一段时间的上涨或下跌后，股价在前一天形成一根带长上影线或带长下影线的 K 线，第二天形成一根带长下影线或带长上影线的 K 线，前后两天 K 线的上下影线方向相反，且实体都较小，这种 K 线形态又称上下揉搓线。

揉搓线涨停板战法是指走出揉搓线走势后，股价拉升涨停的走势。一般情况下，揉搓线涨停多出现在股价底部起涨阶段和上涨一段空间后的中继洗盘阶段。

如果股价处在低位或者涨幅不大，出现揉搓线，大概率是由主力洗盘所致。因此，出现揉搓线时，投资者应当观察股价走势，随时注意行情的动向。如果股价在高位出现揉搓线，通常是主力在出货，此时投资者应当回避该股。

2. 揉搓线涨停板战法的特点

（1）揉搓线涨停走势中，大多数情况下，揉搓线的形成是股价第一天冲高回落，第二天下探后回升；少数情况下，揉搓线的形成是股价第一天下探回升，第二天冲高回落。

（2）揉搓线涨停走势中，通常情况下，揉搓线形成这两天，成交量相差不大，有时第一天高一些，有时第二天高一些。

（3）揉搓线涨停走势中，揉搓线之后出现涨停时，成交量通常会增加，形成放量涨停。

（4）揉搓线涨停走势中，揉搓线出现的上下影线越短，股价越强势；上下影线越长，股价越弱势。

（5）揉搓线涨停走势中，揉搓线形成后，其下影线低点对股价具有支撑作用，上影线高点则对股价具有压力作用。

3. 揉搓线涨停板战法的买入原则

（1）不破揉搓线的下影线买入法。揉搓线形成时，其下影线低点会对股价形成支撑作用。如果股价回踩时不破揉搓线的下影线，那么投资者可以买入股票。

（2）均线支撑买入法。揉搓线形成时，通常会靠近某条短期均线。如果股价受到均线支撑，那么投资者可在均线位置买入股票。

（3）放量突破揉搓线的上影线买入法。如果揉搓线出现在股价的中低位，通常说明主力在洗盘。如果股价向上放量突破揉搓线的上影线，则主力大概率会开启拉升走势。因此，股价放量突破揉搓线的上影线时，投资者可以买入股票。

4. 揉搓线涨停板战法的止盈原则

（1）下影线低点买入，突破上影线高点失败时卖出止盈。股价受到揉搓线下影线低点支撑时买入，之后股价拉升涨停，但后市突破揉搓线的上影线高点失败时，投资者应当卖出股票止盈出局。在这种走势中，揉搓线的上下影线通常都比较长，一个涨停板的幅度无法突破上影线的高点，所以后市因上涨乏力，股价开始转弱。

（2）见顶 K 线止盈法。揉搓线涨停，突破其上影线高点后，股价通常会持续上涨。之后，某天出现见顶 K 线，如黄昏之星、看跌吞没等走势时，投资者可以卖出股票止盈出局。

（3）股价破位短期均线止盈法。揉搓线涨停走势出现后，后市股价大概率会持续拉升。因此，股价通常会沿着某条短期均线上涨，投资者可以沿着短期均线，如 5 日均线或 10 日均线持股。股价在短期均线上方运行时，可以继续持股；反之，股价向下跌破短期均线时，可以止盈卖出股票。

（4）揉搓线涨停，股价上涨遇到重要压力位止盈法。当股价突破揉搓线上影线高点，向上涨到上方某一重要压力位，且无法继续向上突破时，投资者可以止盈卖出股票。

5. 揉搓线涨停板战法的止损原则

（1）股价跌破揉搓线下影线低点时止损。揉搓线形成时，其下影线低点对股价具有支撑作用。如果股价向上突破失败，就会转为下跌走势。股价跌破揉搓线下影线低点时，投资者可以卖出股票止损出局。

（2）股价跌破揉搓线下方均线支撑时止损。揉搓线形成时，股价通常会靠近某条均线，而这条均线对股价具有支撑作用。如果股价向上突破失败，就会转为下跌走势。股价跌破均线支撑时，投资者可以卖出股票止损出局。

（3）股价跌破揉搓线下方重要支撑位时止损。如果揉搓线下方附近有重要的支撑位，投资者可将止损位设置在该位置。如果股价向上突破失败，就会转为弱势下跌走势。股价跌破下方重要支撑位时，投资者可以卖出股票止损出局。

6. 案例详解

如图 4–8 所示，福能东方（300173）在 2019 年 12 月 23 日—25 日的走势即为揉搓线涨停板走势。12 月 23 日、24 日两天，股价呈现上下揉搓线走势，其上影线在前压力位附近，下影线则在 20 日均线位置受到支撑。12 月 25 日，股价开始强势拉升涨停，并突破揉搓线上影线高点，开启行情加速上涨走势，后市股价短期内持续拉升上涨，短期涨幅超过 40%。如果投资者能在上下揉搓线涨停走势中买入股票，则后市股价上涨的获利空间是非常大的。

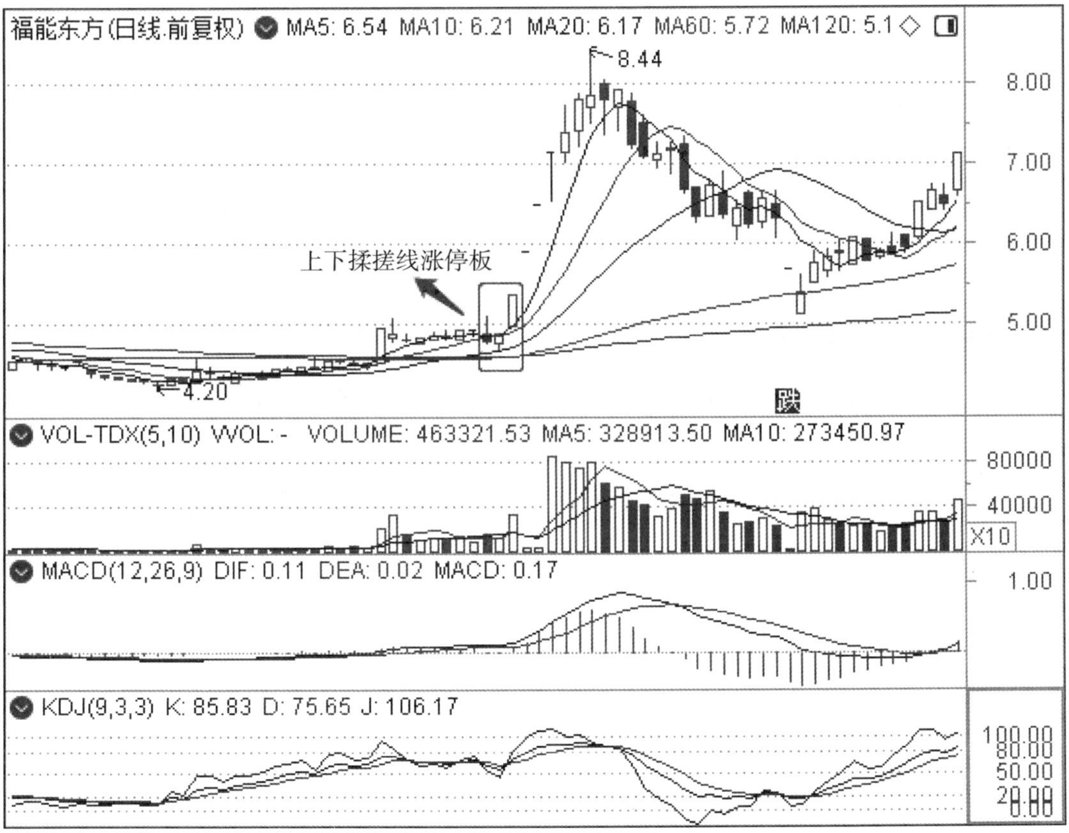

图 4–8

股价出现揉搓线涨停板时，主力通常会在揉搓线这两天进行洗盘，主要目的是洗掉那些意志不坚定的筹码，方便后续强势拉升。一般说来，揉搓线涨停走势出现时，揉搓线的上影线会在前面的压力位附近，下影线则在下方的某一重要支撑位附近。揉搓线涨停板出现后，其股价短期内往往表现得非常强势。

第七节　突破型涨停板战法

1. 突破型涨停板战法的内容

突破型涨停是指涨停扭转了股票交易价格原有的运行趋势，质变为一种新的运行趋势。

突破型涨停十分常见，其可能出现在股价的底部起涨阶段，也可能出现在上涨中继阶段，亦有可能出现在股价运行的新高位置。

突破型涨停中，股价突破的形式多种多样，可能是向上突破底部形态，也可能是向上突破下行趋势线，亦有可能是向上突破某一重要压力位。

突破型涨停是股价强势打开新的上涨空间的契机。通常来说，股价形成涨停突破后，其后市往往会形成持续性上涨走势。

2. 突破型涨停板战法的特点

（1）突破型涨停中，股价拉升封板的时间越早，突破越强势；反之，拉升封板的时间越晚，突破就越弱势。

（2）突破型涨停中，股价拉升封板的量越大，突破越强势；反之，拉升封板的量越小，突破就越弱势。

（3）突破型涨停中，股价突破某一重要压力位，通常伴随着成交量的增加。

（4）突破型涨停中，股价突破压力位时越坚决，突破越强势；反之，突破压力位时越犹豫，突破就越弱势。

3. 突破型涨停板战法的买入原则

（1）股价向上有效突破下行趋势线买入法。持续一段时间的下跌后，股价开始筑底回升。股价从下方向上有效突破前期下跌的下行趋势线涨停时，其下跌趋势即将反转，投资者可以买入股票。

（2）股价向上有效突破底部形态如 W 底、头肩底或圆弧底等买入法。经过一段时间的持续下跌后，股价会构筑底部形态。股价向上有效突破底部形态涨停时，投资者可以买入股票。

（3）股价向上有效突破新高买入法。股价向上突破新高，意味着上方没有抛盘压力，同样也没有可以参照的压力位。因此，主力拉升股价比较容易，股价突破新高后，容易出现持续上涨走势。股价有效突破新高时，投资者可以买入股票。

（4）股价向上突破后回踩支撑买入法。通常来说，股价向上突破下行趋势线、底部形态后都会出现回踩，以确认突破的有效性。股价突破上涨后回踩支撑时，投资者可以买入股票。

4. 突破型涨停板战法的止盈原则

（1）股价突破涨停后，持续上涨遇到重要压力位止盈法。当股价突破下行趋势线或者底部形态后，上涨到上方的某一重要压力位，且无法继续向上突破时，投资者可以止盈卖出股票。

（2）股价破位均线止盈法。突破型涨停走势出现后，其后市股价大概率会持续拉升。因此，股价通常会沿着某条短期均线上涨，投资者可以沿着短期均线，如 5 日均线或 10 日均线持股。股价在短期均线上方运行时，可以继续持股；反之，股价向下跌破短期均线时，可以止盈卖出股票。

（3）股价破位趋势线止盈法。突破型涨停走势出现后，后市股价通常会持续上涨。因此，股价通常会沿着某条趋势线上涨，投资者可以沿着这条趋势线持股。股价在趋势线上方运行时，可以继续持股；反之，股价向下跌破该趋势线时，可以止盈获利出局。

（4）股价见顶 K 线止盈法。突破型涨停通常是股价上涨打开上方的上涨空间的表现，其后市通常会持续上涨。当股价连续上涨后，某天出现见顶 K 线，如黄昏之星、射击之星等走势时，投资者可以卖出股票止盈出局。

（5）均线死叉止盈法。突破型涨停出现后，上方的上涨空间被打开，尤其是底部出现突破型涨停。因此，股价后续大概率会持续上涨，多数均线也会向上发散运行，投资者可以按照均线持股，以均线死叉作为止盈条件。股价经过一段时间的上涨后，涨势放缓或者开始下跌，导致均线出现死叉时，投资者可以卖出股票止盈出局。

（6）指标背离止盈法。突破型涨停出现后，股价后续大概率会持续上涨，因此，KDJ、RSI 等指标会持续向上运行。当股价持续上涨，并与指标出现高位背离时，投资者可以卖出股票止盈出局。

5. 突破型涨停板战法的止损原则

（1）股价跌回下行趋势线下方时止损。如果股价突破下行趋势线后，没有持续上涨，转而下跌，那么股价向下跌回下行趋势线下方时，投资者可以卖出股票止损出局。

（2）股价跌回底部形态下方时止损。如果股价突破底部形态后，没有持续上涨，转而跌回形态内部，此时投资者可以止损出局。

（3）股价创新高后重新跌回前高点下方时止损。如果股价向上突破历史新高后，没有持续上涨，转而跌回前高点的下方，说明投资者不认可股价创新高后的持续上涨，持股的投资者可以止损出局。

（4）股价创新低时止损。如果股价底部突破涨停后，没有持续上涨，转而下跌，那么股价创新低时，投资者应当卖出股票止损离场。

6. 案例详解

如图 4–9 所示，日出东方（603366）的股价在 2019 年 12 月 30 日的走势即为突破型涨停板走势。2019 年 12 月 30 日之前较长一段时间，股价呈现低位横盘振荡走势，

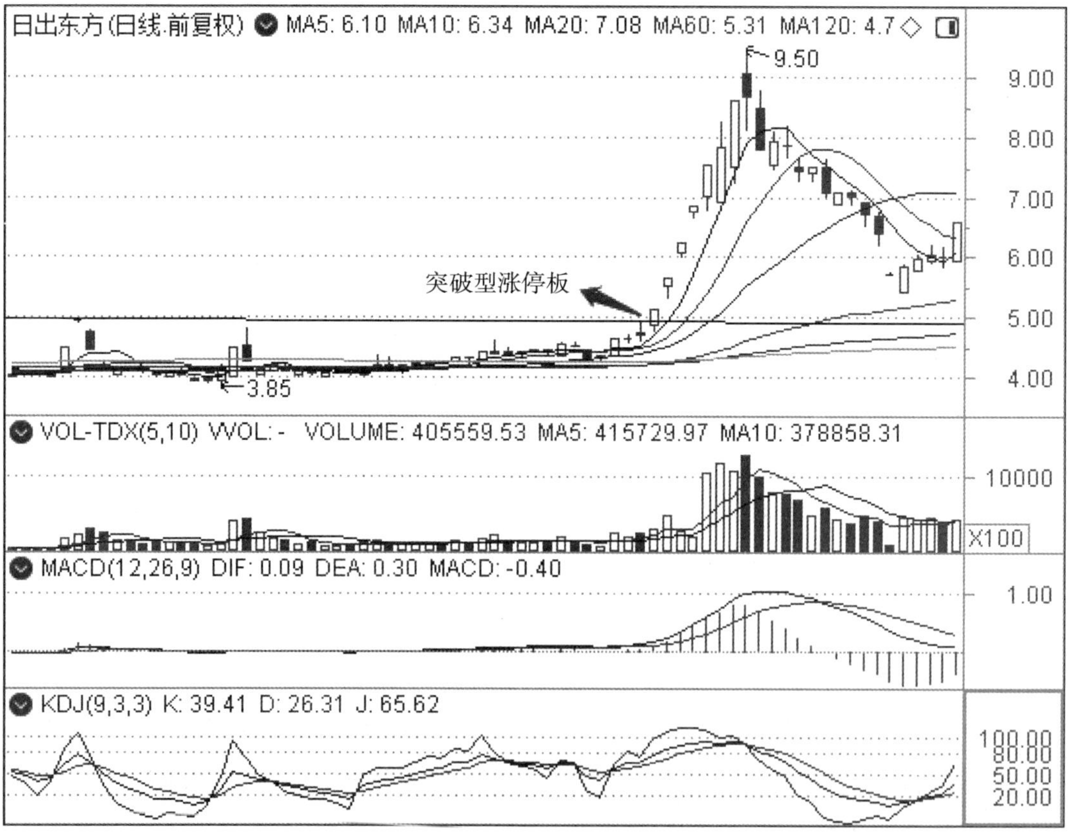

图 4–9

期间股价经过多次涨停板洗盘和长期地量走势。直到 12 月 30 日，股价开始强势拉升涨停，突破前期振荡区间，开启行情加速走势，后市股价短期内上涨超过 50%。如果投资者能在股价突破涨停时买入，则后市获利空间将会非常大。

股价上涨出现突破型涨停时，通常意味着行情打破原来的平衡格局开始破位加速上涨，其后市往往会持续上涨。尤其是股价在底部出现突破型涨停时，后市持续上涨的概率极高。

第八节　跳空型涨停板战法

1. 跳空型涨停板战法的内容

缺口是指股价快速大幅度波动中，出现一段没有任何交易，趋势图上显示为真空的区域，因此称为跳空。

跳空型涨停是指股价某天向上跳空高开，且高开高走，并强势拉升涨停，下方留下一个没有回补的缺口。

股价向上跳空高开本身就是股价强势的一种表现，股价跳空高开后强势拉升涨停，更显示出股价的强势。

跳空型涨停经常出现在股价遇到利好消息刺激时，也经常出现在股价超跌后的反转时，还经常出现在突破某一重要压力位时。

2. 跳空型涨停板战法的特点

（1）跳空型涨停板中，股价高开高走，并拉升至涨停，下方留下一个没有回补的缺口。

（2）跳空型涨停板中，股价跳空高开的幅度越大，说明股价越强势；反之，股价跳空高开的幅度越小，说明股价越弱势。

（3）跳空型涨停板中，股价高开高走，拉升至涨停的时间越短，说明股价越强势；反之，股价高开高走，拉升至涨停的时间越长，说明股价越弱势。

（4）跳空型涨停板中，因重大利好消息刺激，股价跳空高开涨停的，通常是缩量涨停。如果是普通的跳空高开拉升涨停，通常是放量涨停。

（5）跳空型涨停板中，下方的跳空缺口对股价具有支撑作用。

3. 跳空型涨停板战法的买入原则

（1）小幅跳空高开买入法。该方法是指股价小幅跳空高开，开盘后强势带量拉升，投资者可在开盘后买入股票。

（2）大幅跳空高开买入法。大幅跳空高开是股价强势的表现。如果股价是在低位上涨或有确定重大利好消息的情况下大幅高开，开盘后股价带量拉升，投资者可在开盘后买入股票。

（3）涨停封板前买入法。股价跳空高开后，放量强势拉升上涨，拉升至涨停板附近时，依然还有很多大单在抢筹，投资者可在即将封板时买入股票。

（4）涨停封板后开板买入法。股价跳空高开，放量强势拉升涨停后，往往短时间内会出现较多的抛盘，从而促使股价出现短暂开板。如果股价开板过程中依然有大单承接，那么投资者可在股价开板时买入股票。

（5）不破缺口买入法。如果投资者在第一天跳空高开涨停中没有买到股票，可以观察第二天的走势，第二天不跌破第一天跳空高开的缺口点位时，可以买入股票。

4. 跳空型涨停板战法的止盈原则

（1）股价持续上涨遇到重要压力位止盈法。当股价向上涨到上方的某一重要压力位，且无法继续向上突破时，投资者可以止盈卖出股票。

（2）股价破位均线止盈法。跳空型涨停走势出现后，后市股价大概率会持续拉升。因此，股价通常会沿着某条短期均线上涨，投资者可以沿着短期均线，如 5 日均线、10 日均线或 20 日均线持股。股价在短期均线上方运行时，可以继续持股；反之，股价向下跌破短期均线时，可以止盈卖出股票。

（3）股价见顶 K 线止盈法。跳空型涨停通常是股价上涨强势的表现，后市通常会持续上涨。股价连续上涨后，某天出现见顶 K 线，如黄昏之星、射击之星等走势时，投资者可以卖出股票止盈出局。

（4）股价大幅高开后放量下跌止盈法。股价跳空高开涨停后，后市大幅高开后放量下跌，且下方承接较弱时，可能是短期资金逃离，投资者可以卖出股票止盈出局。

5. 跳空型涨停板战法的止损原则

（1）股价下跌回补缺口，且没有再次上涨时止损。股价出现跳空型涨停后，没有持续上涨，而是弱势下跌，如果下跌回补完跳空缺口后，依然没有回升迹象，投资者可以卖出股票止损出局。

（2）第二天股价高开低走，快速放量跌破前一天跳空缺口开盘价时止损。股价出现跳空型涨停后，没有持续上涨，而是再次跳空高开，但没能高开高走，反而高开后快速放量下跌，并很快跌破前一天跳空高开的开盘价，这通常是大资金出逃引起的走势。股价跌破前一日跳空缺口的开盘价后，投资者可以卖出股票止损出局。

（3）股价跌破下方重要支撑位时止损。如果跳空型涨停的缺口下方附近有重要的支撑位，投资者可将该重要支撑位设置为止损位，股价没有继续上涨的话，通常会转为下跌走势。股价跌破下方重要支撑位时，投资者可以卖出股票止损出局。

（4）第二天跳空低开放量低走时止损。股价出现跳空型涨停后，第二天没有出现上涨，反而大幅跳空低开，并且低开后放量下跌，这时投资者可以卖出股票止损出局。

6. 案例详解

如图 4–10 所示，九鼎投资（600053）在 2019 年 12 月 30 日的走势即为跳空型涨停板走势。股价在 2019 年 12 月 30 日跳空高开，突破下行趋势线和短期底部振荡区间，并强势拉升涨停，其后股价短期内持续上涨超过 30%。如果投资者能在跳空型涨停板时

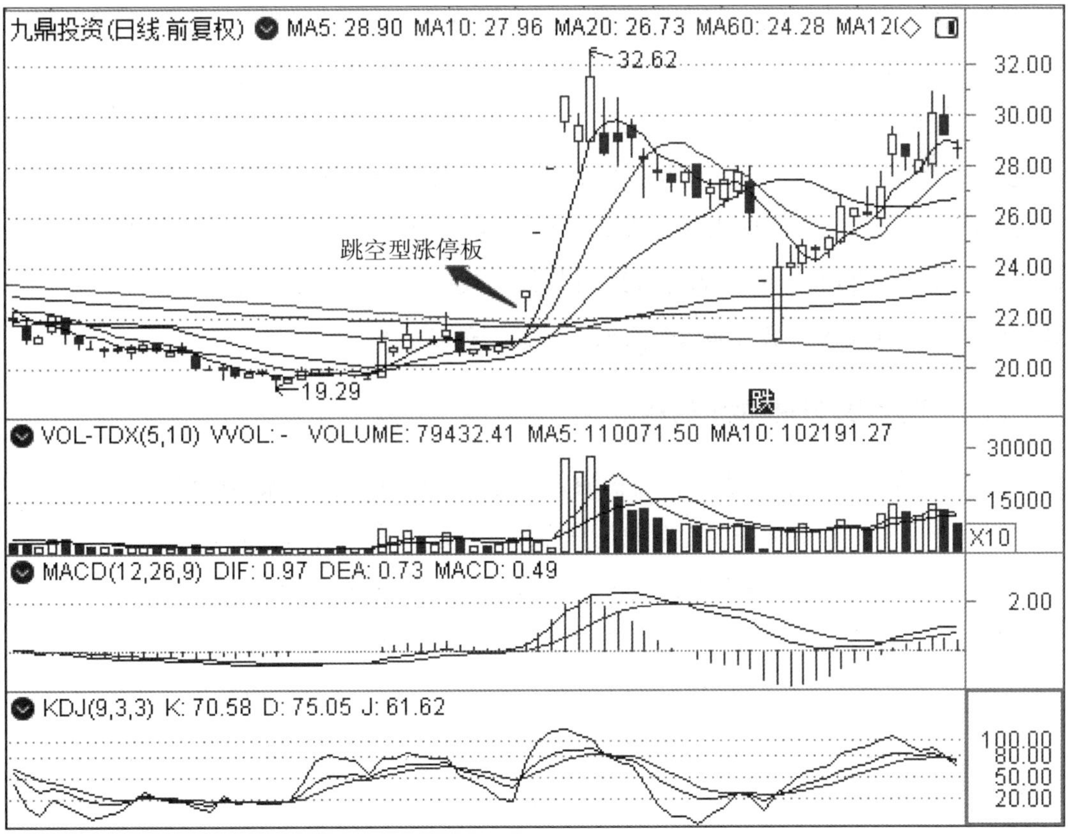

图 4–10

买入股票，其后市的获利空间是很大的。

行情走势出现跳空型涨停板时，通常说明股价突破了某一重要阻力位。这时主力通过控制股价的跳空高开高走拉升涨停，来减少投资者在压力位置出现的抛压情绪。同时，主力通过股价跳空突破拉升涨停，能够给市场传递积极的信号，使很多投资者跟风买入，从而减轻其拉升压力。

第九节　一阳穿多线涨停板战法

1. 一阳穿多线涨停板战法的内容

一阳穿多线涨停板战法是指股价经过一段时间低位振荡或横盘整理后，多条均线逐渐靠拢或高度黏合，股价运行在均线下方，多条均线靠拢或黏合时，股价一根涨停大阳线自下而上穿越靠拢或黏合的均线向上拉升，从而形成一阳穿多线的涨停走势。

对于股价出现大阳线，市场上普遍流行一句话："一根大阳线，千军万马来相见；两根大阳线，龙虎榜上机构现；三根大阳线，股评大师齐推荐；四根大阳线，散户追高不听劝；五根大阳线，游资砸盘说再见。"所以，股价出现一阳穿多线涨停时，能够很快地积累市场人气，吸引很多市场投资者买入，从而推动股价持续上涨。

一阳穿多线，往往意味着多方强势非常明显。尤其是一根带量的涨停阳线，一举突破5日、10日、20日、60日甚至120日均线形成的黏合时，更能体现出多方的强势。如果此时投资者买入股票，那么投资成功的概率极高。

2. 一阳穿多线涨停板战法的特点

（1）一阳穿多线涨停板中，股价通常经过一段时间的低位振荡或横盘整理，用时间换空间的方式，将多条均线逐渐地汇聚靠拢，从而形成多条均线的黏合。

（2）一阳穿多线涨停板中，股价上涨前运行在多条黏合均线的下方，上涨时自下而上穿越多条均线，且收盘在黏合均线的上方。

（3）一阳穿多线涨停板中，股价形成一阳穿多线前，成交量通常呈现地量状态。

（4）一阳穿多线涨停板中，股价形成一阳穿多线时，KDJ和MACD通常形成金叉状态。

（5）一阳穿多线涨停板中，股价在一阳穿多线涨停的当天，成交量往往会大幅增加。

（6）一阳穿多线涨停板中，上方黏合的均线对股价上涨具有重要的压力作用。

3. 一阳穿多线涨停板战法的买入原则

（1）股价站上多条均线上方买入法。如果股价从下向上强势穿越汇聚或黏合的均线上涨，那么股价冲破均线压力，站上汇聚或黏合的多条均线上方后，投资者可以买入股票。

（2）股价低开均线支撑买入法。股价一阳穿多线涨停后，次日在黏合均线上方低开，且低开高走时，投资者可以买入股票。

（3）股价高开回踩均线支撑买入法。股价一阳穿多线涨停后，次日出现高开回踩，回踩至黏合均线位置，受到多条均线的有效支撑时，投资者可以买入股票。

（4）股价次日形成孕星线买入法。股价一阳穿多线涨停后，次日低开后全天都在前一天的涨停阳线内部振荡，并且下跌不破黏合均线，直至收盘时收出十字星线，形成孕星线，投资者可在股价形成孕星线的尾盘买入股票。

4. 一阳穿多线涨停板战法的止盈原则

（1）股价持续上涨遇到重要压力位止盈法。一阳穿多线涨停走势出现后，后市股价大概率会持续拉升。当股价向上涨到上方的某一重要压力位，且无法继续向上突破时，投资者可以止盈卖出股票。

（2）股价破位均线止盈法。一阳穿多线涨停走势出现后，后市股价大概率会持续拉升。股价拉升时均线会形成金叉向上发散，通常会沿着某条短期均线上涨，投资者可以沿着短期均线，如 5 日或 10 日均线持股。股价在某条短期均线上方运行时，可以继续持股；反之，股价向下跌破这条短期均线时，可以止盈卖出股票。

（3）股价见顶 K 线止盈法。通常来说，一阳穿多线涨停是股价上涨强势的表现，其后市通常会持续上涨。当股价连续上涨后，某天出现见顶 K 线，如看跌吞没、射击之星等走势时，投资者可以卖出股票止盈出局。

（4）股价跌破上行趋势线支撑时止盈。一阳穿多线涨停走势出现后，后市股价大概率会沿着某条趋势线持续上涨。股价沿着趋势线上涨一段时间后，跌破下方的上行趋势线支撑时，投资者可以卖出股票止盈出局。

5. 一阳穿多线涨停板战法的止损原则

（1）股价跌回黏合均线下方时止损。如果股价一阳穿多线涨停后，没有持续上涨，而是再次下跌回到黏合均线的下方，则说明前面的一阳穿多线是上涨陷阱。投资者可在股价回到黏合均线下方时，卖出股票止损出局。

（2）股价跌破前期振荡区间下方支撑位时止损。股价一阳穿多线涨停之前，大都经历过一段时间的振荡走势。如果股价向下跌破前期振荡区间的下方支撑位，投资者就要卖出股票止损出局。

（3）均线死叉下行时止损。股价出现均线黏合时，说明股价在选择方向。如果股价出现一阳穿多线涨停后没有上涨，则大概率会下跌。如果投资者在股价回落到黏合均线下方时没有及时止损，则应在股价下跌均线形成死叉时，卖出股票止损出局。

6. 案例详解

如图 4–11 所示，诚志股份（000990）在 2019 年 3 月 11 日的走势即为一阳穿多线涨停板走势。2019 年 3 月 11 日前，均线已经形成黏合形态，股价一直在均线中间运行。3 月 8 日，股价下跌至黏合均线的最下方，眼看有下破的趋势。但 3 月 11 日股价突然强势拉升，一阳穿多线涨停，其后股价短期内持续上涨超过 70%。如果投资者能在一阳穿多线涨停板时买入股票，其后市的获利空间通常会非常大。

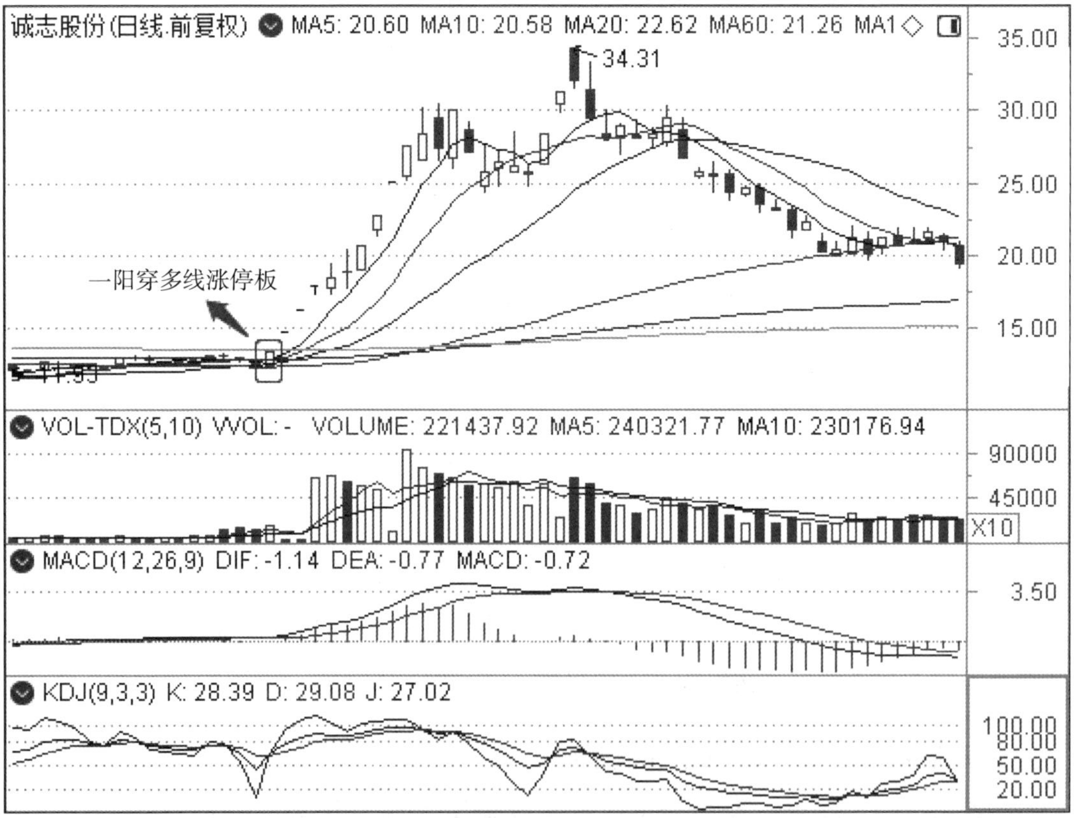

图 4–11

行情走势出现一阳穿多线时，说明主力可能要启动上涨趋势，这往往是行情启动时的最佳买点。行情一旦在一阳穿多线后启动上涨，均线很快就会出现金叉上行走势，这样的走势非常容易受到投资者的关注，很容易聚集人气，从而助推股价持续上涨。

第十节　均线聚首涨停板战法

1. 均线聚首涨停板战法的内容

均线聚首是指多条均线高度黏合，这些均线通常是 5 日、10 日、20 日、30 日和 60 日均线，全部黏合在一起，通常又称为“龙聚首”。

均线聚首涨停板战法是指股价经过一段时间的低位振荡或横盘整理后，多条均线逐渐靠拢或高度黏合，股价运行在均线上方，当多条均线靠拢或黏合时，股价在均线汇聚黏合的位置，出现一根涨停大阳线向上拉升，从而形成均线聚首涨停走势。

股价出现均线聚首涨停时，能够快速积累市场人气，吸引很多投资者买入，从而推动股价持续上涨。

均线聚首涨停板与一阳穿多线涨停板有点类似。二者最大的区别就是，均线黏合时，均线聚首涨停之前的股价是在黏合的均线上方运行，而一阳穿多线涨停之前的股价是在黏合的均线下方运行。并且，均线聚首涨停是多条均线必须形成黏合走势，而一阳穿多线涨停则不需要均线必须黏合，均线稍微靠拢即可。

因为均线聚首涨停板与一阳穿多线涨停板有很多类似之处，所以二者的特点、买入原则、止盈原则和止损原则也类似。

2. 均线聚首涨停板战法的特点

（1）均线聚首涨停板中，股价通常是经过一段时间的低位振荡或横盘整理，用时间换空间的方式，将多条均线逐渐地汇聚靠拢，从而形成多条均线的黏合。

（2）均线聚首涨停板中，股价上涨前运行在多条黏合均线的上方，并且在黏合均线的上方起涨。

（3）均线聚首涨停板中，股价形成均线聚首前，成交量通常呈现地量状态。

（4）均线聚首涨停板中，股价形成均线聚首时，KDJ 和 MACD 通常会形成金叉状态。

（5）均线聚首涨停板中，均线聚首涨停当天，成交量往往会大幅增加。

（6）均线聚首涨停板中，下方黏合的均线对股价起着重要的支撑作用。

3. 均线聚首涨停板战法的买入原则

（1）股价受到均线支撑买入法。均线聚首涨停前，股价本来就在均线上方运行。如果股价连续多日都受到黏合均线支撑，那么投资者可以买入股票。

（2）股价回踩5日均线支撑买入法。股价均线聚首涨停后，次日短期均线将会出现金叉向上发散。如果股价回踩或低开后受到5日均线支撑上涨，那么投资者可以买入股票。

（3）股价次日形成孕星线买入法。均线聚首涨停后，次日股价低开后全天都在前一天的涨停阳线内部振荡，并且下跌不破黏合均线，直至收盘时，收出十字星线，形成孕星线，投资者可在股价形成孕星线的尾盘买入股票。

4. 均线聚首涨停板战法的止盈原则

（1）股价持续上涨遇到重要压力位止盈。均线聚首涨停走势出现后，后市股价大概率会持续拉升。当股价上涨到上方的某一重要压力位，且无法继续向上突破时，投资者可以止盈卖出股票。

（2）股价破位均线止盈。均线聚首涨停走势出现后，后市股价大概率会持续拉升。股价拉升时，均线会形成金叉向上发散，股价通常会沿着某条短期均线上涨，投资者可以沿着短期均线，如5日均线或10日均线持股。股价在某条短期均线上方运行时，可以继续持股；反之，股价向下跌破这条短期均线时，可以止盈卖出股票。

（3）股价见顶K线止盈。均线聚首涨停通常是股价上涨强势的表现，其后市通常会持续上涨。股价连续上涨后，某天出现见顶K线，如看跌吞没、射击之星等走势时，投资者可以卖出股票止盈出局。

（4）股价跌破上行趋势线支撑止盈。均线聚首涨停走势出现后，后市股价大概率会沿着某条趋势线持续上涨。股价沿着趋势线上涨一段时间后，跌破下方的上行趋势线支撑时，投资者可以卖出股票止盈出局。

5. 均线聚首涨停板战法的止损原则

（1）股价跌至黏合均线下方时止损。均线聚首涨停走势中，黏合的均线对股价具有重要的支撑作用。股价均线聚首涨停后，没有持续上涨，而是转为下跌，甚至下跌到黏合均线的下方，说明前面的均线聚首涨停是上涨陷阱，投资者可在股价下跌到黏合均线下方时，卖出股票止损出局。

（2）股价跌破前期振荡区间下方支撑位时止损。股价在均线涨停之前，虽然是在黏合均线的上方，但是之前大都经历过一段时间的振荡走势。如果股价向下跌破前期振荡区间的下方支撑位，投资者要卖出股票止损出局。

（3）均线死叉下行时止损。股价出现均线黏合时，说明股价在选择方向。如果股价出现均线聚首涨停后没有上涨，就会转为下跌走势。如果投资者在股价下跌到黏合均线下方没有及时止损，那么在股价下跌，均线形成死叉时，就应卖出股票止损出局。

6. 案例详解

如图 4–12 所示，全柴动力（600218）的股价在 2019 年 1 月 14 日、15 日的走势即为均线聚首涨停板走势。2019 年 1 月 14 日之前，均线已经形成黏合走势，并且股价已经站上了均线上方。之后，股价在 1 月 14 日强势涨停，形成均线聚首涨停，次日股价继续拉升涨停，股价短期内持续上涨超过 60%。如果投资者能在均线聚首涨停板时买入股票，那么其后市的获利空间会非常大。

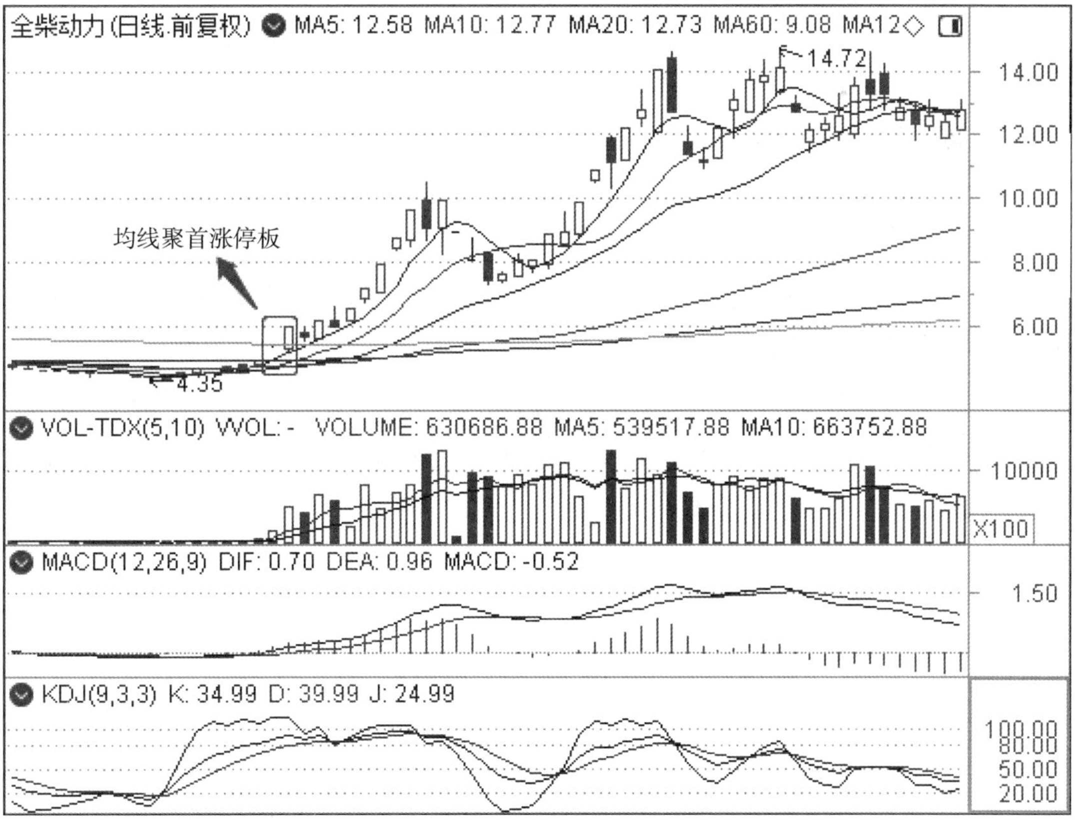

图 4–12

行情走势出现均线聚首涨停板时，说明行情可能即将开启上涨走势。股价拉升上涨时，均线就会出现金叉上行走势，从而助推股价持续上涨。这种走势受到很多投资者的青睐，它能够快速聚集市场人气，对股价后市的持续上涨起着推波助澜的作用。

第十一节　多方炮涨停板战法

1. 多方炮涨停板战法的内容

多方炮是一种经典的技术形态，由左右两个中阳线或大阳线，中间一根或多根阴线或阳线组合而成，是强烈的买入信号。

K 线经过长期下跌后横盘整理，或者行情经过一段时间上涨后出现横盘整理，并且底部逐渐抬高，价格随时可能向上突破盘整区间。

股价放量走出中阳线或大阳线突破平台后的第二天，K 线往往上升乏力，走出高开低走的阴线。如果行情表现强势，第三天股价再以中阳线或大阳线反包第二天的阴线，通常会收出光头阳线，此时多方炮宣告成立。如果行情表现稍微弱势，则行情会在第一根中阳线或大阳线的价格区间进行整理，那么股价再以中阳线或大阳线拉升反包前面所有整理的 K 线时，多方炮宣告成立。

实战中，根据多方炮的强度可以分为 3 等：第一等，涨停多方炮，前后两炮都是涨停 K 线；第二等，前炮涨停板 + 后炮大阳线，或者前炮大阳线 + 后炮涨停板；第三等，涨停多方炮，前后两炮都是大阳线。

多方炮涨停板是多方炮走势中表现最为强势的，是指多方炮走势中，前炮（第一根阳 K 线）和后炮（最后一根上涨反包阳 K 线）都以涨停板走势出现。多方炮涨停出现时，后市股价经常会呈持续上涨走势。

2. 多方炮涨停板战法的特点

（1）多方炮涨停板走势中，多方炮一般出现在一轮明显的下跌行情之后，股价经常会有一个低位止跌横盘的过程。

（2）多方炮涨停板走势中，第一天的涨停阳线是上攻，但由于上方存在套牢盘，下方存在获利盘，第二天主力故意收阴线，让意志不坚定的套牢盘和获利盘抛出，只不过主力并未出逃，因此成交量呈现萎缩态势。第三天的涨停阳线是主力再次上攻，多头占据主导。

（3）多方炮涨停板走势中，通常多方炮的第一根阳线突破都是放量突破近期连续横盘阶段，创近期新高，同时伴随着短期和中期均线的破位。第一天的放量突破通常是试盘动作，主力通过放量突破看上方抛压盘是否严重，同时放量突破时看个股是否受到市场资金关注。

（4）多方炮涨停板走势中，两根涨停阳 K 线中间夹一根阴 K 线，中间夹的这根阴 K 线如果收成星线，特别是收成红星线，那么后面那根涨停阳 K 线的涨势能量会更强。

（5）多方炮涨停板走势中，多方炮的第二根阴 K 线成交量必须是缩量或者小幅放量，绝对不能放巨量，并且股价不能再回到均线下方，也不能破位前一天价格的低点。

（6）多方炮涨停形成后的第二天，股价一般会跳空高开。如果股价高开且放量高走，则后市股价持续看涨；如果放量冲高回落，则股价可能还将继续横盘整理。

（7）多方炮涨停板走势中，中间的阴线回调通常不超过 3 天。回调的时间越短，多方炮涨停走势越强势；回调的时间越长，多方炮涨停走势越弱势。

（8）多方炮涨停板走势中，如果调整走势位于前炮涨停板价位之上，无疑是最强的多方炮走势。

3. 多方炮涨停板战法的买入原则

（1）第二天回调均线支撑买入法。该方法是指股价在第一天涨停后，第二天下跌回调至均线时，受到均线的强力支撑，投资者可以适当买入，博弈第三天股价走多方炮涨停走势的机会。

（2）回调地量买入法。该方法是指股价第一天涨停后，在下跌回调过程中，量能快速降低，并形成地量状态，说明市场没有什么抛盘压力，股价很容易展开新一轮的上攻，投资者可以适当买入，博弈多方炮涨停走势的机会。

（3）上攻突破买入法。该方法是指股价在多方炮涨停中，后面一根涨停 K 线出现，并且向上突破了前面第一根涨停阳 K 线，甚至突破了前期下跌阶段的重要压力位，此时投资者可以买入，后市持续上涨的可能性比较大。

（4）上攻涨停买入法。该方法是指股价在多方炮涨停中，后面一根涨停 K 线出现，确定多方炮形成时，投资者可在该 K 线出现的当天，股价盘中冲击涨停附近买入股票。

（5）回踩不破前炮高点买入法。该方法是股价已经形成多方炮后，回踩受到第一天涨停板位置支撑，如果股价无法向下突破，投资者可在该支撑位买入股票。

4. 多方炮涨停板战法的止盈原则

（1）回调买入，后炮突破失败卖出止盈。如果投资者是在股价多方炮涨停的回调期间买入的股票，当股价走出第二根涨停 K 线，突破前炮高点失败时，可以卖出股票止盈出局。

（2）上涨突破前高，重要压力位止盈。如果投资者在多方炮涨停期间买入了股票，当股价突破上涨到上方的重要压力位，且无法继续向上突破时，可以止盈卖出股票。

（3）上涨突破前高，沿着均线持股，股价破位均线止盈。如果投资者在多方炮涨停期间买入了股票，股价突破前高，投资者可以沿着短期均线持股。股价在某条短期均线上方时，可以继续持股；反之，股价向下跌破这条均线时，可以止盈卖出股票。

（4）上涨突破前高，沿着趋势线持股，股价破位趋势线止盈。如果投资者在多方炮涨停期间买入了股票，股价突破前高，投资者可以沿着最靠近的趋势线持股。股价在趋势线上方运行时，可以继续持股；反之，股价向下跌破该趋势线时，可以止盈获利出局。

（5）见顶 K 线止盈。如果投资者在多方炮涨停期间买入了股票，股价突破前高继续上涨，某天出现见顶 K 线，如黄昏之星、看跌吞没等走势时，投资者可以卖出股票止盈出局。

5. 多方炮涨停板战法的止损原则

（1）股价跌破第一根涨停阳线低点时止损。多方炮涨停走势中，第一根涨停阳线的低点是重要的支撑位。股价下跌破位第一根涨停阳线的低点时，投资者可以止损卖出股票。

（2）股价跌破重要支撑位止损。在有的多方炮涨停走势中，前炮出现在某一重要的支撑位上方，投资者可以把这一重要支撑位作为止损点。股价在该支撑位上方运行时，可以继续持股；反之，股价向下跌破该重要支撑位时，可以卖出股票止损出局。

6. 案例详解

如图 4-13 所示，*ST 实达（600734）的股价在 2019 年 5 月 8 日—16 日的走势即为多方炮涨停板走势。2019 年 5 月 8 日，股价首次出现涨停，其后经过连续 5 个交易日的缩量横盘整理，直到 5 月 16 日，股价开始再次强势拉升涨停，开启行情加速走势，其后市股价短期内涨幅达到 50%。如果投资者能在多方炮走势中买入股票，则后市上涨过程中，投资者将会获利丰厚。

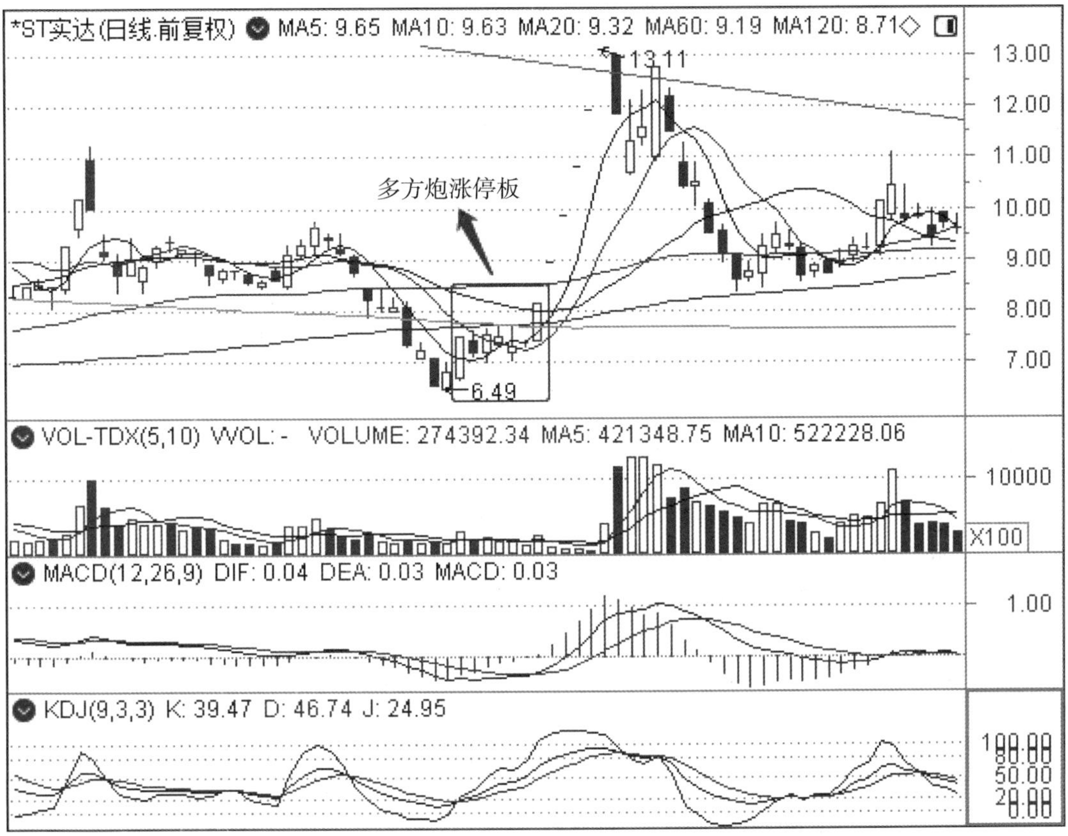

图 4–13

股价出现多方炮走势时，通常是主力进攻的走势。主力在第一根 K 线拉升涨停的走势只是试盘动作，其后短期的调整走势是为了洗盘，将市场上意志不坚定的投资者清洗出去，从而减轻主力后市拉升的压力。主力筹码洗盘完成后，就会正式开启上攻走势，其后市股价往往会在短期内持续上涨。

第十二节　地量涨停板战法

1. 地量涨停板战法的内容

地量涨停板战法与 K 线形态关系不大，主要是量能和短期均线的配合，是指经过一段时间的横盘整理后，股价开始温和上涨，同时均线开始拐头向上，股价经过几天连续上涨后回落。股价回落至 20 日、30 日或 60 日均线位置时，成交量出现地量，此时是买入的最佳时机，后市行情或将加速上涨。

股价即将见底时，地量出现的比较多。一只股票经过一番炒作之后，价格总会向价值回归。股价即将见底的时候，该卖的都已经卖了，没有卖的也不想再卖了，于是地量不断出现，而且持续性较强。伴随着公司基本面的好转，其后市走势可能会逐渐好转。

庄家震仓洗盘的末期，地量也会经常出现。任何庄家在坐庄的时候，都不愿意为别的投资者抬轿子，以免加大自己拉升途中的套利压力，于是拉升前反复震仓、清洗获利盘，就显得非常必要。此时，持股的投资者不愿意再低价抛售，或者说已经没有股票可卖了，而持币的投资者由于对该股后市走向迷茫，不敢轻易进场抢反弹，于是成交清淡，地量便油然而生，一般还具有一定的持续性。这一时期往往是中线进场的时机，如果再结合其他基本面、技术面的分析，一般来说都会有较好的获利机会。

地量涨停板战法是指股价上涨回调之后形成地量状态，紧跟着股价开始放量涨停，这是股价重新转向强势的表现。

2. 地量涨停板战法的特点

（1）地量涨停走势中，股价经过一段时间的横盘整理后，开始呈现上涨走势，也就是上涨的初始阶段。

（2）地量涨停走势中，短期均线必须已经开始拐头向上发散运行。

（3）地量涨停走势中，股价经过短期上涨后，出现连续几日的回调。

（4）地量涨停走势中，股价回调至 20 日、30 日或 60 日均线位置附近。

（5）地量涨停走势中，股价回调过程中，成交量逐渐减少，直至形成极低的地量状态，这是最关键的一点。

（6）地量涨停走势中，股价涨停时，如果能够伴随着 MACD 或 KDJ 金叉，则股价后市上涨会更加强势。

3. 地量涨停板战法的买入原则

（1）回踩均线地量买入法。股价上涨初期的回调阶段，当股价回调至 20 日、30 日或者 60 日均线位置出现地量，且股价企稳时，投资者可以买入股票。

（2）突破回调前高点买入法。如果投资者在回调阶段的地量当天没有买到，那么股价强势拉升涨停，并突破回调前高点时，可以买入股票。

4. 地量涨停板战法的止盈原则

（1）回调地量买入，上涨冲击涨停突破回调前高点失败卖出止盈。如果投资者是在股价回调阶段的地量时买入的股票，那么股价之后强势拉升涨停，突破回调前高点失败时，可以卖出股票止盈出局。

（2）上涨突破前高，重要压力位止盈。如果投资者在股价回调地量或者地量后涨停时买入了股票，那么股价突破上涨到上方的重要压力位，且无法继续向上突破时，可以止盈卖出股票。

（3）上涨突破前高，沿着均线持股，股价破位均线止盈。如果投资者在股价回调地量涨停期间买入了股票，那么股价突破前高后，投资者可以沿着短期均线持股。股价在某条短期均线上方运行时，可以继续持股；反之，股价向下跌破这条均线时，可以止盈卖出股票。

5. 地量涨停板战法的止损原则

（1）跌破均线止损。如果股价回调地量遇到均线支撑时失败，投资者可在股价跌破均线支撑后，卖出股票止损出局。

（2）重新放量下跌止损。如果股价回调阶段，成交量形成地量后，股价再次出现放量下跌走势，投资者可以卖出股票止损出局。

（3）股价跌破重要支撑位止损。在上涨初期的回调阶段，股价通常会回调到重要支撑位附近，投资者可将这一重要支撑位作为止损点。股价在该支撑位上方运行时，可以继续持股；反之，股价向下跌破该重要支撑位时，可以卖出股票止损出局。

6. 案例详解

如图 4–14 所示，华扬联众（603825）的股价在 2019 年 12 月 24 日、25 日的走势即为地量涨停板走势。2019 年 12 月 24 日，股价回调至 20 日和 60 日均线位置，受到强力支撑形成地量走势。次日，股价开始转势上涨，且强势拉升涨停，开启行情加速走势，其后市股价短期内涨幅超过 50%。如果投资者能在地量涨停走势中买入股票，则后市上涨过程中，投资者将会获利丰厚。

股价出现地量涨停走势时，其前面出现地量状态，大都是股价在上涨初期阶段的回调洗盘走势。主力通过回调洗盘，将市场上那些意志不坚定的投资者清洗出去。市场浮筹洗得差不多时，就形成了地量状态，其后主力就开始向上发起进攻，股价往往短期内大幅上涨。

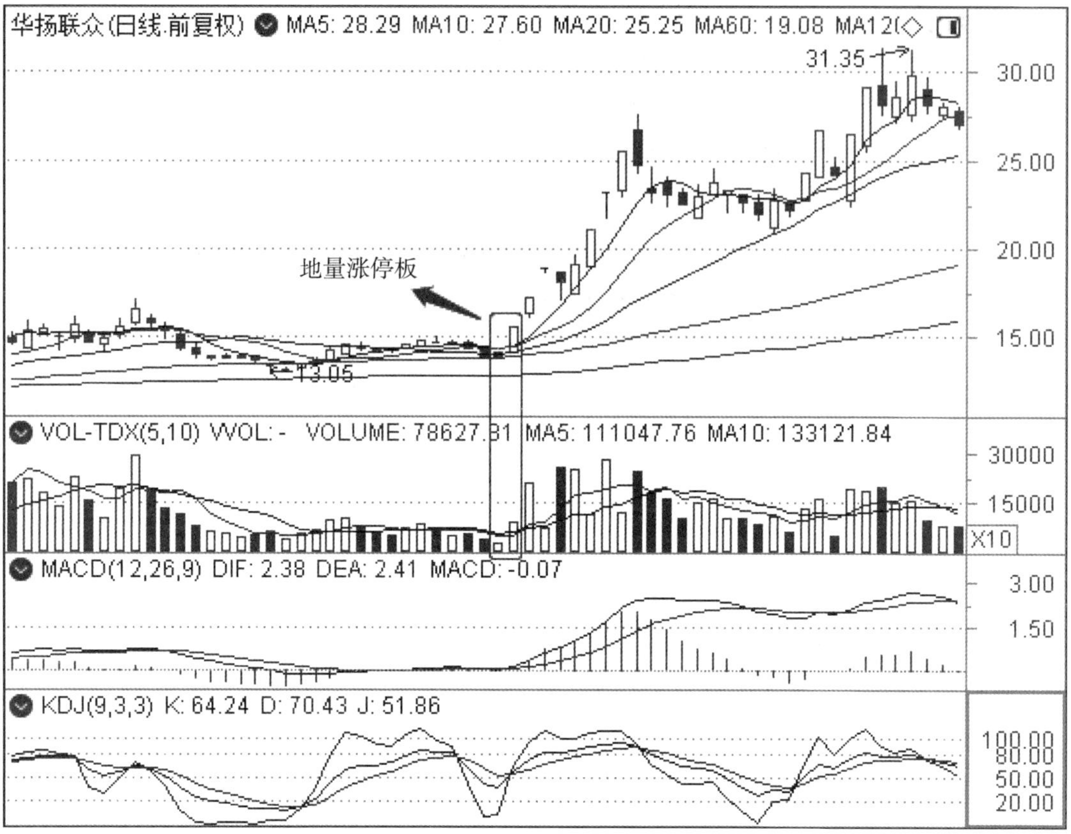

图 4-14

第十三节　筹码顶格涨停板战法

1. 筹码顶格涨停板战法的内容

筹码顶格又叫筹码顶格峰，是指股价在上涨或者下跌过程中，筹码突然出现一条顶格的直线筹码峰，并且伴随着成交量的放大和换手率大增。

筹码顶格形态是指股价在上涨或下跌过程中，突然出现暴量状态。筹码顶格形态是一种特殊形态，是多空双方出现剧烈分歧的结果。如果行情在上涨过程中出现筹码顶格形态，后市看涨的概率较高；反之，如果行情在下跌过程中出现筹码顶格形态，则说明有资金开始进入，后市下跌的速度会减弱。

筹码顶格涨停板战法是指股价涨停时出现筹码顶格形态。要形成筹码涨停顶格形态，股价通常都是大幅高开后快速涨停，或者直接一字板涨停，盘中虽然一直封死涨停，但期间有很多成交，从而形成了顶格筹码峰。

筹码顶格涨停说明市场买方的人气很足，虽然有很多卖盘，但是依然被买方牢牢地控制在涨停板上。

形成筹码顶格的模式有多种，比如：一字涨停板筹码顶格，T 字涨停板筹码顶格，高开 8 个点以上涨停筹码顶格，一字跌停板筹码顶格，T 字跌停板筹码顶格，等等。对于筹码顶格走势的完整分析，投资者可以参考笔者的另一本书，即中国宇航出版社出版的《股票投资实战技法》，里面有详尽的讲解和分析。

2. 筹码顶格涨停板战法的特点

（1）筹码顶格涨停板中，多数情况下，股价大幅高开后涨停，或者直接一字涨停，亦或者一字板涨停后盘中出现短暂开板，但随后又被回封。

（2）筹码顶格涨停板中，股价拉升至涨停板或者在涨停板上时，出现了大量的换手成交，因此成交量大幅增加。

（3）筹码顶格涨停板中，股价拉升涨停，成交量大增，因此筹码区域形成了顶格的筹码峰。

3. 筹码顶格涨停板战法的买入原则

（1）一字涨停买入。股价出现一字涨停时，意味着投资者很难在涨停板上买到股票。但在筹码顶格的一字涨停中，通常涨停板上会有大量的成交，因此投资者可以早挂单，这样能增加买入的成功率。

（2）T 字涨停买入。股价出现 T 字涨停时，说明股价在一字涨停期间的盘中多空双方产生了巨大的分歧，并且空方一度取胜，但最终还是被多方强势回击，封死涨停。股价开板后，如果市场承接能力比较强，投资者可以买入股票。

（3）大幅高开涨停买入。当股价出现大幅高开，最好高开 8% 以上时，如果市场表现强势，投资者可以直接挂单买入股票。

（4）筹码顶格涨停后，小幅高开买入。股价已经形成筹码顶格涨停后，次日小幅高开。如果股价没有回踩或者短暂回踩到前一天涨停板价格上方后开始强势向上拉升，投资者可以买入股票。

（5）筹码顶格涨停后，大幅高开买入。股价已经形成筹码顶格涨停后，如果次日股价大幅高开，开盘后市场承接能力非常强，投资者可以买入股票。

（6）筹码顶格涨停后，低开遇支撑买入。股价已经形成筹码顶格涨停后，次日股价低开受到T字涨停的下影线低点支撑，或者受到大幅高开拉升涨停的低点支撑时，投资者可以买入股票。

（7）筹码顶格涨停后，平开回调遇支撑买入。股价已经形成筹码顶格涨停后，次日股价平开后回调。当股价回调至T字涨停的下影线低点受到支撑，或者回调到前一天大幅高开拉升涨停的低点受到支撑时，投资者可以买入股票。

4. 筹码顶格涨停板战法的止盈原则

（1）以重要压力位止盈。股价上涨到某一重要压力位，股价拉升明显减弱，量能不足时，投资者可以止盈出局。

（2）以均线止盈。股价持续上涨时，可将某条均线作为止盈线。一旦股价回落跌破参考的止盈均线，便及时止盈。在强势快速拉升的股票中，通常以5日或10日均线为止盈线。投资者也可参考某一均线组，均线组出现死叉或股价跌破均线组时，应及时止盈。在强势快速拉升的股票中，通常以5日和10日均线死叉作为止盈点。

（3）以趋势线止盈。股价持续快速上涨时，投资者可以跟随股价的变动画出趋势线。股价在趋势线上方运行时，可以耐心持股；反之，股价回落跌破趋势线时，即可止盈出局。

（4）以顶部K线组合形态止盈。股价经过持续大涨后，经常会出现一些顶部的K线组合形态，如乌云盖顶、黄昏之星等。如果股价在高位出现顶部K线形态，投资者可以止盈出局。

5. 筹码顶格涨停板战法的止损原则

（1）股价跌破K线警戒线时止损。首先给筹码顶格的股票设置警戒线，一般以筹码顶格出现的前一个交易日收盘价为基准。一旦股价跌破该警戒线，则立即止损。

（2）股价跌破参照的重要均线时止损。如果股价出现筹码顶格结构后，跌破设立参考的重要均线，如10日或20日均线等，就要及时止损。

（3）股价跌破趋势线时止损。一般来说，这非常适合已经走出趋势的筹码顶格股。将个股的阶段性底部用直线连接，股价跌破趋势线时，就要及时止损。

（4）股价跌破重要支撑位时止损。当股价形成筹码顶格结构后，跌破某一重要支撑位时，可以止损出局。

6. 案例详解

如图 4-15 所示，江苏吴中（600200）的股价在 2020 年 1 月 22 日的走势即为一字涨停板筹码顶格走势。2020 年 1 月 22 日，股价以涨停板开盘后，全天都封死涨停板，但是盘中涨停板上出现大量的成交，形成了一字涨停板筹码顶格走势，其后市股价短期内涨幅超过 60%。如果投资者能在一字涨停板筹码顶格走势中买入股票，则后市上涨过程中将会获利丰厚。

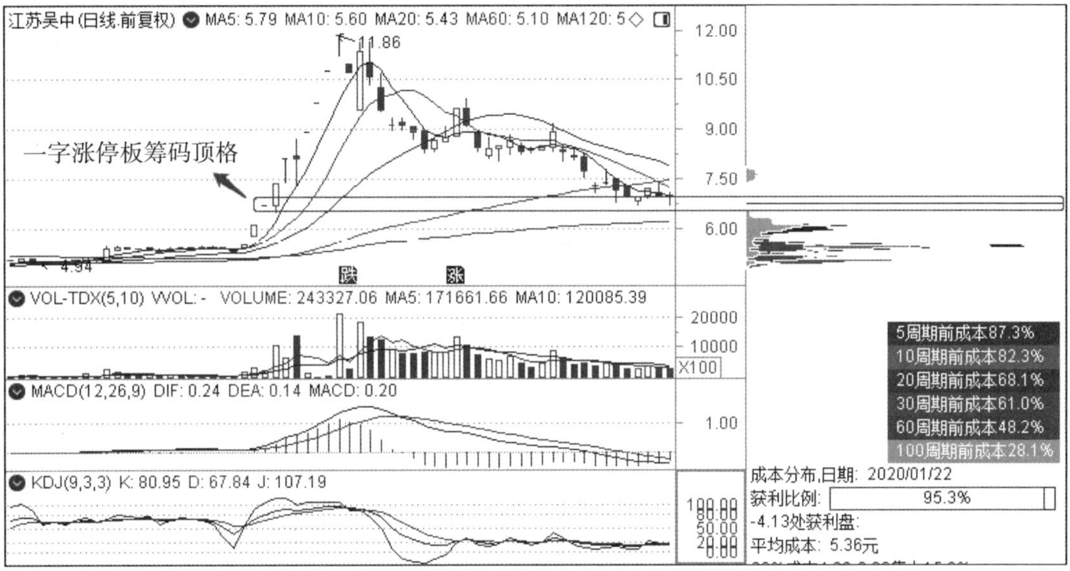

图 4-15

如图 4-16 所示，奥特佳（002239）的股价在 2020 年 2 月 6 日的走势即为 T 字涨停板筹码顶格走势。2020 年 2 月 5 日，股价收出一字涨停板后，次日（2 月 6 日）再次以涨停开盘，盘中多空出现分歧，造成涨停板被短暂打开。由于多头强势，股价短暂回落后又被强势回封涨停板，其后市股价短期内涨幅超过 90%。如果投资者能在 T 字涨停板筹码顶格走势中买入股票，则后市上涨过程中，将会获利非常丰厚。

如图 4-17 所示，华培动力（603121）的股价在 2019 年 9 月 17 日的走势即为大幅高开筹码顶格涨停板走势。2019 年 9 月 16 日，股价强势拉升涨停，次日股价强势大幅高开，开盘后快速拉升封死涨停。股价高开强势拉升过程中，成交量非常大，因此形成了大幅高开筹码顶格涨停板走势，这是股价强势的表现，其后市股价短期内涨幅超过 50%。如果投资者能在大幅高开筹码顶格涨停走势中买入股票，则后市上涨过程中将会获利丰厚。

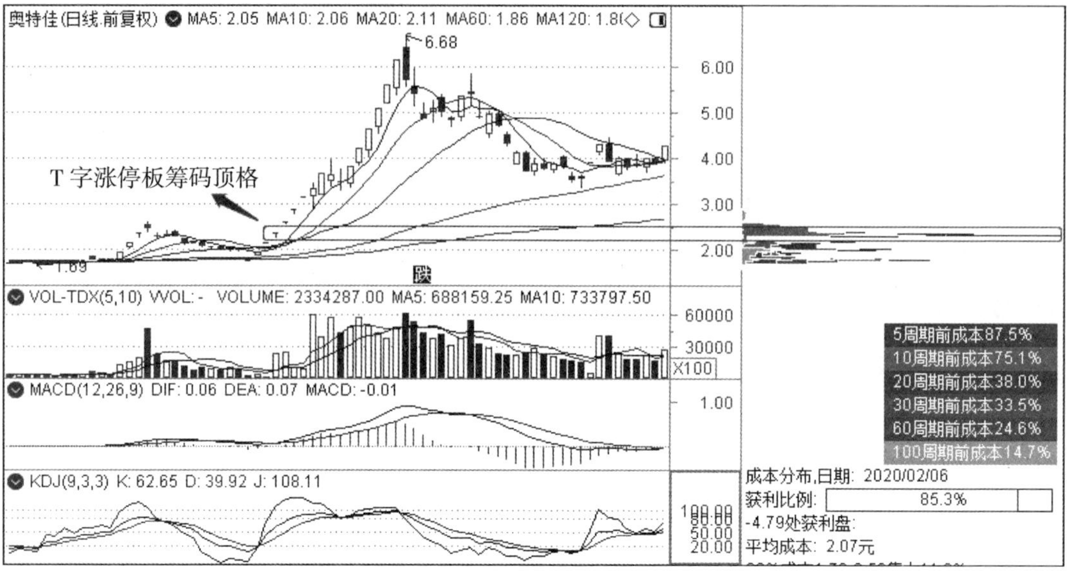

图 4-16

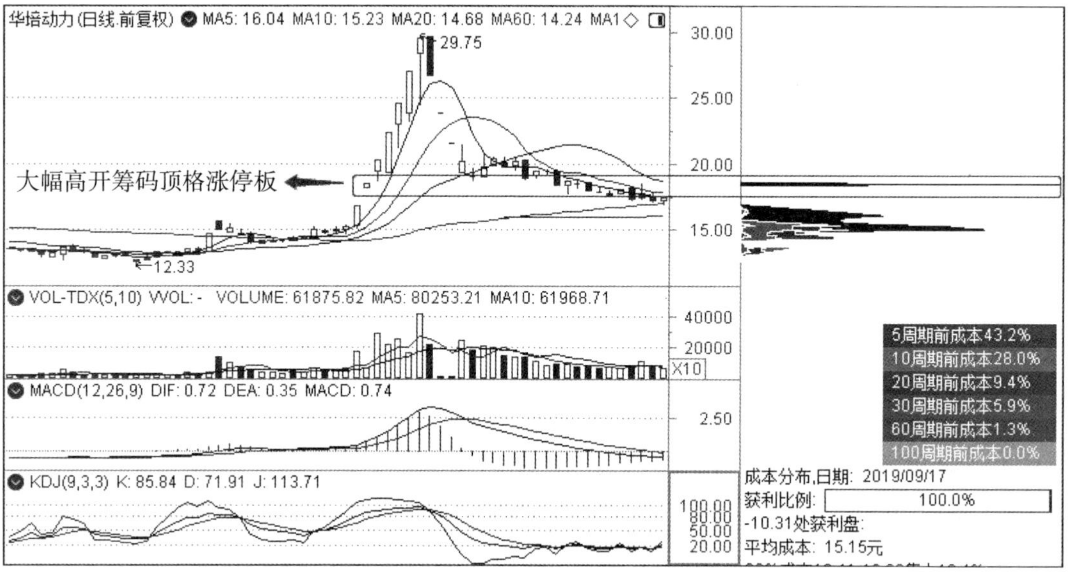

图 4-17

股价在上涨行情中出现筹码顶格涨停板走势时，说明市场非常强势。虽然盘中有些分歧，但是依然被多头强势回击，从而使多头占据主导地位。经过充分换手后，该类股票后市走势往往会出现很大的涨幅。

第十四节　仙人指路涨停板战法

1. 仙人指路涨停板战法的内容

当天股价盘中高开高走放量攻击，但股价冲高之后，主力在盘中实施回头波打压振荡盘跌。全天量比在 1 倍以上，换手率在 5% 以内，振幅在 7% 以上。股价在盘中反复盘跌后，最终以一根带长上影线的小阴线或小阳线报收。收盘时，股价当天仍然保持 1% ～ 3% 之间的涨跌幅。当这种 K 线结构出现在大调整阶段的中期底部、拉升阶段初期或者拉升波段中期时，就是典型的仙人指路特征。

仙人指路出现在阶段性的中期底部，是主力展开向上攻击试盘的动作。仙人指路意在测试盘面筹码的稳定度，同时发出进一步加大建仓力度的操盘信号指令。如果当天反复盘跌的即时图形中，出现典型的冲击波结构，则是主力打压建仓的重要特征。

仙人指路出现在拉升阶段的初期，是主力展开向上攻击试盘的动作，主要目的是测试盘面筹码的稳定度和上档阻力，同时暗中发出进一步的攻击指令。股价经过短期调整后，再度展开总攻的时间已经十分逼近。因此，在当天反复盘跌的过程中，主力通过打压洗盘，为即将到来的正式拉升做好充分的蓄势准备。

仙人指路出现在拉升波段的中期，则是主力在盘中展开强势洗盘的操盘动作。股价当天攻击接近涨停时，随即主力利用大单在卖一至卖五档位置阻止股价上涨，并展开回头波方式打压股价。全天反复振荡盘跌，最终以带长上影线的小阴线或小阳线报收。股价收盘时仍然保持 1% ～ 3% 之间的涨跌幅。这种 K 线结构是主力拉高洗盘的重要操盘手法，属于极强势的操盘特征。洗盘完成后，通常还会出现更大的涨幅。

仙人指路涨停板走势是指股价出现仙人指路走势后，次日股价强势拉升并涨停的走势，是股价开启强势上涨的表现。

2. 仙人指路涨停板战法的特点

（1）仙人指路涨停板战法中，出现仙人指路的 K 线位置最好在前期重要压力区间位。

（2）仙人指路涨停板战法中，出现仙人指路 K 线形态前，市场通常会有一定的横盘振荡区间，并且市场获利空间一般不超过 15%。

（3）仙人指路涨停板战法中，股价通常是以一根带长上影线的小阳线或者小阴线收盘，收盘时仍然保持 1% ～ 3% 之间的涨幅。

（4）仙人指路涨停板战法中，仙人指路 K 线出现的当日，量比一般在 1 倍以上，振幅通常在 7% 以上。

（5）仙人指路涨停板战法中，仙人指路 K 线形态出现时，一般都伴随着量能的逐步放大。

（6）仙人指路涨停板战法中，仙人指路 K 线形态出现后，1 ～ 2 个交易日内股价必须是高开高走或者低开高走的强势上涨走势，绝不能出现高开低走的下跌走势，这是决定主力是否继续上攻的重要标志。

3. 仙人指路涨停板战法的买入原则

（1）在仙人指路形态出现的尾盘买入。股价当天冲高回落后，在尾盘确定仙人指路走势已经形成时，投资者可以买入股票。

（2）在仙人指路形态出现的第二天低开买入。当仙人指路走势已经形成，第二天股价小幅低开，且低开高走时，投资者可以买入股票。

（3）在仙人指路形态出现的第二天高开买入。当仙人指路走势已经形成，第二天股价小幅高开，且高开高走时，投资者可以买入股票。

（4）在仙人指路形态后股价涨停买入。当仙人指路走势已经形成，第二天股价继续拉升上涨并涨停时，投资者可以买入股票。

4. 仙人指路涨停板战法的止盈原则

（1）以重要压力位止盈。仙人指路涨停板走势出现后，短期内股价通常表现强势。当股价上涨到某一重要压力位，拉升明显减弱，量能不足时，投资者可以止盈出局。

（2）跌破 5 日均线止盈。仙人指路涨停板走势出现后，短期内股价通常表现强势，股价持续上涨时大都会依托 5 日均线上行，投资者可将 5 日均线作为止盈线。一旦股价回落跌破 5 日均线，就要及时止盈。

（3）以顶部 K 线组合形态止盈。股价经过持续大涨后，经常会出现一些顶部的 K 线组合形态，如乌云盖顶、黄昏之星等。如果股价在高位出现顶部 K 线形态，投资者可以止盈出局。

5. 仙人指路涨停板战法的止损原则

（1）股价跌破仙人指路走势当天的低点时止损。股价出现仙人指路涨停走势后出现下跌，跌破仙人指路出现当天的最低价时，投资者可以止损出局。

（2）股价跌破参照的重要均线时止损。股价出现仙人指路涨停走势后出现下跌，跌破下方设立参考的重要均线，如 10 日或 20 日均线时，投资者就要及时止损。

（3）股价跌破重要支撑位时止损。股价出现仙人指路走势后出现下跌，跌破下方某一重要支撑位时，投资者可以止损出局。

6. 案例详解

如图 4–18 所示，欣龙控股（000955）的股价在 2019 年 12 月 20 日、23 日（21 日、22 日为周末）的走势即为仙人指路涨停板走势。2019 年 12 月 20 日，股价冲高至前期压力位附近回落，形成仙人指路走势。其后在 12 月 23 日，股价再次强势一字板拉升涨停，开启行情加速走势，其后市股价短期内涨幅达到 80%。如果投资者能在仙人指路涨停走势中买入股票，则后市上涨过程中可以获得丰厚的利润。

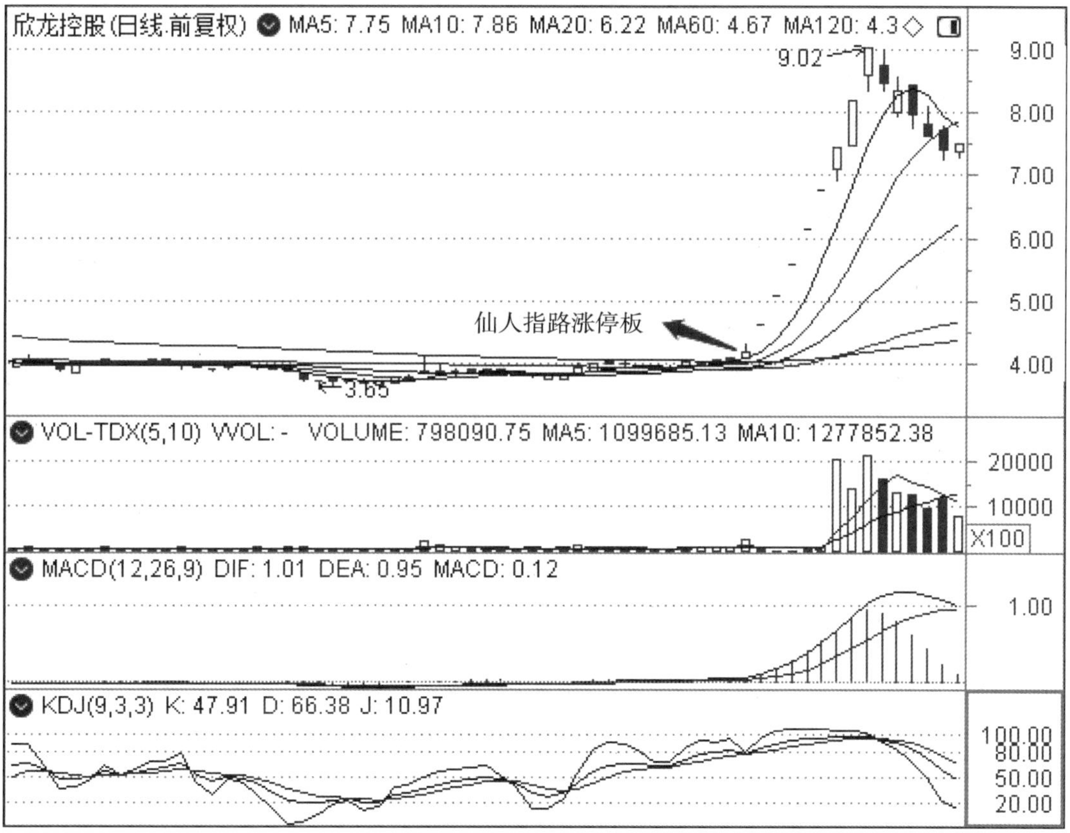

图 4–18

股价出现仙人指路涨停板走势时，仙人指路走势当天通常是主力的试盘动作，主要是试探上方压力位附近的抛压情况，以及清洗那些意志不坚定的投资者。主力试盘完成后，就会快速拉升股价上涨，股价往往会在短时间内大幅上涨。

第十五节　底部十字星涨停板战法

1. 底部十字星涨停板战法的内容

十字星是一种 K 线基本形态，这种 K 线形态只有上下影线，没有实体，表示在交易中，股价出现高于或低于开盘价的成交，但收盘价与开盘价相等。上影线越长，表示卖压越重；反之，下影线越长，表示买盘旺盛。一般来说，十字星出现在股价高位或低位，可称为转机线，意味着出现反转。

通常情况下，收盘价和开盘价相近，实体极其微小的特殊 K 线，也称为十字星。这种十字星有阴阳之分，但实战含义差别不大，远不如十字星本身所处的位置重要。比如，出现在持续下跌末期低价区的，称为“希望之星”，这是见底回升的信号。

底部十字星涨停板战法，是指经过一段时间的持续下跌后，股价某天形成一根十字星线，之后开始强势涨停，开启反转走势。

2. 底部十字星涨停板战法的特点

（1）底部十字星涨停板战法中，股价通常经历过一段时间的持续下跌。

（2）底部十字星涨停板战法中，股价收出十字星时，可以是阴十字星，也可以是阳十字星。下影线越长，上影线越短时，效果会越明显。

（3）底部十字星涨停板战法中，股价形成十字星当天，其成交量会呈大幅缩量状态。

（4）底部十字星涨停板战法中，股价收出十字星的第二天，强势拉升涨停，开启反转上涨走势。

（5）底部十字星涨停板战法中，股价涨停的当日，其成交量会呈大幅放量状态。

3. 底部十字星涨停板战法的买入原则

（1）十字星尾盘买入。该方法是指经过一段时间的持续下跌后，某日股价形成十字星，投资者可以利用尾盘时间，确定当日能够收盘为十字星时买入股票。

（2）放量拉升买入。该方法是指形成十字星后的第二天，股价开始放量强势拉升时，投资者可以买入股票。

（3）股价拉升涨停时买入。该方法是指形成十字星后的第二天，股价出现强势拉升，在行情即将封板时，投资者可以买入股票。

4. 底部十字星涨停板战法的止盈原则

（1）底部十字星涨停反转后，股价上涨至重要压力位时止盈。如果投资者在底部十字星涨停走势中买入了股票，那么股价上涨到上方的重要压力位，且无法继续向上突破时，投资者可以止盈卖出股票。

（2）沿着 5 日均线持股，股价破位 5 日均线时止盈。如果投资者在底部十字星涨停期间买入了股票，那么可以沿着 5 日均线持股。股价在 5 日均线上方运行时，可以继续持股；反之，股价向下跌破 5 日均线时，可以止盈卖出股票。

（3）见顶 K 线止盈。如果投资者在底部十字星涨停期间买入了股票，那么股价后市会持续上涨。股价某天出现见顶 K 线，如黄昏之星、看跌吞没等走势时，投资者可以卖出股票止盈出局。

5. 底部十字星涨停板战法的止损原则

（1）跌破十字星止损。下跌走势中，股价本身比较弱势。行情形成十字星时，只能说明股价下跌走势减缓，不能确定行情是否还会继续下行。如果投资者在底部十字星涨停行情中买入了股票，那么股价跌破十字星的底部时，应当卖出股票止损出局。

（2）跌破重要支撑止损。有时股价在十字星的下方会有一个重要的支撑结构，有可能是一条重要的均线，也有可能是前期的一个平台低点。总之，如果下方有一个重要的支撑位，投资者可将止损位下移至该重要支撑位。股价跌破该支撑位时，投资者要卖出股票止损出局。

6. 案例详解

如图 4–19 所示，华阳国际（002949）的股价在 2019 年 8 月 2 日、5 日（3 日、4 日为周末）的走势即为底部十字星涨停板走势。十字星形成的前期，股价出现一段时间的持续下跌。股价跌幅逐渐放缓，并且持续出现地量走势时，十字星走势便在 2019 年 8 月 2 日出现。下一个交易日，即 8 月 5 日，股价出现拉升涨停，开启行情加速走势，其后市股价短期内涨幅超过 40%。如果投资者能在底部十字星涨停板走势中买入股票，则后市上涨过程中将会获利丰厚。

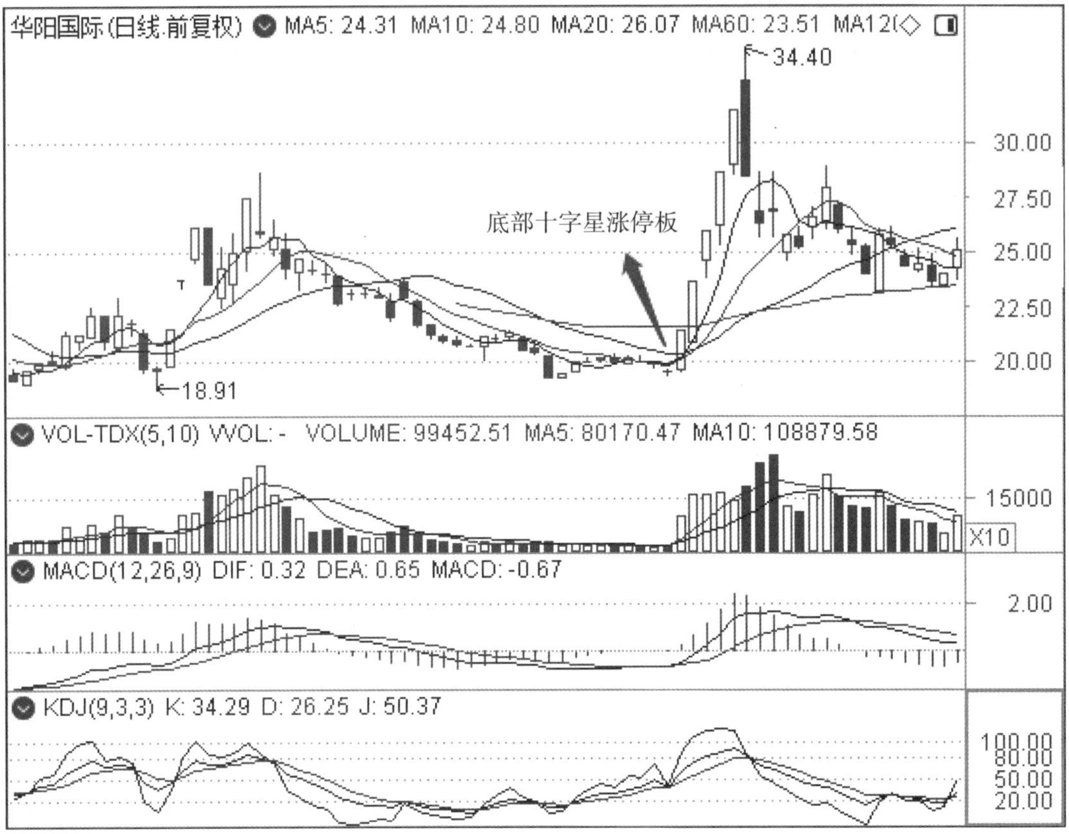

图 4-19

行情走势出现底部十字星涨停板走势时，通常来说，股价十字星出现在行情走势下跌的末期，并且成交量多数时候呈现地量状态，上方已经没有投资者愿意继续卖出股票。此时，如果主力已经收集完足够的筹码，随后就会拉升上涨。这样的走势出现后，其后市短期内股价很容易大幅上涨。

第十六节　龙头首阴涨停板战法

1. 龙头首阴涨停板战法的内容

龙头首阴是指市场上出现的某只强势龙头股，其股价在连续上涨过程中出现的第一根阴线。这根阴线可以是假阴线、十字星或者真小阴线，但是不能为实体大阴线。如果是大幅下跌形成的实体大阴线，那么投资者要放弃参与。阴线形成的状态决定着龙头首阴可参与的程度。

通常情况下，强势龙头股在主升浪时会以连板的形式上攻，后面一旦出现第一根阴线，就是操作超短线的绝佳买点。其原因在于强势股有筑顶过程，首阴一般是强势调整的信号。毕竟一路涨上来，集聚的市场人气和动能非常强大，即使获利出货也不可能短时间出完，有很大可能会因惯性上冲。

龙头首阴涨停板战法是指强势上涨过程中出现首阴后，股价再次开启强势涨停走势。

2. 龙头首阴涨停板战法的特点

（1）龙头首阴涨停板战法中，股价前期一定要走出非常强势的走势，且大多数是连续涨停的走势。

（2）龙头首阴涨停板战法中，股价前期的强势大涨或涨停，大都伴随量能的增加，因为量能增加代表着市场换手增加。如果一直是无量涨停拉升，则股价持续拉升出现首阴时，很容易出现获利盘集体抛售，从而致使后市无法持续上涨。

（3）龙头首阴涨停板战法中，股价前期强势大涨或涨停，KDJ 和 RSI 等指标通常都进入了超卖区域，甚至出现了背离或者钝化现象。

3. 龙头首阴涨停板战法的买入原则

（1）龙头首阴后第二天低开买入。龙头首阴出现后，经常会在第二天出现低开的现象，若受到下方重要支撑位支撑，投资者可以果断买入股票。

（2）龙头首阴后第二天平开买入。龙头股出现首阴后，有些个股第二天会出现平开的现象，投资者可以少量买入。如果开盘后股价出现下探，那么通常会下探至前一天阴线的低点或者重要支撑位。股价再度回升时，投资者可以再次买入股票。

（3）龙头首阴后第二天高开买入。龙头股出现首阴后，有些个股第二天会出现高开的现象。股价首阴后第二天高开 3% 以上的个股，投资者尽量回避，不要追着买入，容易被主力诱骗接盘。股价首阴后第二天出现高开 0 ～ 3% 的个股，投资者可以少量买入，风险相对会低很多。偶尔高开 0 ～ 3% 的个股，开盘后会先下探，然后再拉升走高，通常会下探至前一天阴线的收盘位置或最低点位置企稳回升。

（4）龙头首阴后第二天回踩均线支撑买入。龙头股出现首阴后，第二天有些个股开盘后会先下探一点，然后又拉回走高。这类先下探通常是寻找均线支撑，这样的走势出现时，投资者可在均线支撑位置买入。

4. 龙头首阴涨停板战法的止盈原则

（1）以市场情绪决定止盈。龙头股出现首阴后，后续走势需要市场人气的支撑，才能将股价推得更高。如果市场情绪表现不强烈，那么龙头股首阴后上涨的高度将会有限。投资者可以根据市场情绪的表现来决定止盈卖出个股。如果市场人气开始衰弱，则应及时卖出持股。

（2）以重要压力位止盈。龙头股出现首阴后，如果市场人气旺盛，股价会继续强势冲高。股价上涨到某一重要压力位时，市场获利盘很容易在重要压力位获利了结。所以，股价上涨到重要压力位时，投资者可以卖出股票止盈出局。

（3）以均线止盈。龙头股出现首阴后，人气旺盛，股价持续上涨时，投资者可将5日或10日均线作为参考线。如果股价跌破参考均线，则可以止盈出局。实际上，龙头股走势一般都比较强势，所以实际操作过程中，最常用的是以5日均线作为止盈参考。股价跌破5日均线时，投资者可以卖出股票止盈出局。

（4）日内交易分歧严重时止盈。龙头股一般涨幅都比较大，尤其是在龙头首阴之后，股价持续上涨，分歧会越来越大。所以，日内交易中，分时走势剧烈波动，市场多空分歧严重时，投资者可在日内分时高点卖出股票止盈出局。

5. 龙头首阴涨停板战法的止损原则

（1）股价跌破重要均线时止损。龙头股上涨时，股价经常会在5日均线上方运行，就算偶尔出现强势调整或者短暂回撤，通常也会在5日均线位置企稳上涨；就算是人气稍差一些的龙头股，通常也会在10日均线位置企稳回升。如果龙头股首阴后出现大幅回落，并跌破10日均线，投资者可以卖出股票止损离场。

（2）指标组合出现死叉时止损。龙头股连续大涨后，指标大都会出现高位状态。如果龙头首阴后股价出现回落，且指标组合均形成死叉走势，投资者应当止损离场。

（3）股价跌破重要支撑位时止损。如果龙头股首阴后股价出现回落，那么股价跌破某一重要支撑位时，投资者可以止损出局。

6. 案例详解

如图4–20所示，引力传媒（603598）的股价在2019年12月23日、24日的走势即为龙头首阴涨停板走势。形成首阴的前两个交易日，股价都以强势涨停板出现。2019

年 12 月 23 日，股价出现高开低走的阴 K 线。第二天，即 12 月 24 日，股价低开下探至前期第一天涨停板的高点受到支撑后强势上涨，并快速拉升至涨停板，开启行情加速走势，其后市股价短期内涨幅达到 80%。如果投资者能在龙头首阴涨停板走势中买入股票，则后市上涨过程中将会获利丰厚。

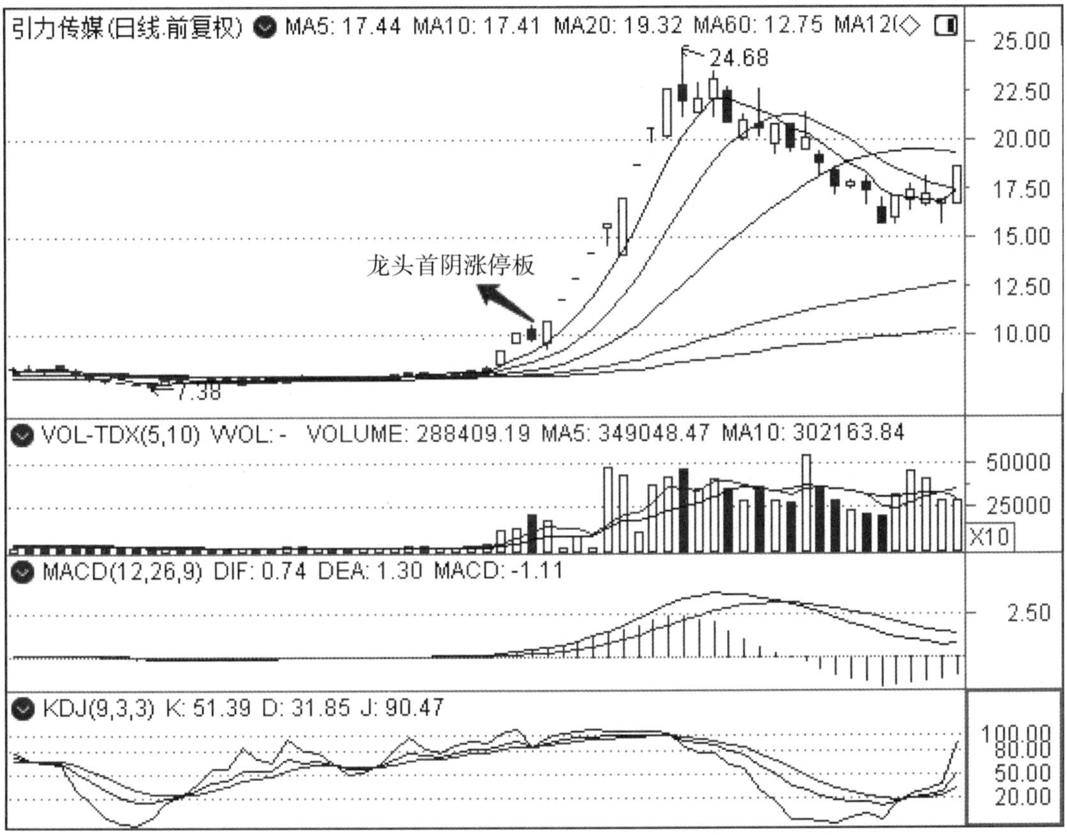

图 4-20

行情走势出现龙头首阴涨停板时，通常情况下，龙头首阴的当天是主力有意控制股价通过高开低走来强势洗盘，其目的是为了清洗市场中已有的获利盘和意志不坚定的上方套牢盘。主力洗盘完成后，就会开启新一波的强势拉升走势，这样的走势出现时，股价短期内容易快速拉升。

第十七节　上涨黑太阳涨停板战法

1. 上涨黑太阳涨停板战法的内容

股市中的“黑太阳”由两根 K 线组成，第一根 K 线通常是一个涨停板，第二根 K 线是第二天股价大幅高开后，然后低走形成的小阴线或中阴线，并且这根小阴线或中阴线是以假阴线收盘。由于这根阴线高悬头顶，看上去黑乎乎的，令人恐怖，但实质上是一根阳线，所以称为“黑色的太阳”，简称“黑太阳”。

黑太阳涨停战法与龙头首阴涨停战法类似，但又不同。龙头首阴涨停战法的选股前提是前期必须是龙头股，而黑太阳涨停战法的选股不一定是龙头股。而且，龙头首阴涨停战法在收阴线时可以是真阴线，而黑太阳涨停战法收阴线时必须是假阴线，黑太阳战法必须是前一日涨停的强势股。

黑太阳涨停战法，是指股价强势上涨过程中出现黑太阳形态走势后，继续以涨停板的方式开启新的强势上涨走势。这是股价非常强势的表现。股价出现这种黑太阳走势，其目的主要是主力强势洗盘，将那些跟风盘和意志不坚定的获利盘清洗出去，以便后续拉升股价。

因为黑太阳涨停板与龙头首阴涨停板有很多相似之处，所以二者的特点、买入原则、止盈原则和止损原则也有很多相似之处。

2. 上涨黑太阳涨停板战法的特点

（1）股票的第一天 K 线形态为涨停板，最好是强势涨停板，盘中没有开板最佳。

（2）第二天股价大幅高开低走，收盘时形成一根小阴线或中阴线。这根阴线主要是用来吓唬市场上想要进入的投资者，让其放弃进入的打算，同时清洗那些意志不坚定的持筹者。

（3）第二天的阴 K 线，虽然是一根小阴线或中阴线，但是收盘时必须以“阳线”收盘，即收盘价要高于前一天的收盘价。这一根阴 K 线的实体较大比较好，阴 K 线的下影线越短越好，下影线可以下探到前一根涨停阳线的实体内部。

（4）在形成黑太阳这一天，成交量必须放大，并且换手率也会增加。成交量越大，说明洗盘越彻底，后市上涨的高度可能越高。但是不能放出巨量，放巨量可能出现主力出逃的情况。

3. 上涨黑太阳涨停板战法的买入原则

（1）黑太阳走势当日尾盘买入。如果股价出现高开低走黑太阳的走势，投资者可在黑太阳走势形成的当天尾盘时买入股票。

（2）黑太阳走势第二天低开买入。黑太阳走势出现后，偶尔会在第二天出现低开的现象，若受到下方重要支撑位支撑，投资者可以果断买入股票。

（3）黑太阳走势第二天高开买入。黑太阳走势出现后，有些个股第二天会出现高开的现象。当股价在黑太阳走势后的第二天出现小幅高开，且高开高走时，投资者可以买入股票。偶尔股价小幅高开，但在开盘后会先下探，然后再拉升走高，通常下探至前一天黑太阳走势的收盘位置或最低点位置企稳回升。

4. 上涨黑太阳涨停板战法的止盈原则

（1）以市场情绪决定止盈。上涨黑太阳涨停走势通常比龙头首阴涨停走势的市场表现还要强，上涨黑太阳出现后的走势也需要市场人气的支撑，才能将股价推得更高。如果市场情绪表现不强烈，那么上涨黑太阳之后上涨的高度将会有限。投资者根据市场情绪的表现来决定止盈卖出个股。如果市场人气开始衰弱，则应及时卖出持股。

（2）以重要压力位止盈。上涨黑太阳涨停走势出现后，如果市场人气旺盛，股价会继续强势冲高。股价上涨到某一重要压力位时，市场获利盘很容易在重要压力位获利了结。所以，股价上涨到重要压力位时，投资者可以卖出股票止盈出局。

（3）以均线止盈。上涨黑太阳涨停走势出现后，如果人气旺盛，股价会持续上涨，投资者可将 5 日或者 10 日均线作为参考线。如果股价跌破参考均线，则选择止盈出局。实际上，龙头股走势一般都比较强势，所以在实际操作过程中，最常用的是以 5 日均线作为止盈参考，股价跌破 5 日均线后即可卖出股票止盈出局。

（4）日内交易分歧严重时止盈。上涨黑太阳涨停走势出现后，股价容易出现持续上涨走势，不过股价越涨越高时，分歧也会越来越大。所以，股价在日内交易时分时走势出现剧烈波动，市场多空分歧严重时，投资者可在日内分时高点卖出股票止盈出局。

5. 上涨黑太阳涨停板战法的止损原则

（1）股价跌破重要均线时止损。出现上涨黑太阳的个股上涨时经常会在 5 日均线上方运行，就算偶尔出现强势调整或者短暂回撤，通常也会在5日均线位置企稳上涨，就算人气稍差一些的个股通常也会在10日均线位置企稳回升。如果个股出现上涨黑太阳后大幅回落，并跌破10日均线，投资者可以卖出股票止损离场。

（2）指标组合出现死叉时止损。上涨黑太阳涨停的个股，前期经过连续的大涨，指标大都会出现高位状态。如果之后股价出现回落，且指标组合均形成死叉走势，投资者应当止损离场。

（3）股价跌破重要支撑位时止损。如果上涨黑太阳涨停走势出现后，股价出现回落，那么股价跌破某一重要支撑位时，投资者可以止损出局。

6. 案例详解

如图4–21所示，金力永磁（300748）的股价在2019年5月22日、23日的走势即为上涨黑太阳涨停板走势。形成黑太阳的前两个交易日，股价都是以强势涨停板出现。2019年5月22日，股价出现高开低走的假阴K线。次日，股价低开下探至5日均线受到支撑后强势上涨，并快速拉升至涨停板，开启行情加速走势，其后市股价短期内涨幅

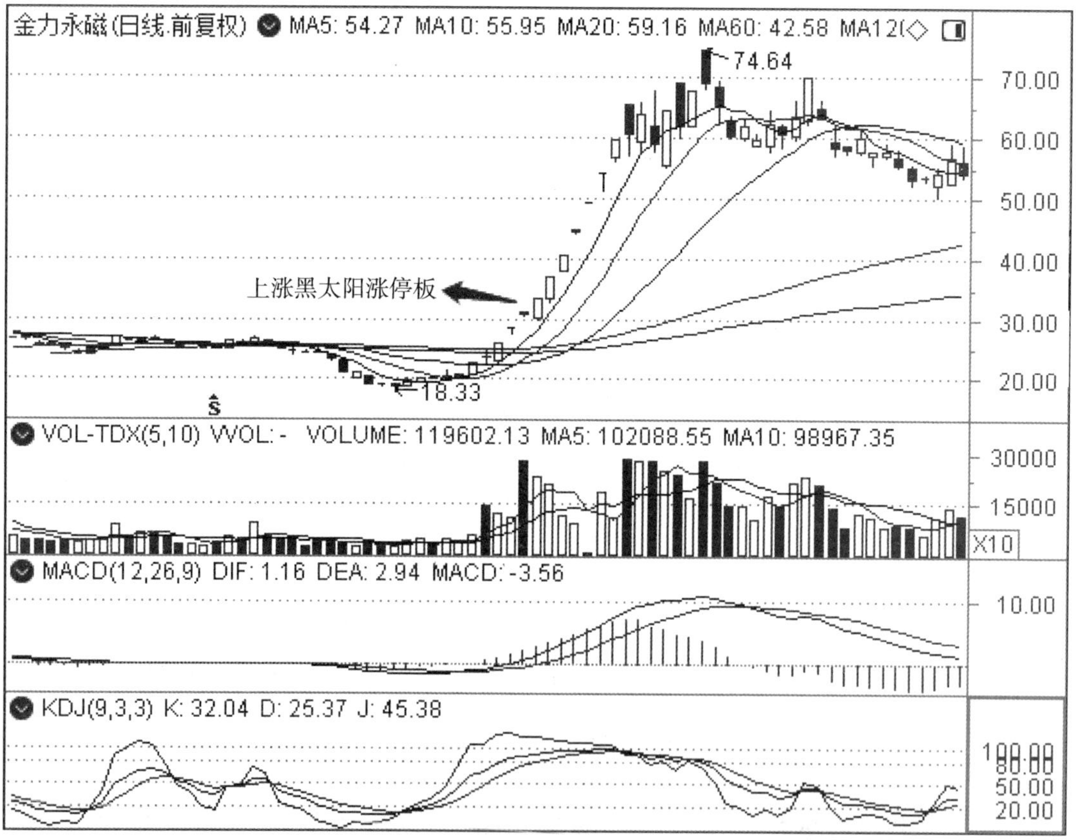

图4–21

达到 70%。如果投资者能在上涨黑太阳涨停板走势中买入股票，则后市上涨过程中将会获利丰厚。

行情走势出现上涨黑太阳涨停板时，通常情况下，出现黑太阳走势的当天是主力有意控制股价通过高开低走来强势洗盘，其目的是为了清洗市场上已有的获利盘和意志不坚定的上方套牢盘。主力洗盘完成之后，便会开启新一波的强势拉升走势。这样的走势出现时，短期内股价容易快速拉升。

第十八节　黄金坑涨停板战法

1. 黄金坑涨停板战法的内容

股市中有一种技术走势叫“黄金坑”，也有人把它叫作炸弹坑，就是个股经过较长时间的横盘筑底，主力确定拉升行情前，借助大盘回调或市场其他利空因素进行的一次快速下跌。

黄金坑的主要目的就是在行情起涨前，最后一次将那些意志不坚定的筹码清洗出去，以减少主力的拉升阻力。待洗盘完成后，主力再次快速拉升股价，让股价快速脱离成本区。于是，股价迅速从坑中拔地而起，一波波澜壮阔的行情随之展开，在 K 线图上就形成了一个形似坑状的走势，叫黄金坑。

主力利用黄金坑下跌阶段，让很多对下跌恐惧的投资者纷纷卖出股票，之后又快速拉升股价。当股价已经拉升后，先前卖出的投资者只能后悔不已，这时再去追涨就只能给主力抬轿了，这也是主力利用黄金坑要达到的效果。

黄金坑涨停板战法是指出现黄金坑后，股价以涨停板开启上涨走势。这其中有两种模式：一种是股价在黄金坑的底部时，开启涨停上涨走势；另一种是股价走完“挖坑”和“填坑”后，开启涨停上涨走势。

黄金坑通常是跌出来的最佳买点，一旦抓住一个黄金坑的机会，短期内收益会迅速暴涨，短线个股的目标上涨空间经常会在 30% 以上，中长线交易也是很好的买入机会。

2. 黄金坑涨停板战法的特点

（1）黄金坑涨停板战法中，股价必须在长期下跌后经过一段时间的横盘整理。

（2）黄金坑涨停板战法中，股价经过一段时间的整理后，出现突然加速下跌走势，也就是所谓的挖坑走势。

（3）黄金坑涨停板战法中，股价快速下跌后直接以涨停板开启上涨走势，快速脱离黄金坑区域。股价也可能缓慢上涨至前期横盘区间位置，就是所谓的挖坑后的填坑走势，然后再开始涨停拉升。

（4）黄金坑涨停板战法中，股价横盘整理后的下跌过程中，量能逐步减少，甚至出现地量状态。在随后的直接拉升涨停或缓慢上涨后拉升涨停的过程中，量能逐步增加。

（5）黄金坑涨停板战法中，股价从黄金坑起涨时，如果能够伴随着 KDJ 和 MACD 的金叉，上涨效果将会更佳。

3. 黄金坑涨停板战法的买入原则

（1）二次横盘整理买入。在股价经过一段时间的横盘整理，快速下跌之后的二次横盘整理期间，投资者可以买入股票。

（2）突破黄金坑填坑买入。在股价加速下跌，经过二次横盘再度上涨至前期横盘位置，且上破前期横盘位置的高点时，投资者可以买入股票。

（3）回踩黄金坑支撑买入。如果股价破位前期横盘振荡位置高点上涨后出现回撤，那么股价回撤至前期横盘振荡位置的高点附近时，投资者可以买入股票。

（4）黄金坑下跌支撑买入。在股价经过一段时间的横盘振荡，快速下跌至下方重要支撑位受到支撑时，投资者可以买入股票。

4. 黄金坑涨停板战法的止盈原则

（1）黄金坑坑底买入，填坑突破失败卖出止盈。如果投资者是在主力制造黄金坑期间买入的股票，那么股价走出黄金坑涨停后，突破黄金坑的高点失败时，投资者可以卖出股票止盈出局。

（2）上涨突破黄金坑，重要压力位止盈。如果投资者在黄金坑中买入了股票，股价也成功涨停突破了黄金坑上涨，那么股价上涨到上方的重要压力位，且无法继续向上突破时，投资者可以止盈卖出股票。

（3）上涨突破黄金坑，沿着均线持股，股价破位均线止盈。如果投资者在黄金坑期间买入了股票，股价涨停突破黄金坑，投资者可以沿着短期均线持股。股价在某条短期均线上方运行时，可以继续持股；反之，股价向下跌破这条均线时，可以止盈卖出股票。

（4）上涨突破黄金坑，沿着趋势线持股，股价破位趋势线止盈。如果投资者在黄金坑期间买入了股票，股价突破黄金坑，投资者可以沿着最靠近的趋势线持股。股价在趋势线上方运行时，可以继续持股；反之，股价向下跌破该趋势线时，可以止盈获利出局。

（5）见顶 K 线止盈。如果投资者在黄金坑期间买入了股票，股价突破黄金坑继续上涨，那么某天股价出现见顶 K 线，如黄昏之星、看跌吞没等走势时，投资者可以卖出股票止盈出局。

5. 黄金坑涨停板战法的止损原则

（1）股价跌破黄金坑低点止损。当黄金坑形成后，股价没能成功上涨，反而转为下跌，向下跌破黄金坑的低点时，投资者可以止损卖出股票。

（2）股价跌破重要支撑位止损。在有的黄金坑涨停走势中，黄金坑会在某一重要支撑位上方企稳回升，投资者可以把这一支撑位作为止损点。股价在该支撑位上方运行时，可以继续持股；反之，股价向下跌破该支撑位时，就可以卖出股票止损出局。

6. 案例详解

如图 4–22 所示，金力永磁（300748）的股价在 2019 年 4 月 25 日—5 月 20 日的走势即为黄金坑涨停板走势。股价经过一段时间的横盘窄幅振荡，在 2019 年 4 月 25 日以

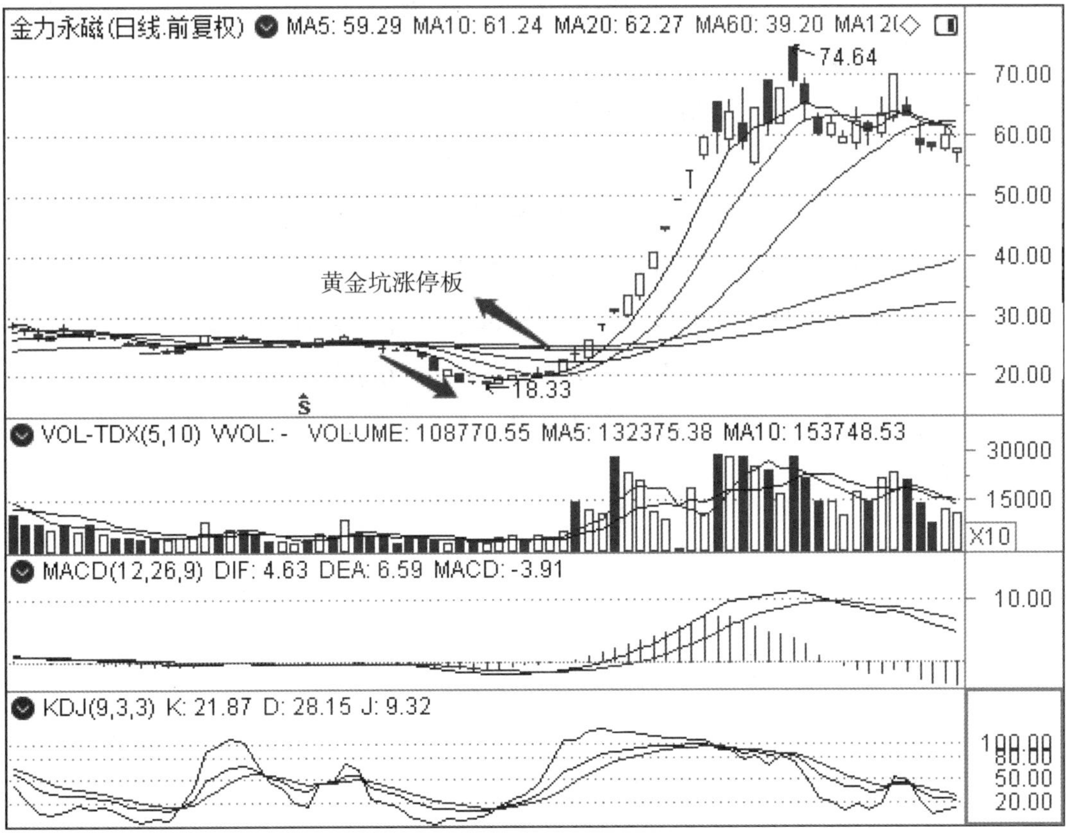

图 4–22

后逐渐走低。直到5月16日，股价在黄金坑的坑底开始强势拉升上涨，并快速拉升至涨停板，开启行情加速走势，其后市股价短期内涨幅达到90%。如果投资者能在黄金坑涨停板走势中买入股票，则后市上涨过程中将能获得非常丰厚的利润。

行情走势出现黄金坑涨停走势时，通常在黄金坑期间，是主力拉升股价前做的最后一波洗盘动作。主力挖坑的目的就是清洗掉那些意志不坚定的投资者，让他们交出筹码，自己趁机加以收集。当挖好黄金坑，投资者的抛盘也很少后，主力就开始强势拉升股价，其后短期内股价很容易大幅上涨。

第十九节　岛形反转涨停板战法

1. 岛形反转涨停板战法的内容

岛形反转是一种重要的反转形态，这种形态出现之后，股票走势往往会转向相反的方向。投资者看到这种形态应及时做出卖出（顶部）或买入（底部）的决定。岛形反转分为顶部岛形反转和底部岛形反转，是行情走势强烈反转的信号。

这里主要研究和分析底部岛形反转的涨停走势。

股价持续下跌一段时间后，某日突然跳空低开留下一个向下的跳空缺口，随后几天股价继续下跌或横盘振荡。之后，股价下跌到某低点又突然峰回路转，向上跳空高开后开始急速回升。这个向上跳空缺口与前期下跌跳空缺口，基本处在同一价格区域的水平位置附近，使得低位调整区域在K线图上看来就像一个远离海岸的孤岛形状，左右两边的缺口令这个岛屿孤立于海洋之中，这就是底部岛形反转形态。

岛形反转涨停是行情强烈反转的市场表现。通常来说，股价出现底部岛形反转涨停后，短期内都会持续走高。

2. 岛形反转涨停板战法的特点

（1）岛形反转涨停板战法中，存在一下、一上两个几乎对等的跳空缺口。

（2）岛形反转涨停板战法中，岛形结构可以是由1根K线组成，也可以是由多根K线组成，但通常不会超过8根K线。

（3）岛形反转涨停板战法中，股价在岛形结构运行时，成交量通常会逐渐减少。

（4）岛形反转涨停板战法中，股价开启岛形反转上涨时，是以涨停板走势开始的。

3. 岛形反转涨停板战法的买入原则

（1）岛形结构地量买入。该方法是指股价在下跌过程中出现岛形结构，成交量逐渐走低形成地量时，投资者可以适当买入股票。

（2）岛形反转跳空高开买入。该方法是指股价开始出现岛形反转走势，跳空高开上涨，且高开高走时，投资者可以买入股票。

（3）岛形反转涨停买入。该方法是指股价已经确定形成岛形反转结构，并且强势拉升至涨停板，投资者可在股价封板时买入股票。

4. 岛形反转涨停板战法的止盈原则

（1）岛形反转上涨至重要压力位止盈。如果投资者在岛形反转走势中买入了股票，那么股价上涨到上方的重要压力位，且无法继续向上突破时，可以止盈卖出股票。

（2）沿着 5 日均线持股，股价破位 5 日均线止盈。如果投资者在岛形反转涨停期间买入了股票，则可以沿着 5 日均线持股。股价在 5 日均线上方运行时，可以继续持股；反之，股价向下跌破 5 日均线时，可以止盈卖出股票。

（3）见顶 K 线止盈。如果投资者在岛形反转涨停期间买入了股票，股价后市就会持续上涨。股价某天出现见顶 K 线，如黄昏之星、看跌吞没等走势时，投资者可以卖出股票止盈出局。

5. 岛形反转涨停板战法的止损原则

（1）跌破岛形结构止损。股价在下跌走势中本身就比较弱势，行情形成岛形结构时，只是下跌走势减缓，只有真正的反转形成后，才能确定反转成立，否则行情依然有继续下跌的可能。如果投资者在岛形结构行情中买入了股票，那么股价跌破岛形结构下方支撑时，应当卖出股票止损出局。

（2）跌破重要支撑止损。有时股价在岛形结构下方还有一个重要的支撑结构，可能是一条重要的均线，也可能是前期的一个平台低点。总之，如果下方有一个重要的支撑位，投资者可以将止损位下移至该重要支撑位，股价跌破该支撑位时，就可以卖出股票止损出局。

（3）低开低走补回缺口止损。投资者要是在岛形反转涨停的涨停日买入了股票，如果第二天股价低开低走，并且很快回补完下方的缺口后，股价并没有回升，那么投资者就可以卖出股票止损出局。

6. 案例详解

如图 4-23 所示，洛阳玻璃（600876）的股价在 2019 年 12 月 24 日—26 日的走势即为岛形反转涨停板走势。股价在 2019 年 12 月 24 日跳空低开，全天未能回补缺口，在 60 日均线支撑位上方横盘振荡。经过一天的横盘整理后，12 月 26 日，股价跳空高开高走，并强势拉升涨停，开启行情的反转上涨走势，其后市股价短期内涨幅超过 30%。如果投资者能在岛形反转涨停板走势中买入股票，则后市上涨过程中将能获得比较可观的利润。

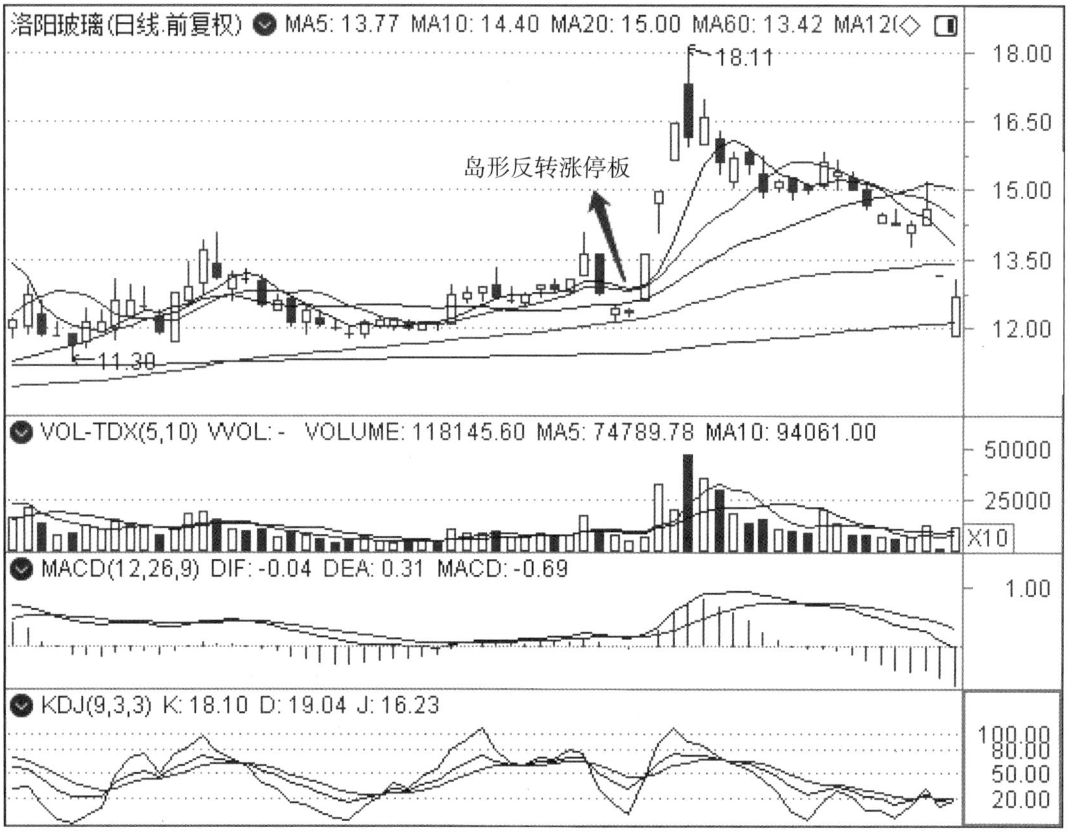

图 4-23

如果行情走势中出现岛形反转涨停走势，通常岛形结构出现时，说明股价在低位形成了平衡格局。某天股价开始跳空高开强势拉升时，说明多头方向已经开始占据主导位置，并开始强势拉升股价。这样的走势出现时，股价短期内很容易持续上涨。

第二十节　地天板涨停板战法

1. 地天板涨停板战法的内容

地天板是指股价以跌停板开盘，以涨停板收盘的行情走势。地天板是当日交易利润最大的行情走势。尤其是在注册制推行之后，股价的涨跌幅变更为日内涨跌 20%，地天板走势就相当于日内行情波动幅度能达到 40%。如果投资者能在跌停板买入股票，那么股价当日拉升至涨停板时，投资者日内获利就能达到 40%，这对投资者来说是个巨大的诱惑。

地天板是市场里最暴利的，也是最快最有效汇聚人气的涨停板。当然，地天板肯定是大资金所为，只有大资金联合起来才能如此承接。

股价出现地天板时，是一个积极信号。对于市场情绪的助攻，甚至翻转，地天板都会产生重要作用。

地天板涨停板战法就是通过研判行情走势，分析市场人气，观察盘口异动，来挖掘地天板涨停的个股。

很多出现地天板走势的个股，前期都处于大幅下跌走势，甚至有些是连续很多天的跌停板之后才出现地天板，因此，地天板的出现通常是股价由弱转强的反转走势。但是，操作地天板走势也存在一定的风险，因为有的地天板走势只是主力拉升涨停的自救行为，主要是为了出货而制造的涨停。这样的地天板出现时，后市通常会继续下跌。

2. 地天板涨停板战法的特点

（1）所谓地天板涨停板战法，必然是股价以跌停板开盘，以涨停板收盘。因此，多数情况下，地天板个股前期都处于强势大跌过程中。

（2）地天板涨停板战法中，通常地天板出现的前一天，股价下跌时的成交量不会很大。

（3）地天板涨停板战法中，出现地天板当天，成交量会急剧增加，并且换手率也会大幅增加。

（4）地天板涨停板战法中，股价从跌停板开始拉升时，通常拉升至涨停的速度会非常快。一般来说，很少出现跌停板缓慢拉升至涨停形成的地天板走势。

3. 地天板涨停板战法的买入原则

（1）跌停板开板买入。该方法是指在股价打开跌停板时买入股票。通常来说，跌停板股票要打开跌停板时，成交量就会出现异动，会有大单持续抢购跌停板上的筹码。这时投资者需要观察盘口异动，一旦出现大单抢筹异动，投资者就可以买入股票。

（2）盘中回踩分时均线支撑买入。该方法是指股价打开跌停板时，投资者没能及时买入股票，之后股价已经快速拉升。很多时候，股价在地天板拉升的中途会出现很大分歧，导致股价盘中再度短暂回落，往往回落至分时均线位置附近就会再次受到支撑。股价在盘中回踩分时均线受到支撑时，投资者可以买入股票。

（3）涨停封板前买入。该方法是指股价打开跌停板后，拉升至涨停板时，市场已经基本确定该股的地天板地位。股价涨停封板前，投资者可以买入股票。

4. 地天板涨停板战法的止盈原则

（1）地天板涨停走势中，后市股价上涨至重要压力位止盈。如果投资者在地天板涨停走势中买入了股票，那么股价上涨到上方的重要压力位，且无法继续向上突破时，可以止盈卖出股票。

（2）沿着 5 日均线持股，股价破位 5 日均线止盈。如果投资者在地天板涨停期间买入了股票，则可以沿着 5 日均线持股。股价在 5 日均线上方运行时，可以继续持股；反之，股价向下跌破 5 日均线时，可以止盈卖出股票。

（3）见顶 K 线止盈。如果投资者在地天板涨停期间买入了股票，股价后市持续上涨，那么股价某天出现见顶 K 线，如黄昏之星、看跌吞没等走势时，投资者可以卖出股票止盈出局。

（4）指标背离止盈。如果投资者在地天板涨停期间买入了股票，股价后市持续上涨，那么该股的指标在超卖位置与股价上涨产生背离时，投资者可以卖出股票止盈出局。

（5）跌停板买入，第二天股价不涨反跌时止盈。如果投资者是在地天板当日的跌停板位置买入的股票，那么第二天股价没能继续上涨，反而出现大跌时，可以卖出股票止盈出局。

5. 地天板涨停板战法的止损原则

（1）跌破地天板低点止损。股价出现地天板涨停走势后，股价没能继续上涨，反而转为下跌走势，向下跌破了地天板走势当天的最低点时，投资者应当卖出股票止损出局。

（2）涨停板买入，第二天股价大跌止损。如果投资者是在股价出现地天板走势的涨停板时买入的股票，第二天股价没能继续上涨，反而弱势大跌，应当卖出股票止损出局。

6. 案例详解

如图 4–24 所示，万向德农（600371）的股价在 2019 年 6 月 5 日的走势即为地天板涨停板走势。形成地天板的前一个交易日，股价出现缩量跌停走势。2019 年 6 月 5 日，股价以跌停板开盘，受到 10 日均线和前方高点的联合支撑，开盘后市场抢筹明显，使股价强势拉升上涨，并快速拉升至涨停板，开启行情上涨走势，当天波动幅度就达到了 20%，其后市股价短期内涨幅也超过了 20%。如果投资者能在地天板走势中买入股票，则后市上涨过程中将会获利丰厚。

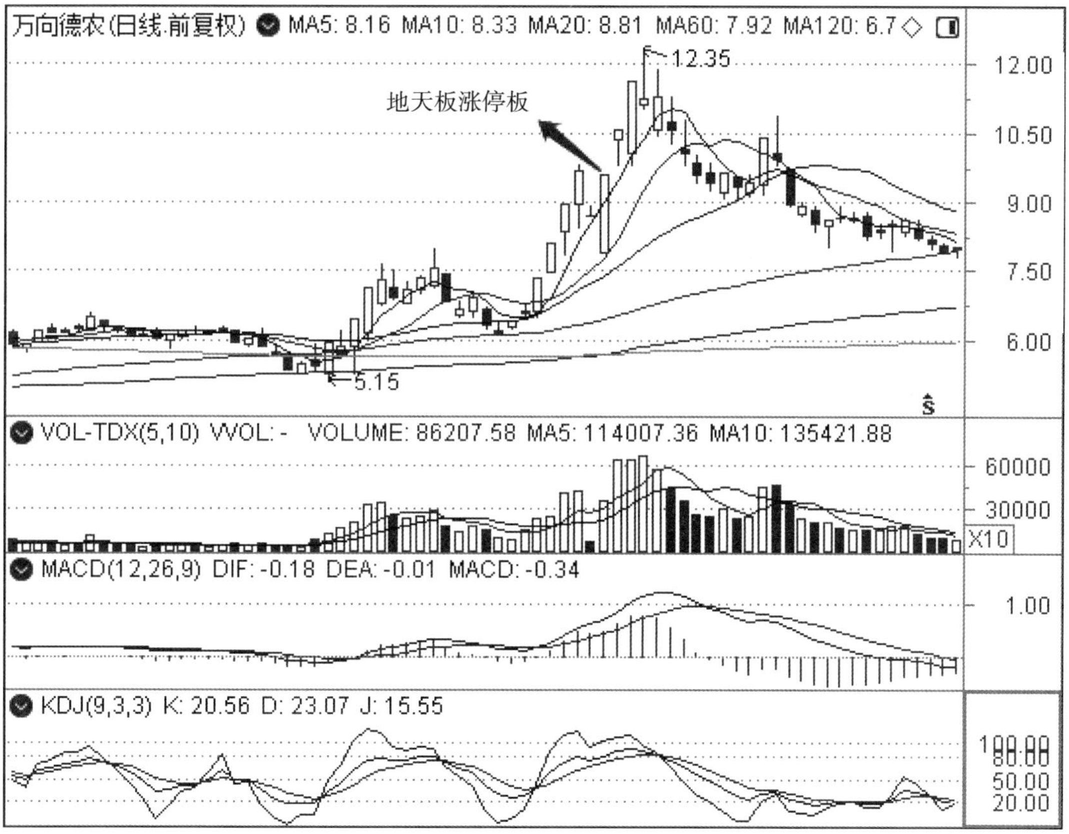

图 4–24

行情走势中出现地天板涨停走势时，需要密切注意该股前期的走势。如果是持续大跌的个股出现地天板走势，投资者需要谨慎对待，谨防遇到主力自救型的地天板走势，这样的走势后期股价通常会继续下跌。如果股价是在上涨时出现短期的意外下跌，从而出现地天板走势，那就具有较高的操作价值，其后市通常也会短期内持续走高。

第五章　不同阶段的涨停分析

第一节　庄家建仓涨停

熊市中，主力很容易在低位吃到大量的廉价筹码，因此不可能利用涨停板建仓。牛市中，有两类股票容易受到主力青睐：一是资质甚好，具备高成长性的企业股票；二是突发中长期显著利好的企业股票。这两类企业股票都具备基本面的强有力支撑。在大环境较好的情况下，为了取得对股价走势的发言权，主力常常采用涨停板拉升来完成快速建仓任务。对于此类股票，在控制仓位分配的情况下，投资者要敢于狙击，和主力同步建仓。

1. 建仓涨停股票的特征

一只股票要想在吸筹阶段就出现涨停板，通常具备如下 5 个特征。

（1）小流通盘，流通盘最好不大于 3 亿元。流通盘越小，庄家拉升股价需要的资金就越少。如果流通盘太大，拉升股价需要的资金就较多。并且，流通盘大的个股中，经常存在多个机构的影子，一般的主力不敢贸然拉升这种个股，因为容易拉升不成反被打压。

（2）庄家通常为中短线庄家。中短线庄家的操作通常较有爆发力，简单地说，就是经常会短期内暴力拉升股价。当然，中短线庄家操作的股票也时常存在一定的问题，就是股价涨得快，后面跌得也快。

（3）庄家急于建仓。庄家急于建仓时，通常不会计较短期的价格，会直接将股价拉升至涨停，将所有抛售的筹码全部收入囊中。

（4）个股历史股性活跃。个股历史股性越活跃，说明该股人气就越高。只要股价稍有异动，就能受到投资者的关注。因此，股价出现异动拉升时，很容易因投资者的追捧而涨停。

（5）有相关利好消息。个股出现利好消息时，投资者很容易跟风买入，尤其个股出现重大利好消息时，很多投资者纷纷抢购股票。因此，个股出现利好消息时，股票更容易涨停。

2. 建仓涨停的技术要点

（1）建仓涨停通常出现在股价大幅杀跌之后，量能极度萎缩的情况下。由于市场过于超跌，持股的投资者通常会惜售，庄家很难收集到更多筹码。因此，庄家经常拉升涨停板，来刺激那些意志不坚定的投资者交出筹码，从而达到吸筹的目的。

（2）建仓涨停，在分时结构上来看，涨停板会反复打开，这样就能释放量能，激发人气，使部分投资者认为股价封板不稳，后市可能继续走低。因此，一些投资者会因意志不坚定而主动交出筹码。

（3）建仓涨停出现后，大多数个股短期内股价不会持续大涨，通常涨停后股价短暂冲高后回落或者维持横盘振荡。因为建仓涨停只是为了吸引市场人气，让部分投资者交出筹码，而不是为了拉升股价。

（4）如果个股是因为利好消息刺激，庄家急于建仓而拉升股价涨停，那么这种类型的建仓涨停出现后，短期内股价很容易持续上涨。

3. 建仓涨停的 4 种类型

（1）底部伏击型涨停。该类型的涨停多出现在上升初期阶段，庄家经过洗盘后，以连续拉升 2 ～ 3 个涨停板的形式进行吸筹，此类涨停较为安全，很多投资者会在股价持续涨停后卖出。股价连续涨停后，通常会再次回落，一般回落至前低点附近之后再次上涨。K 线形态上，股价构成 W 底形态模式后，行情开始正式加速上涨。

（2）快速拉升型涨停。该类型的涨停通常出现在股价暴跌后长期缩量横盘振荡时。股价横盘窄幅波动，某日以一根涨停大阳线吹响进攻号角。此类涨停往往伴随着突发性利好消息，主要力量为游资拉升。

（3）弧形底启动型涨停。该类型的涨停是因为股价持续下跌后，经过一段时间的底部盘整，突然以涨停形式启动。从形态上看，形成的弧形底可能是圆弧底，也可能是 U 形底。通常来说，这种涨停走势的持续性较强。

（4）箱体突破拉升型涨停。该类型的涨停与弧形底启动型涨停类似，都是股价持续下跌后，经过一段时期的横盘箱体整理，某天以涨停突破箱体，形成箱体突破拉升型涨停。该类型走势通常是主力在横盘整理期间就已经持续吸筹建仓，之后再以涨停突破横盘整理区间进行最后的建仓操作。

4. 案例解析

如图 5-1 所示，日出东方（603366）的股价在 2019 年 10 月 28 日、29 日和 11 月 14 日出现的涨停板走势，都算是建仓涨停板走势。股价经过一段较长时间的横盘窄幅振荡，在 2019 年 10 月 28 日拉升涨停，第二天再次强势涨停，但第三天又大跌回到横盘振荡位置。11 月 14 日，股价再次拉升至涨停板，第二天又跌回横盘振荡区域，之后股价短期内继续横盘振荡。主力通过两次拉升涨停强势建仓，经过一段时间的横盘整理后，后市股价强势拉升，开始上涨走势。

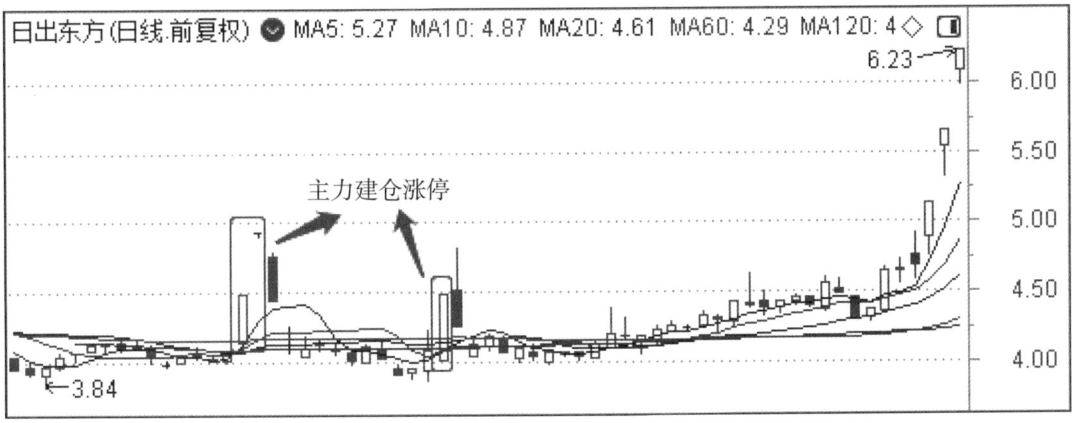

图 5-1

第二节　低位启动涨停

低位启动涨停的价值非常高，因为低位启动涨停会让一些投资者低位买入股票，这些投资者能够坐享后市股价持续上涨带来的盈利。并且，低位启动涨停的安全性相对会高很多，买入的投资者不容易被套牢。

低位启动涨停是行情开始拉升的前奏，后市股价很容易快速上涨。投资者买入股票后，能够短期内获得较高的利润，因此具有时间成本低，交易机会高的突出特点。

低位启动是指经过下跌、调整或横向盘整后，某天股价突然出现放量上涨的中阳或大阳反转 K 线，股价原有的趋势即将或已经被打破。启动点具有重大的市场意义，往往意味着下跌、调整的结束和上涨的开始，是趋势改变的转折点，是股价上涨的萌芽。如果投资者抓住了启动点，就意味着一建仓就可以短期内获取暴利，减少等待的时间，极大地提高了资金利用率。所以关键的一点是，投资者要抓住启动点的机会，及时买入股票。

1. 低位启动涨停在实盘中的重要性

（1）能及时发现庄家的操盘意图。启动型涨停通常是庄家已经收集完足够的筹码，开始向上发起进攻。所以，启动型涨停出现时，投资者就能明白庄家即将拉升股价这一操盘动机。

（2）能及时发现股价的趋势转折点。启动型涨停通常是股价经过一段较长时间的盘整，庄家吸筹结束后启动拉升的初期阶段。因此，启动型涨停通常是行情结束盘整趋势，将转变为上涨趋势的一个转折点。

（3）能及时捕捉庄家拉升初期的最佳启动买点。启动型涨停通常是行情低位开始上涨的起点，也是行情拉升初期的最佳买点。

（4）能及时把握行情启动时的最佳买入时机。启动型涨停，顾名思义就是行情启动上涨趋势时出现的涨停，股价后市可能会走出持续上涨趋势，因此启动型涨停是买入的最佳时机。

2. 低位启动涨停的类型

低位启动涨停的模式并不是固定的，通常来说，股价会以如下 5 种常见的形态模式开启起涨行情。

（1）低位多方炮 K 线形态涨停。

低位多方炮是一种经典的看涨技术形态，由左右两根中阳线或大阳线，中间一根或多根阴线或阳线组合而成，是强烈的买入信号。

低位启动多方炮是指股价经过长期下跌后横盘整理，或者经过一段时间的徐徐上升，随时可能向上突破盘整区间。股价出现放量中阳线或大阳线突破平台时，多方炮左边 K 线宣告完成。股价放量走出中阳线或大阳线突破平台后，第二天 K 线往往会上升乏力，走出高开低走的阴线。如果行情表现强势，第三天股价再次以中阳线或大阳线反包第二天的阴线，通常会收出光头阳线，此时多方炮宣告成立。如果行情表现稍微弱势，则行情会在第一根中阳线或大阳线的价格区间进行整理。股价再以中阳线或大阳线拉升反包前面所有整理的 K 线时，多方炮形态宣告成立。

低位多方炮 K 线形态涨停的意思就是，多方炮的第一根阳线是以涨停板出现，而最后一根启动阳线也是以涨停板出现，因此构成低位涨停多方炮形态。这种类型的 K 线组合形态，后市看涨的概率比较高，投资者买入后成功获利的机会比较大。

（2）低位形态突破涨停。

低位形态突破涨停是指股价在低位经过一段时间的振荡，形成底部形态，比如 W 底形态、头肩底形态、矩形形态、圆弧底形态等，股价启动上涨时，以涨停板的形式突破底部形态。

低位形态突破涨停的走势，其后市看涨的概率很高，但是需要预防形态突破后回踩，因为在形态理论中，绝大多数的形态突破后都会出现回踩现象。因此，如果投资者在股价突破形态涨停阶段没有及时买进股票，可以等待股价回踩至形态突破的颈线位置附近时再跟进交易。

（3）低位均线金叉涨停。

低位均线金叉涨停是指股价经过一段时间的下跌后，在低位做横盘振荡进行均线修复，待均线逐渐靠拢黏合后，股价在均线上方开始以涨停板的形式启动上涨，带动均线跟随向上发散形成金叉。

均线的低位金叉代表着行情的技术走势开始向着好的方向转换。均线金叉的出现，能够吸引很多投资者的关注，加上涨停板的出现，就更容易增加市场人气。因此，低位均线金叉涨停后，其后市持续上涨的概率较高，投资者可以逢低布局操作。

（4）低位一阳穿多线涨停。

低位一阳穿多线涨停是指股价经过一段时间的下跌后，在低位做横盘振荡进行均线修复，多条均线逐渐靠拢黏合时，股价以涨停板的形式从均线下方向上穿越多条均线上涨。

均线本身就具有压力作用，多条均线汇聚黏合时，其压力会更加强大。此时，股价以涨停板的形式强势突破多条均线压力上涨，本身就说明股价的强势，这很容易激发市场人气。因此，股价低位一阳穿多线涨停，其后市持续上涨的爆发力通常会比较强，这也是很多投资者比较喜欢的行情走势。

（5）低位小步上扬后加速涨停。

低位小步上扬后加速涨停是指股价在底部横盘整理后，开始以小步上扬形态缓慢上升，某日以涨停板形式启动行情加速上涨。

小步上扬通常是主力通过股价缓慢上涨洗掉一些意志不坚定的持股者，趁机收集更多的筹码，主力收集的筹码足够多时，就会启动加速上涨走势。主力启动加速上涨时，通常会以股价涨停板的形式出现，这样既能快速拉升股价脱离成本区，又能快速集聚人气，从而使后续股价拉升更加轻松。

股价出现小步上扬后加速涨停时，后市股价通常能够持续上涨。主力经过长时间的筹码收集，既然选择拉升股价，往往不会因为一个涨停板就抛出筹码，所以投资者跟进买入后，成功获利的概率是很高的。

3. 案例解析

如图 5-2 所示，东方中科（002819）的股价在 2019 年 9 月 12 日出现的涨停板走势就是低位启动涨停板走势。股价经过一段较长时间的横盘窄幅振荡，下方均线出现黏合金叉走势。2019 年 9 月 12 日，股价强势拉升涨停，以均线聚首涨停的方式一举突破前期横盘振荡区间，开启强势上涨走势。

图 5-2

第三节　主力洗盘涨停

主力洗盘涨停通常是难以辨别的，一般要等到行情已经走出来了，才能辨别出来。而涨停板出现的当时，绝大多数投资者都是很难判定的。

近年来，主力经常采用涨停板洗盘法洗掉市场浮筹，来达到收集更多筹码的目的，涨停板洗盘多出现在强庄股的身上。

1. 主力洗盘涨停的特点

主力洗盘型涨停的特点在于：个股某日突然出现涨停板，其价位可能已经脱离了近期的横盘振荡区间。但是涨停板随后的几日内，股价出现了明显下跌，又跌回了原来的振荡区间。这样，在涨停板没有出货的散户就会非常后悔，但是经过几天后，股价再次上冲到了这个涨停板价位，这时很多散户由于前期的经验往往会选择暂时获利出局，然而股价没有再次回调，而是一路上涨。主力成功地利用了散户谨小慎微的心态，达到了拉升前清洗浮筹的目的。

涨停板一般是大资金运作的结果。涨停板的出现反映了主力积极做多的意愿，然而其中也有不少短线跟风资金，股价涨停后短线获利退出，制约了主力的拉升。正因如此，主力如果还想继续拉升，必定会在涨停板后进行短线洗盘，洗掉那些跟风盘。所以，投资者可以在回调的低点及时买进，跟着庄家进行后续拉升，轻松获利。

2. 主力洗盘涨停的技术要点

市场上大多数投资者都比较畏惧主力的洗盘行为，因为通常洗盘时行情波动会比较大。一般情况下，如果个股涨幅不是特别大，那么涨停多为洗盘性质，当然，也要结合当日的盘口具体分析。洗盘型涨停板，其价值自然不如启动型涨停板，但是也存在较好的操作机会。

（1）洗盘型涨停主要出现在上涨初期和中期，而下降趋势中以及大幅上涨后出现的涨停，一般不是为了洗盘，而是为了出货。

（2）洗盘型涨停一旦打开，通常会在 3 ～ 5 天内给在涨停位置买入的投资者解套，以达到洗盘的目的。

（3）分时图中涨停打开的成交量，不能超过封涨停的成交量，即涨停量大，打开量小，这点很重要。

（4）如果出现涨停板打开的情况，那么涨停板被打开后，股价回落时通常会缩量，截至收盘股价基本上能维持在 5% 以上的涨幅。

3. 主力洗盘涨停的洗盘方式

（1）涨停后出现回调。

股价在低位先拉出一个涨停，后面几天再慢慢回落，形成上方压力大且无法突破的假象，让原先持股者解套或止损离场。如果投资者是在涨停价买入的股票，解套时间可能要超过 3 天。

（2）反复打开涨停。

股价封住涨停后打开，然后又封住，然后再打开，如此反复进行。很多投资者会以为涨停难以封住而选择离场，主力则达到了洗盘的目的。

（3）尾盘封不死涨停。

在分时走势中，股价封盘一段时间后打开涨停板回落，直到收盘不再封盘，在形态上造成庄家减仓的假象。从走势上看，就是股价冲击涨停板后回落，形成仙人指路走势形态。

股价有时在盘中开始逐渐回落，有时在尾盘几分钟快速开板回落。于是，投资者看到股价第一天没能封板，通常会在第二天逢高离场。

遇到冲高回落这种走势时，关键要看第二天的走势。如果第二天股价继续走强，则可以判断前一天股价的冲高回落是庄家的洗盘行为，此时买入成功的概率较高。如果第二天股价走弱，则可以判定行情只是反弹走势，后市不要过于乐观，有可能进入横盘振荡或者重新下跌走势，此时应当离场观望。

4. 主力洗盘涨停的操作技巧

（1）分析主力洗盘型涨停时，投资者要分清股价的位置和涨停的性质。如果投资者需要操作，最好等股价洗盘后回踩支撑位时再介入。

（2）主力洗盘型涨停在上涨初期阶段，通常会出现大阳线甚至涨停板，所以选股时比较容易选出。

（3）主力洗盘过程中通常是上涨放量，下跌缩量，再次上涨时放量，这是判断股价强势的重要依据。

（4）上涨初期出现涨停打开或尾盘不封回去的，都要引起关注，放入自选股中观察。因为这很可能是主力为了洗盘，故意不封死涨停板，目的就是要让投资者感觉股价走势偏弱，从而卖出手中的股票。

5. 案例解析

如图 5-3 所示，多氟多（002407）的股价在 2020 年 9 月 2 日和 9 月 17 日出现的涨停板走势就是主力洗盘型涨停板走势。股价经过一段时间的横盘振荡，下方均线出现黏合金叉走势。2020 年 9 月 2 日，股价强势拉升涨停，第二天股价上涨后，持续一段时间的回调走势，回调至前期振荡区间的低点附近再次回升。9 月 17 日，股价再次拉升涨停，之后再次出现多日的连续回调走势。股价回调至 9 月 17 日涨停板低点附近时，开启逐渐上涨的趋势。前期9月2日和9月17日出现的涨停板就是主力拉升股价前的洗盘行为。

图 5-3

第四节　上涨中继涨停

上涨中继涨停是指股价前期已经出现过一段时间的上涨，之后再出现涨停。这种涨停是对原上涨趋势的继续或加速运行，这种涨停不改变股价原来的运行态势，只改变股价原有运行态势的角度和方式。一般来说，这种涨停是大盘出现振荡走势时，个股形成横盘整理后出现的涨停板。

股价的走势在每个阶段都有其不同的特征，各种特征虽然不尽相同，但有一些是共通的。因此，投资者要想在市场中把握住股价走势的律动，就需要全面地分析和掌握行情走势的共通性。在上涨拉升阶段，股价也有其独特的特征，投资者要学会分析并找出他们共同的规律。

1. 多数个股在拉升阶段的特征

（1）股价在拉升阶段时，个股的中长期趋势是向上的，其60日、120日中长期均线都是按照一定的角度向上运行，甚至250日均线同时也在向上运行。

（2）股价持续拉升阶段，除了已经被庄家或主力高度控盘的锁仓拉升外，股价上涨时通常成交量都是稳定增长的，也就是说，拉升阶段的成交量要后量超前量。

（3）股价处于拉升阶段时，绝大多数的技术指标，如KDJ、MACD等，都处于高位的强势区域。

2. 上涨中继涨停的操作要点

（1）上涨中继涨停出现时，股价通常已经脱离底部区域，但整体的涨幅并不大，且上升趋势没有改变。

（2）出现上涨中继涨停之前，股价通常已经有过强势上涨或涨停，庄家或主力只在一定的区域稍作洗盘或整理后，随即再次拉出涨停，启动强势上涨走势。

（3）上涨中继涨停的 K 线组合形态里，个股拉出大阳线涨停之后，一般会出现一根或多根小阳线、小阴线或十字星线，这通常是主力强势拉升洗盘的走势。

（4）上涨中继涨停的个股涨停当天，大多数都是跳空高开的，然后强势高走并涨停封板，气势咄咄逼人，只有少部分会低开高走强势涨停。

（5）上涨中继涨停当天成交量会明显放大，分时图中的攻击波通常会一波比一波强，成交量也会一波比一波高。

（6）中继型涨停是行情走势加速上涨的买入信号，往往后市继续看好。对投资者而言，中继型涨停具有中线和短线投资价值。

3. 上涨中继涨停的多种模式

（1）连续涨停后的上涨中继涨停，是一种特殊类型的上涨中继涨停。这种涨停往往出现在涨停板之后，通常是前期股价出现上涨一字涨停板，某天突然出现放量拉升涨停板，形成上涨中继换手涨停板，之后还能经常出现持续拉升上涨。这种类型的上涨中继涨停，多出现在引领市场的“妖股”中。

（2）股价上涨阶段稍作整理或洗盘后的涨停。这种涨停模式比较常见，往往出现在前期已经拉出涨停板，或者已经持续上涨一段时间之后，主力在某个区域内进行整理或洗盘，洗掉市场中一些意志不坚定的浮筹，以方便后续拉升。主力整理或洗盘完成后，随即拉出涨停板，启动新一波的上涨行情。

（3）上涨阶段强势整理后的中继涨停。这种涨停模式中，前期股价表现通常比较强势，甚至出现了涨停，之后股价经过短暂的强势整理，再次强势拉升上涨并涨停，这是股价强势的表现。通常来说，股价强势整理这几天，是以波动较大的阳线出现的。这种上涨中继涨停出现后，股价通常会持续上涨。

上涨中继涨停模式中，常常伴随着主力资金的拉升，通常是股价主升浪的产物。对投资者来说，这种模式具有短期和中期操作价值。

4. 案例解析

如图 5–4 所示，中银证券（601696）的股价在 2020 年 7 月 8 日出现的涨停板走势就是上涨中继涨停板走势。股价经过一段较长时间的横盘振荡后，在 2020 年 7 月 3 日开启强势上涨走势。7 月 7 日，股价经过短暂的高开低走洗盘后，次日（7 月 8 日）再次强势拉升涨停。之后，股价短期内持续拉升上涨。

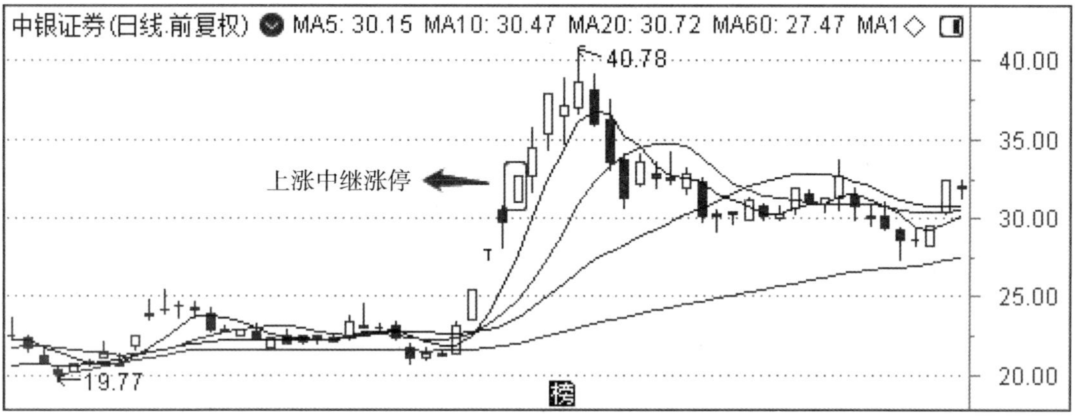

图 5–4

第五节　主力出货涨停

主力出货涨停是指股价经过一段时间的持续上涨后，处于高位区域，主力通过拉升涨停来出货，或者股价在下跌阶段，主力通过制造股价反弹拉升涨停来出货。在这里，出货型涨停板的情形有两种：一种是股价处于高位区域，主力利用涨停板出货；另一种是股价处于下跌反弹阶段，主力利用涨停板出货。

主力出货涨停是投资者最不喜欢的类型，也是操作风险最大的涨停。投资者一旦买入后没有及时出局，很可能就会被高位套牢，产生巨大亏损。所以，股价运行至高位区域涨停或者下跌阶段反弹涨停时，投资者不要盲目买入，一定要先分析股价涨停的原因，以及密切关注成交量的变化。如果投资者不慎买入主力出货涨停的个股，且次日股价不能放量上涨，就一定要果断卖出离场。

1. 主力出货涨停的特征

既然主力涨停板出货的风险较高，那么对投资者来说，其操作价值就比较低，但投资者依然需要研究和分析主力涨停板出货的特征。因为只有了解清楚主力涨停出货的特征，才能在股价出现高位涨停或下跌反弹涨停时，及时规避风险。

多数主力出货涨停都具有一些共性特征，主要体现在以下 4 个方面。

（1）股价经过一段较长时间的拉升，在股价和成交量上已经出现量价背离，即股价创出新高时，成交量却不能创出新高，甚至低于前一波拉升时的成交量。这种量价关系呈现出顶部钝化或顶背离的特征。特别是股价处在高位，成交量急剧放大且换手率较大时，出现的涨停大多为主力出货涨停。

（2）股价经过一段较长时间的拉升，股价与技术指标出现顶部钝化或背离现象，即股价创出新高时，技术指标却不能创出新高，甚至低于前期高点对应的技术指标。这种走势出现时，股价高位涨停大多为主力出货涨停。

（3）股价经过一段较长时间的拉升，中长期的股价平均线，如 60 日和 120 日均线，开始由向上转为走平或者向下运行，股价开始碰触到或跌破中长期的价格平均线，并且股价出现反抽涨停，但无法突破上方中长期均线的压制。通常来说，这是主力出货涨停，后市股价大概率会再次下跌。

（4）股价经过一段较长时间的拉升后，开始逐渐走弱，跌破长期的上升趋势线，且反抽出现涨停，股价反抽涨停不过前期的上涨趋势线。通常来说，这是主力出货涨停，后市股价大概率会再次下跌。

2. 主力常用的出货涨停手法

主力将股价拉升至一定高位后，想要获取利润，必然会千方百计地进行高位出货。主力出货的手法各种各样，有非涨停出货法，也有涨停出货法。这里主要分析涨停出货法。

主力在高位经常用的涨停出货手法有：快速拉升涨停出货法、边拉升边出货涨停法、高位振荡涨停出货法。

（1）快速拉升涨停出货法。

快速拉升涨停出货法是指主力突然快速地向上拉升股价，中间几乎不给投资者任何反应的机会，直接一口气把股价拉升到目标价位，最后再进行强势的高位涨停、高换手、高成交量出货。这种操盘手法极为凶悍，经常以游资手法居多。

（2）边拉升边出货涨停法。

边拉升边出货涨停法是指庄家在最后的拉升阶段，股价每日在盘中的走势都是逐渐拉升，最终拉升至涨停。股价在盘中拉升时，主力一边拉升股价一边出货，直到最后涨停。通常来说，这是主力采用盘中出货而尾盘拉升至涨停的骗线手法，进行隐蔽出货。

（3）高位振荡涨停出货法。

高位振荡涨停出货法是指主力把股价拉升至目标价位后，因为一时无法全部出货，所以采用上下宽幅振荡的方式诱使散户入场接盘，进而完成出货的目的。

股价进行宽幅振荡，经常处在振荡区域的低位时，会突然拉升涨停，使投资者跟风买入。之后，股价再次回落至振荡区间的低位，然后再突然拉升至涨停，每次涨停的高点逐步降低。这样，就能使越来越多的投资者因为追涨停而被套，主力则趁机抛售手中的筹码。

3. 案例解析

如图 5-5 所示，*ST 实达（原实达集团，600734）的股价在 2019 年 5 月 29 日出现的涨停板走势就是出货涨停板走势。股价经过一段拉升后，在形态上构筑成 M 头走势。2019 年 5 月 29 日，股价强势涨停形成 M 头的右顶，之后呈现持续下跌走势。

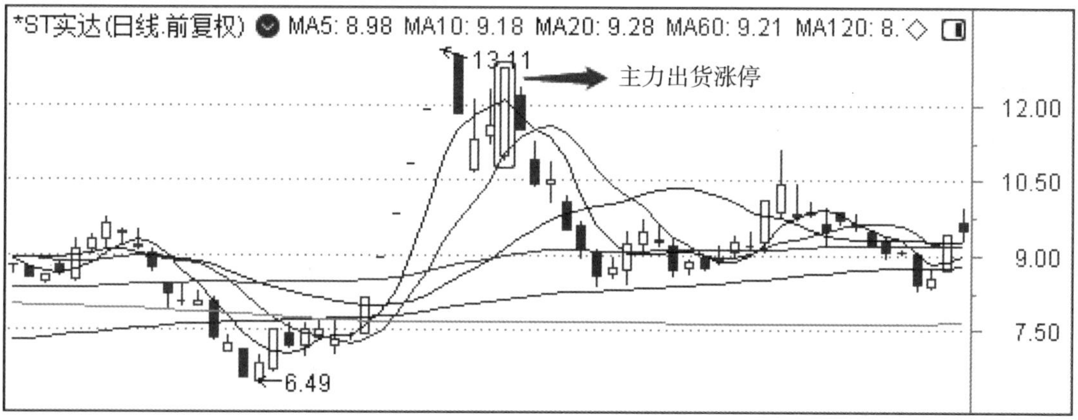

图 5-5

第六节　反弹自救涨停

反弹自救涨停，顾名思义就是下跌趋势中，股价反弹时出现的涨停，是主力为了快速出货特意制造的股价虚假强势的走势。

反弹自救涨停一般出现在下跌趋势中。因为行情短期内无法逆转，而主力手中的筹码又没有抛售完成，为了能够及时快速地抛售筹码，主力不惜一切代价用巨量拉升涨停出货，投资者称之为“逃命长阳”。

反弹自救涨停经常出现在下跌趋势的初期阶段。股价见顶后下跌，主力出货开始变得困难，而股价又持续下跌，主力的获利空间受到压缩。因此，主力经常会选择行情人气还有一丝尚存的时候，利用大量拉升股价至涨停，从而快速出货。

1. 主力反弹自救涨停的特征

（1）股价已经明显见顶回落或处于下跌趋势中。

（2）股价在见顶回落或下跌趋势中，平时的日成交量很小，即换手率非常低，市场底气不足。

（3）股价反弹涨停当日成交量明显放大，而且拉升很突然，事先没有任何征兆，这明显是主力的行为。股价反弹涨停放出巨量之后，该类个股通常不会继续上涨，而是继续缩量下跌，这也是这类股票后市会逐渐下跌的重要原因。

（4）股价反弹涨停当日，成交量明显放大的同时换手率也会提高，这是因为主力拉升股价涨停来达到快速出货的目的而形成的，也说明主力急于拉高股价离场。

2. 主力常用的反弹自救涨停手法

（1）反弹带大量封涨停出货法。这种方法主要是指股价反弹涨停时，主力用资金推动股价强势上涨至涨停，并且用较大的单量封涨停，给市场造成一种股价强势的错觉，使很多投资者跟风买入，而此时主力就开始撤掉前面挂出的大单，然后抛售手中的筹码。这种走势通常说明主力手中还有较多筹码没有脱手，因此通过制造虚假强势的方式来达到出货的目的。

（2）反弹拉升涨停不封板出货法。这种方法主要是指股价反弹涨停时，主力无法封住涨停，因此股价在涨停板附近时不时开板，最后尾盘逐渐走低，形成烂板走势，主力在涨停板附近逐渐抛售手中筹码。这种反弹涨停出货的走势，通常是主力手中筹码已经不是很多，不愿意用更多资金去封涨停板。

（3）反弹尾盘快速拉升封涨停出货法。这种方法主要是指股价反弹涨停时，主力控制股价在盘中维持低位横盘振荡，临近尾盘时，突然快速拉升股价至涨停，然后用小量勉强封住涨停。这种走势出现时，通常第二天主力会制造高开低走来达到出货的目的。这种走势通常说明主力手中筹码已经不多，不愿意在拉升股价过程中消耗太多资金，所以通过尾盘突然“偷袭”的方式来拉升股价至涨停，为第二天高开低走出货作准备。

3. 案例解析

如图 5-6 所示，*ST 中昌（原中昌数据，600242）的股价在 2020 年 6 月 9 日出现的涨停板走势就是反弹自救涨停板走势。股价经过一段较长时间的持续下跌，在 2020 年 6 月 9 日强势拉升涨停。股价在涨停板附近经过短期横盘之后，继续走出持续下跌的趋势。

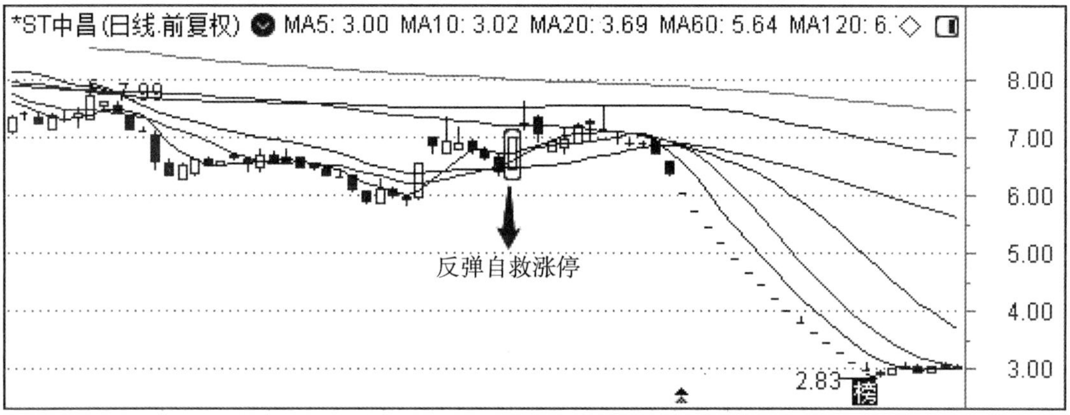

图 5-6

第六章　拉升涨停板手法分析

拉升涨停板的手法是指在分时图上股价拉升至涨停过程中的具体表现。从股价拉升至涨停的手法上，投资者可以分析出一些主力的痕迹。通过分析涨停板拉升手法，投资者可以了解主力的意图，提高投资获胜的概率。

第一节　一字涨停板

一字涨停是涨停板系列中最强的一种形态。这种形态是指多方自集合竞价开盘时即完全占据压倒性优势，并在买一的位置以超大单把股价死死封在涨停板。这种形态往往出现于个股突发性利好，比如重组、业绩公告、政策扶持等，多空双方的力量瞬间变得异常悬殊。

一字涨停的成交量越小，说明抛压越小，股价未来上涨的动能越强劲。反之，一字涨停的量能越大，说明抛压越大，股价未来上涨的动能越羸弱。当然，也可能在充分换手后，股价继续走强。

在一字涨停的操盘策略上，因为一字涨停是一种多方极强的表现，未来上涨的动能相当强劲，所以投资者可以利用早盘的集合竞价进行狙击。集合竞价阶段狙击不成功，且个股处于底部的起涨阶段时，若某天一字涨停打开，则多为刻意洗盘行为，投资者应趁机介入。

如图 6-1 所示，万集科技（300552）在 2019 年 8 月 5 日出现的分时涨停板走势就是一字涨停板走势。股价集合竞价时大单抢筹封板，之后全天交易时段股价一直封死涨停板。

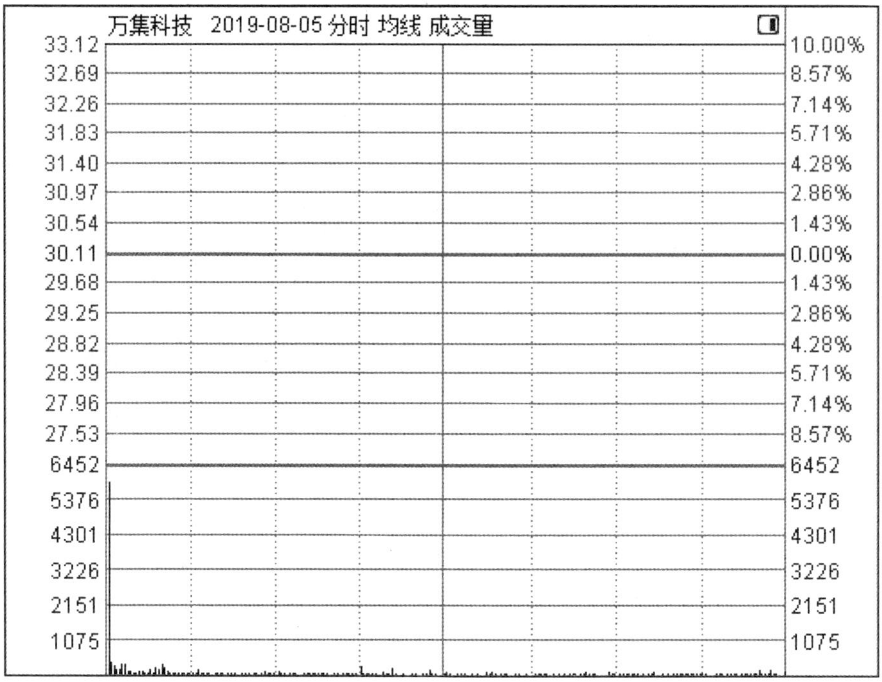

图 6-1

第二节　T 字涨停板

1. T 字涨停板的内容

T 字板是指当天以涨停开盘，然后被大卖单砸下来，最后再封死涨停。这种涨停板通常意味着股价在一字涨停板上市场产生分歧，而这个分歧在某一阶段空方力量较强，因此把涨停板打开，之后经过多方的顽强抗争，最后多方胜出，再次推升股价封死涨停板。

T 字涨停是涨停板系列中，强度仅次于一字涨停的一种。它是在一字板的基础上，盘中因多空力量变化导致涨停板打开，之后又快速封上的一种涨停板形态。T 字板通常是上涨中继信号。

就基本面变化而言，T 字板的形成往往是个股突发性利好刺激一字板后，主力不能容忍低位已获巨利的筹码，所以打开涨停将低位筹码洗出。主力通过巨量换手来提高市场成本，以便后期能够轻松地拉升股价。

就技术面而言，T 字涨停板通常可以分为主动型 T 字涨停板和被动型 T 字涨停板。

主动型 T 字涨停板大多出现在股价上涨初期，主力不愿意让太多的投资者坐享后市股价拉升的盈利机会，因此利用一字板开板的方式来洗出那些意志不坚定的筹码，以方便后期股价拉升。

被动型 T 字板常常出现于一个或者几个一字涨停板之后，在累积了大量的获利后，空方的抛盘欲望加大，在盘中会形成一定的抛压使涨停板中途打开，但最终又封住。被动型 T 字板通常不是主力有意为之，而是市场获利盘的累积造成市场的分歧所致。

2. T 字涨停板走势市场分析的方法

（1）看看 T 字板出现之前有无缩量涨停。有缩量涨停会比没有缩量涨停要强。缩量涨停意味着市场和主力筹码的锁定，说明他们都看好后面的市场行情，因此才锁定筹码不卖出，这样会提高投资者对后市的预期。

（2）分析 T 字板之前短期股价的涨幅。如果连续出现一字板之后，股价已经翻倍，则会比股价只涨了两三个涨停板的持续爆发潜力要差。前期已经一字板连续大幅上涨的个股，股价已经一步到位了，这时再出现巨量 T 字板大概率是主力出货，因此投资者要谨慎介入这样的个股。

（3）在 T 字涨停板中，投资者可以利用下影线的长短来分析市场多空动能的强弱。T 字涨停的下影线越长，当天的换手越大，说明空方力量越大，股价未来上涨的动能越弱。反之，下影线越短，当天的换手越小，说明空方力量较小，股价未来上涨的动能越强。所以，在实际交易过程中，如果股价前期涨幅不大，当天换手不大，且底仓锁定较好，那么投资者可趁机介入，以博弈短期获利机会。

（4）分析股价盘中开封板次数。盘中开板次数少的要比开板次数多的强，最好就是只开板一次。只开一次板说明多方表现强势，股价经过短暂的分歧后，很快就转为一致。

（5）分析股价盘中开板后的回封时间。盘中开板后回封时间越快，表现会越强。如果涨停板个股开板后能够快速回封，则说明多方势头很猛，看涨意愿强烈。如果涨停板个股开板后迟迟无法封板，则说明市场分歧较大，多空博弈焦灼，经过艰难的争夺，最终多方取得胜利，股价才回封涨停，这种情况下很多投资者会看弱股价后续的上涨潜力。

（6）分析盘中放量区，T 字板主要放量区应该出现在开板那一刻，重新封板后就没有明显的成交量放出，这样的 T 字板后续持续性较强。如果开板后多次放量就要怀疑可能是主力出货。次日要是股价低开，早盘半小时不收复，基本上就可以断定是主力出货。

3. 案例解析

如图 6-2 所示，华力创通（300045）在 2020 年 2 月 7 日出现的分时涨停板走势就是 T 字涨停板走势。股价在集合竞价时大单封板，之后盘中突然出现大单抛压，将涨停板打开，使股价快速回落，随后多方立即展开强势回击，很快股价被再次拉升回涨停板上，直至收盘股价都一直封死涨停板，这是多头绝对强势的表现。

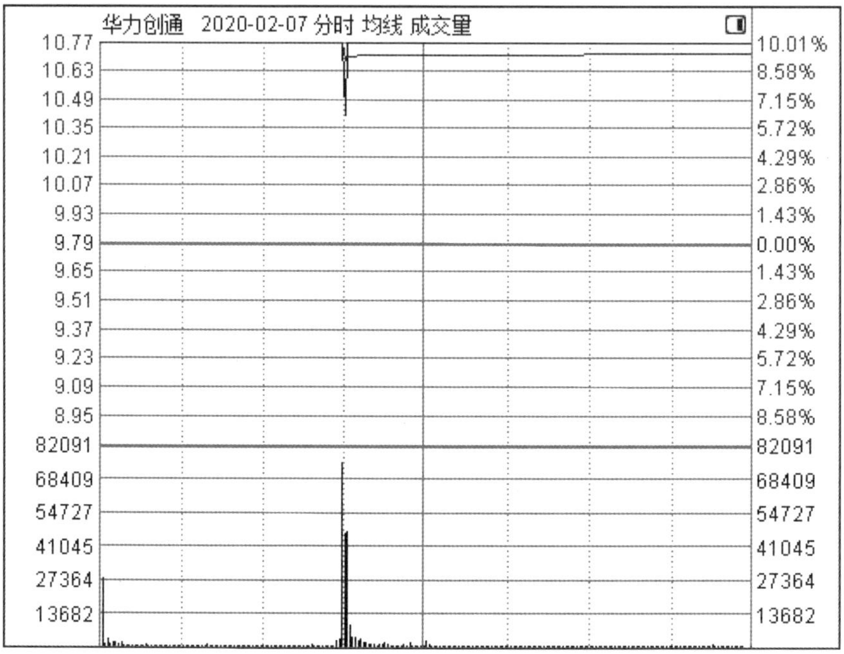

图 6-2

第三节　高开直接拉升涨停

1. 高开直接拉升涨停的内容

高开直接拉升涨停是指股价早盘集合竞价时跳空高开，开盘后股价没有回落，而是直接拉升直至封上涨停板的走势。

跳空高开直接拉升涨停的走势，从 K 线上看，是一个跳空的光头光脚小红 K 线，给人以悬在空中的小太阳的感觉。这类涨停板往往是因受到某种利好刺激所致，或者是拉升过程中的加速形态，往往出现在一字涨停、T 字涨停之后。这种走势通常代表着上升动能强劲，其上涨动能仅次于一字涨停和 T 字涨停，后续往往仍有较大的上升空间。

2. 高开直接拉升涨停的分析方法

（1）跳空高开直接拉升涨停的走势中，股价集合竞价时跳空幅度越大，K 线实体越短，则动能越强劲，未来上涨的空间就越大；反之，股价集合竞价时跳空幅度越小，K 线实体越长，则动能越弱，未来上涨的空间就越小。

（2）跳空高开直接拉升涨停的走势中，股价开盘拉升股价至封板的时间越短，则动能越强，未来上涨的潜力越大；反之，股价开盘拉升股价至封板的时间越长，则动能越弱，未来上涨的潜力越小。

（3）跳空高开直接拉升涨停的走势中，股价拉升过程中买入的量能越大，动能越强，后市上涨潜力就越大；反之，股价拉升过程中买入的量能越小，动能越弱，后市上涨的潜力就越小。

3. 案例解析

如图 6–3 所示，智度股份（000676）在 2019 年 10 月 11 日出现的分时涨停板走势就是高开直接拉升涨停板走势。股价在集合竞价时跳空高开，开盘后投资者抢筹明显，股价强势拉升涨停，直至收盘都一直封死在涨停板，这是股价强势的表现。

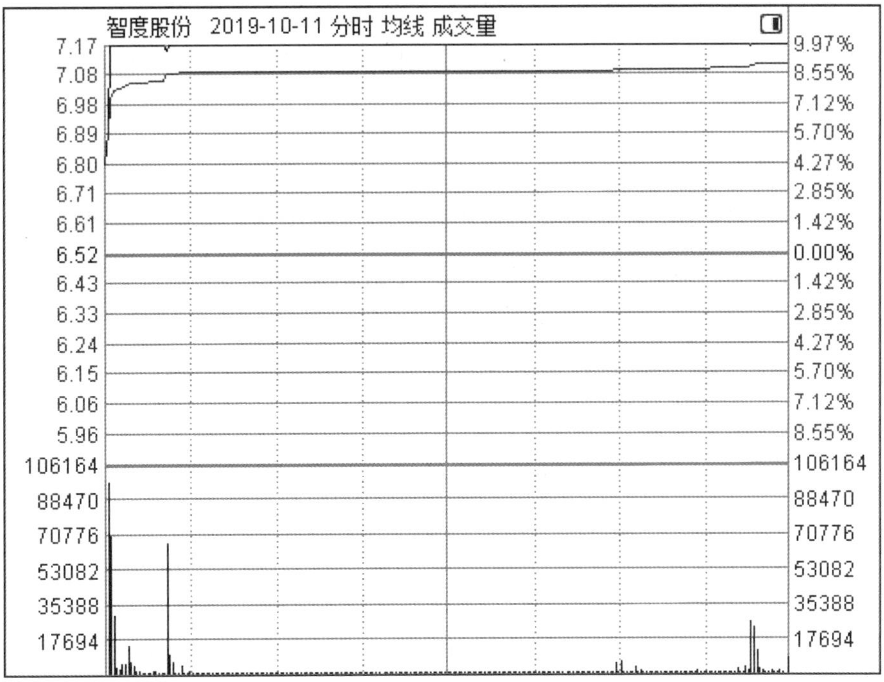

图 6–3

第四节　高开回档拉升涨停

1. 高开回档拉升涨停的内容

高开回档拉升涨停是指股价在早盘集合竞价时跳空高开，开盘后股价先回落，然后再拉升直至封上涨停板的走势。

跳空高开回档拉升涨停的走势，从K线上看，是一个带有下影线的光头阳线。这类涨停板通常是因受到某种利好消息刺激所致，或者是拉升过程中的加速形态。股价集合竞价时跳空高开，之后开盘后市场出现短暂的分歧，空头短暂强势，导致股价回落，之后多方再次强势，市场情绪再次转向多方一致，从而拉升股价直至涨停。这种走势通常代表着上升动能强劲，其上涨动能仅次于一字涨停、T字涨停和高开直接拉升涨停，往往代表后续仍有较大的上升空间。

2. 高开回档拉升涨停的分析方法

（1）跳空高开回档拉升涨停的走势中，股价集合竞价时跳空幅度越高，开盘后回落的空间越小，即K线实体和下影线越短，则动能越强劲，未来上涨的空间就越大；反之，股价集合竞价时跳空幅度越小，且回落的空间越大，即K线实体和下影线越长，则动能越弱，未来上涨的空间就越小。

（2）跳空高开回档拉升涨停的走势中，股价开盘回落下探的时间越短，且其后股价拉升至封板的时间越短，则动能越强，未来上涨的潜力越大；反之，股价开盘回落下探的时间越长，且股价拉升至封板的时间越长，则动能越弱，未来上涨的潜力越小。

（3）跳空高开回档拉升涨停的走势中，股价下探过程中市场承接越强，且拉升过程中买盘越强，则上涨的动能就越强，后市上涨潜力就越大；反之，股价下探过程中市场承接越弱，且拉升过程中买盘越弱，则上涨动能越弱，后市上涨的潜力就越小。

（4）跳空高开回档拉升涨停的走势中，股价下探过程中出现快速下探的长下影线，且股价下探后很快就被强势收回，并强势拉升至涨停，说明股价表现强势，未来上涨的潜力较大；反之，股价下探过程中出现快速下探的长下影线，但股价下探后收回的速度比较缓慢，则说明股价表现偏弱，未来上涨的潜力较小。

3. 案例解析

如图 6–4 所示，顺网科技（300113）在 2020 年 1 月 2 日出现的分时涨停板走势就是高开回档拉升涨停板走势。股价集合竞价时跳空高开，开盘后经过短暂回落，股价强势拉升并涨停，直至收盘价一直封死在涨停板。该走势中，股价开盘后经过短暂洗盘，主力强势拉升股价至涨停，是股价强势的表现。

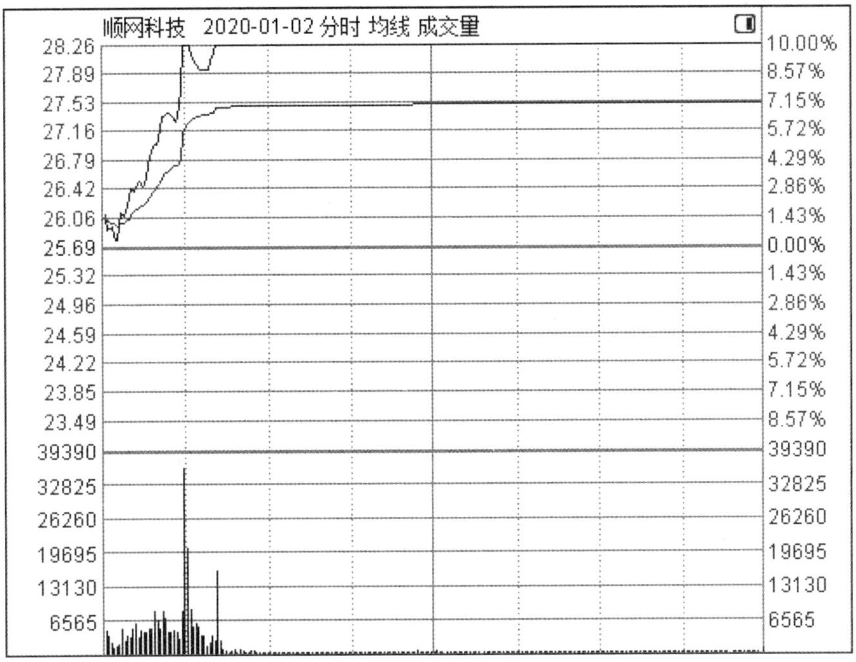

图 6–4

第五节　平开直接拉升涨停

1. 平开直接拉升涨停的内容

平开直接拉升涨停是指股价早盘集合竞价时以前一日收盘价平开，但开盘后股价没有回落，而是直接拉升直至封上涨停板的走势。

平开直接拉升涨停的走势，从 K 线上看，是一根拔地而起的大阳线。此类涨停板通常是拉升过程中的加速形态。股价集合竞价时以前一天收盘价开盘，随后开盘后市场多方一致，使股价开盘后直接拉升，中途可能会有小分歧但都被多方强势回击，直至拉升至涨停。这种走势通常代表上升动能强劲。

2. 平开直接拉升涨停的分析方法

（1）平开直接拉升涨停的走势中，股价开盘后拉升的速度越快，说明上涨的动能越强劲。如果直接快速拉升至涨停，说明股价表现强势，后市的上涨潜力更大；反之，股价开盘后拉升的速度越慢，说明上涨的动能越疲弱。如果拉升上涨的速度比较缓慢，则说明市场表现弱势，后市上涨的潜力较小。

（2）平开直接拉升涨停的走势中，开盘后股价拉升过程中遇到的抵抗越弱，说明市场一致看涨的情绪越浓，后市持续上涨的潜力越强；反之，股价拉升过程中遇到的抵抗越强，说明股价拉升过程中的抛盘力量越强，虽然买盘占据优势，但也显示出投资者怀疑后市上涨的持续性，后市持续上涨的潜力较弱。

（3）平开直接拉升涨停的走势中，股价拉升封板的时间越早，说明市场越看好后市，未来股价持续上涨的潜力越强；反之，股价拉升封板的时间越晚，说明市场越怀疑股价未来上涨的持续性，未来股价持续上涨的潜力越弱。

3. 案例解析

如图 6–5 所示，华凯创意（300592）在 2020 年 7 月 6 日出现的分时涨停板走势就是平

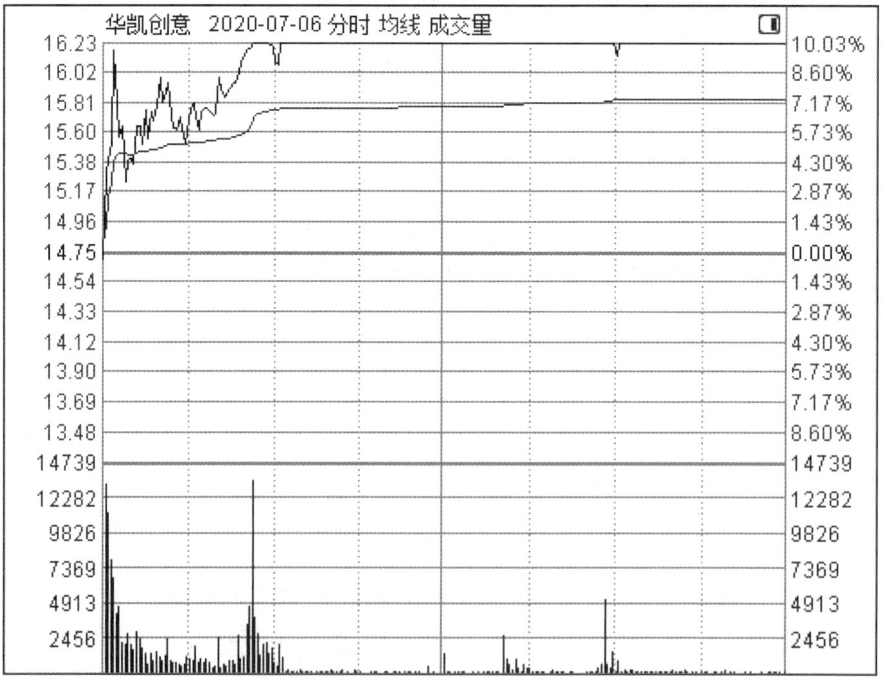

图 6–5

开直接拉升涨停板走势。股价在集合竞价时与前一天的收盘价持平，开盘后市场抢筹明显，股价强势拉升涨停，截至收盘股价一直封死在涨停板，该走势通常是投资者抢筹的表现。

第六节　平开下探回升涨停

1. 平开下探回升涨停的内容

平开下探回升涨停是指股价在早盘集合竞价时以前一日收盘价平开，但开盘后先回落下探，之后再拉升直至封上涨停板的走势。

平开下探回升涨停的走势，从 K 线上看，是一根带下影线光头不光脚的大阳线。此类涨停板通常是拉升过程中的加速形态。股价在集合竞价时以前一天收盘价开盘，开盘后市场出现分歧，起初空方力量较强，使股价出现回落，其后多方发力，使股价拉升直至涨停。这种走势通常代表着上升动能强劲。

2. 平开下探回升涨停的分析方法

（1）平开下探回升涨停的走势中，股价开盘后下探时间越短，且拉升时的速度越快，说明上涨的动能越强劲，后市的上涨潜力越大；反之，股价开盘后下探时间越长，且拉升时的速度越慢，说明上涨的动能越疲弱，后市上涨的潜力越小。

（2）平开下探回升涨停的走势中，股价下探过程中市场承接越强，且拉升过程中买盘越强，则上涨的动能越强，后市上涨潜力就越大；反之，股价下探过程中市场承接越弱，且拉升过程中买盘越弱，则上涨动能越弱，后市上涨的潜力就越小。

（3）平开下探回升涨停的走势中，股价下探形成的下影线的长短对股价后市的分析影响不大，重点要看股价下探之后承接和回升的力度。

3. 案例解析

如图 6-6 所示，奥特佳（002239）在 2020 年 2 月 20 日出现的分时涨停板走势就是平开下探回升涨停板走势。股价集合竞价时与前一天的收盘价持平，开盘后受空方抛压影响，股价快速下探，随后多空双方经过短暂的激烈争夺，多方开始发力，强势拉升，最终股价强势拉升至涨停，该走势由市场分歧转为多方一致。

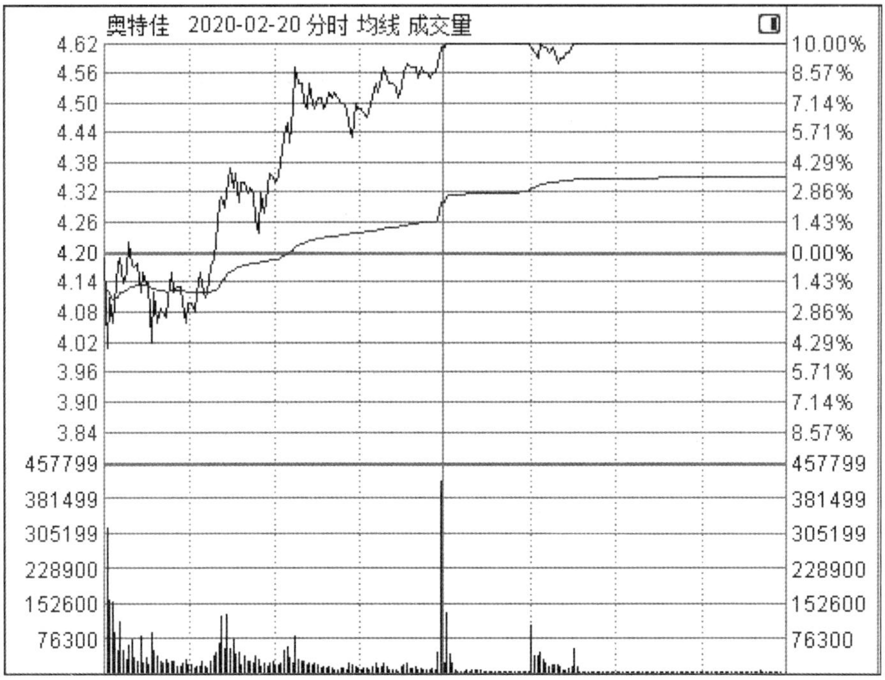

图 6-6

第七节　低开直接拉升涨停

1. 低开直接拉升涨停的内容

低开直接拉升涨停是指股价在早盘集合竞价时以低于前一日的收盘价开盘，即跳空低开，但开盘后股价没有回落，而是直接拉升至涨停板的走势。

低开直接拉升涨停的走势，从 K 线上看，是一根拔地而起的光头光脚大阳线。此类涨停板通常是拉升过程中的加速形态。股价集合竞价时跳空低开，开盘后市场转为多方一致，使股价开盘后直接往上拉升，中途可能会有小分歧，但都被多方强势回击，直至股价拉升至涨停。这种走势通常代表着上升动能强劲。

2. 低开直接拉升涨停的分析方法

（1）低开直接拉升涨停的走势中，股价开盘后拉升的速度越快，说明上涨的动能越强劲。如果直接快速拉升至涨停，说明股价表现强势，后市的上涨潜力越大；反之，股价开盘后拉升的速度越慢，说明上涨的动能越疲弱。如果拉升上涨的速度比较缓慢，则说明市场表现弱势，后市上涨的潜力较小。

（2）低开直接拉升涨停的走势中，股价跳空低开的幅度越小，市场表现会比大幅低开稍微强势一些，因为低开代表市场怀疑该股上涨的持续性。所以，即使股价小幅低开，也只能说明比大幅低开时对投资者心理的影响稍微小一些。另外，股价跳空幅度越大，说明市场表现越弱势，市场悲观情绪越重，对后市持续上涨的压力越大。

（3）低开直接拉升涨停的走势中，股价拉升过程中卖盘越少，买盘越多，说明市场看涨情绪越强，后市继续上涨的潜力越大；反之，股价拉升过程中卖盘较多，买盘虽然强过卖盘并推升股价上涨，但可以看出市场怀疑未来行情的持续性，因此会限制股价后市持续上涨的潜力。

3. 案例解析

如图 6–7 所示，奥特佳（002239）在 2020 年 2 月 13 日出现的分时涨停板走势就是低开直接拉升涨停板走势。股价在集合竞价时跳空低开，开盘后投资者抢筹明显，使股价强势拉升并涨停，该走势是集合竞价时市场表现偏弱势，但开盘后股价明显受到投资者追捧，是股价由弱转强的表现。

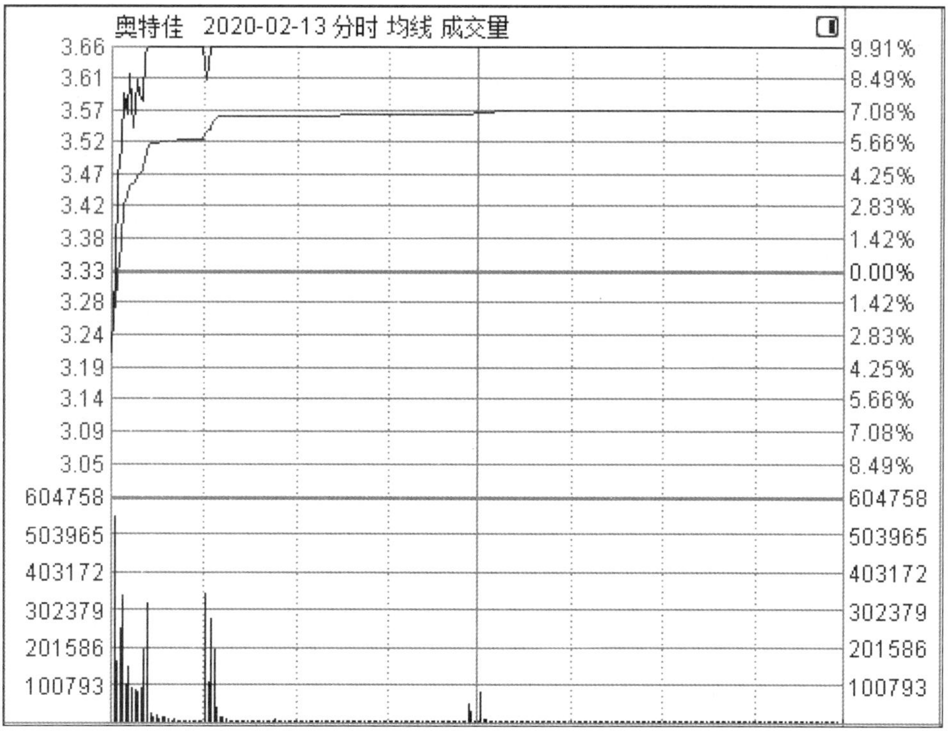

图 6–7

第八节　低开下探回升涨停

1. 低开下探回升涨停的内容

低开下探回升涨停是指股价早盘集合竞价时以低于前一日的收盘价开盘，即跳空低开，但开盘后股价先回落，之后再拉升至涨停板的走势。

低开下探回升涨停的走势，从K线上看，是一根带下影线的光头不光脚大阳线。此类涨停板通常是拉升过程中的分歧转为一致的加速形态。股价集合竞价时跳空低开，开盘后空方表现强势，使股价开盘后就下跌，多方奋力顽抗后逐渐占据上风，使股价逐渐回升并拉升至涨停。

2. 低开下探回升涨停分析的方法

（1）低开下探回升涨停的走势中，股价开盘后下探时间越短，且拉升时的速度越快，说明上涨的动能越强劲，后市的上涨潜力越大；反之，股价开盘后下探时间越长，且拉升时的速度越慢，说明上涨的动能越疲弱，后市上涨的潜力就越小。

（2）低开下探回升涨停的走势中，股价跳空低开的幅度越小，市场表现会比大幅低开稍微强势一些，因为低开就代表市场怀疑该股上涨的持续性。所以，即使小幅低开，也只能说明比大幅低开时对投资者心理的影响稍微小一些。另外，股价跳空幅度越大，说明市场表现越弱势，市场悲观情绪越重，对后市持续上涨的压力越大。

（3）低开下探回升涨停的走势中，股价下探过程中市场承接越强，且拉升过程中买盘越强，则上涨的动能越强，后市上涨潜力就越大；反之，股价下探过程中市场承接越弱，且拉升过程中买盘越弱，则上涨动能越弱，后市上涨的潜力就越小。

3. 案例解析

如图6-8所示，浙江世宝（002703）在2020年2月25日出现的分时涨停板走势就是低开下探回升涨停板走势。股价集合竞价时跳空低开，开盘后受空方抛压影响，股价快速下探，随后多方开始回击，强势拉升至涨停，该走势属于市场由弱转强的走势。

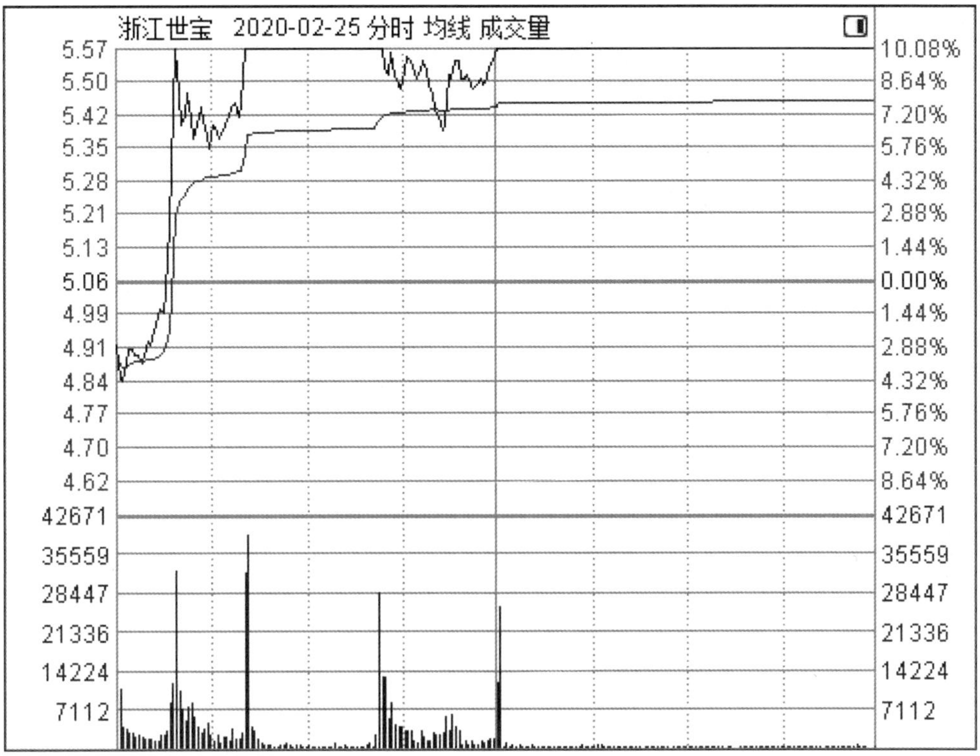
浙江世宝　2020-02-25 分时 均线 成交量
5.57
5.50
5.42
5.35
5.28
5.21
5.13
5.06
4.99
4.91
4.84
4.77
4.70
4.62
42671
35559
28447
21336
14224
7112
10.08%
8.64%
7.20%
5.76%
4.32%
2.88%
1.44%
0.00%
1.44%
2.88%
4.32%
5.76%
7.20%
8.64%
42671
35559
28447
21336
14224
7112

图 6-8

第七章　涨停速度分析

股市中，涨停板是一个动态的时空运动过程，其运行的轨迹是客观存在的，不以投资者的意志为转移。涨停板的分时走势图中，交易量、成交金额、上涨角度、上涨速度、上涨方向、市场人气、涨停价值、涨停时间等各种具体要求，都会真实、完整、系统、客观地记录在每只股票发生涨停板当天的交易过程中，并且由此形成市场的运行轨迹。

有时，虽然庄家不愿意表露自己的意图，但又不得不表露，这是庄家的弱点，这样就给投资者提供了一个分析、破解主力意图的途径。这种涨停板提供的运行轨迹，无疑为投资者研究、分析、认识并把握股市提供了充分的客观条件。

第一节　直线拉升涨停

1. 直线拉升涨停的内容

直线拉升涨停是指股价开盘后，沿着某一陡直的角度上涨，中途没有回调，直至涨停。股价快速直线拉升封死涨停板，这是多头力量非常强势的表现，空头毫无还手之力，市场完全由多方控制。

2. 直线拉升涨停的 4 种情况

（1）股价高开后直线拉升涨停。K 线上就是一根悬空的光头光脚阳线，分时走势轨迹简单明了，就是开盘后一根线直接拉升至涨停板。这种情况说明行情非常强势，市场情绪完全偏向多头方向，投资者普遍看好后市，纷纷抢着买入股票。

（2）股价平开后直线拉升涨停。K 线上是一根拔地而起的光头光脚大阳线，分时走势简单明了，就是开盘后一根直线快速拉升涨停，也是多头强势的表现。

相比股价高开，股价平开时人气会显得稍弱一些，但投资者同样觉得该股具有持续上涨的潜力，因此纷纷买入股票。他们认为，平开买入比追逐高开的强势股更加安全，所以平开直线拉升涨停的个股有时会转强。

（3）股价低开后直线拉升涨停。股价低开是开盘时人气不足的表现，也是投资者不看好个股的表现，这种开盘之后股价直线拉升涨停的类型，通常都是主力故意为之。这种情况说明主力已经持有足够的筹码，能够随时影响或操控股价的走势。

股价低开后直接拉升涨停是个股的市场人气由弱转强的表现，由于股价低开，投资者能够买到更廉价的筹码。因此，股价强势拉升时，会有很多投资者跟风抢筹，甚至有很多投资者不停地追高买入，从而推动股价以更快的速度强势拉升至涨停。

（4）分时图走势上，股价经过一段时间的横盘振荡后，突然直线拉升涨停。股价前期分时图出现横盘振荡，说明个股多空方向趋于平衡，多方无法取得胜利，空方也无法占据优势，是市场陷入焦灼的表现。之后某一时间股价突然直线拉升至涨停，说明此时该股发生了某种变化。

股价横盘振荡后突然拉升涨停，拉升时个股发生的变化，通常要从两方面进行解读。一方面是从基本面来解读，如果个股在盘中突然出现某种利好性消息，多头开始发力打破前期的平衡，从而使股价快速拉升至涨停。

另一方面，从主力控盘角度进行解读，通常在盘中股价突然快速拉升至涨停，除了个股基本面出现突发性利好外，就是庄家控盘的结果。庄家需要达到某种意图而要拉升股价至涨停时，通常会选择这样的操作方式。庄家可能是已经收集完筹码，准备快速拉升启动上涨，也可能是主力想要拉高出货。

3. 案例解析

如图 7-1 所示，汇金股份（300368）在 2020 年 8 月 20 日出现的分时涨停板走势就是直线拉升涨停板走势。股价在集合竞价时跳空低开，开盘后投资者抢筹明显，股价直线拉升涨停，直至收盘价一直封死涨停板，这是市场强势的表现。

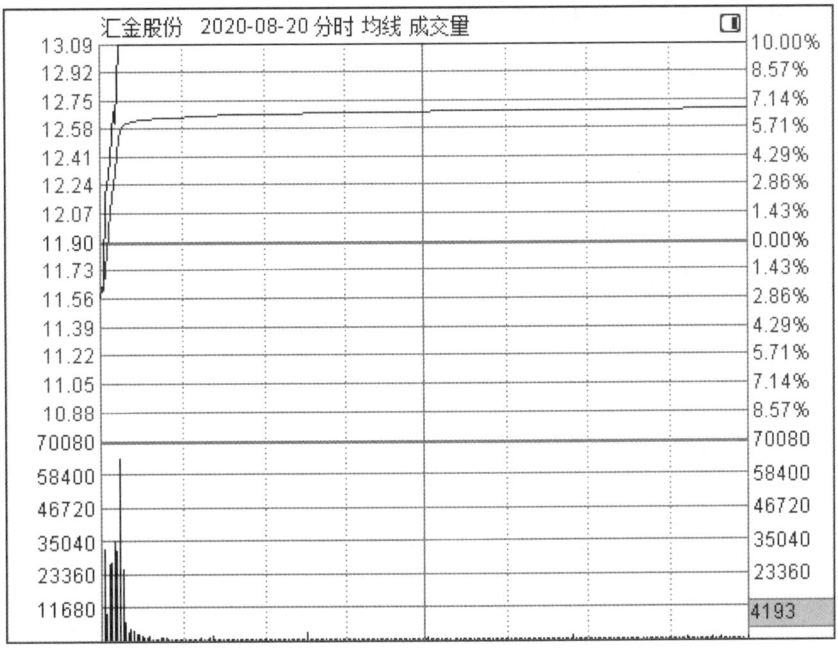

图 7–1

第二节　波段拉升涨停

1. 波段拉升涨停的内容

波段拉升涨停是指股价运行过程中，在分时图上逐渐向上运行，高点和低点都在逐渐抬高，直至股价涨停。

波段拉升涨停通常是庄家发起强有力攻击的一种信号，也是庄家操盘意图的显现，同时还是庄家资金实力和操盘手法的明证。

庄家运作个股时，波段式涨停经常出现在拉升的过程中，往往代表着庄家急于快速脱离成本区、吸引跟风盘和提高散户成本的操盘意图。在这种涨停的背后，往往会有一波不错的涨幅。

2. 波段拉升涨停的分析方法

（1）按波段攻击的次数分析。

波段拉升涨停走势的风格可以用波浪来形容，其中最常见的波段拉升涨停是：一波拉升涨停、三浪拉升涨停和五浪拉升涨停。

一波拉升涨停是指股价的分时走势仅一波拉升即奔向涨停，中间没有任何停顿，这是股价非常强势的表现。

三浪拉升涨停是指股价上升过程中稍有停顿或调整，之后再快速拉升涨停，这就是分时图上常见的“N”字形态或三浪形态。

五浪拉升涨停是指股价上升过程中停顿或调整两次，最终攻击至涨停的一种走势形态。这种形态平时所见会多一些。

正常情况下，拉升至涨停的波段次数越少，攻击力度越强；反之，波段拉升的次数越多，攻击力度越弱。

（2）按波段攻击的时间分析。

按照波段攻击时间的早晚，波段拉升涨停可分为早盘波段拉升涨停、中盘波段拉升涨停和尾盘波段拉升涨停。全天 4 小时的交易时间内，早盘波段拉升涨停的时间为 9:30—10:30 形成的波段拉升涨停，中盘波段拉升涨停的时间为 10:30—14:00 之间形成的波段拉升涨停，尾盘波段拉升涨停的时间为 14:00 至收盘形成的波段拉升涨停。

正常情况下，波段拉升攻击的时间越早，后期上涨的力度越大；反之，波段拉升攻击的时间越晚，后期上涨的力度越小。

（3）按波段拉升涨停中回调整理的强度分析。

波段拉升涨停走势中，除了单波拉升涨停是一波直接攻击至涨停外，股价拉升过程中，其他的拉升涨停如三浪拉升涨停或五浪拉升涨停，至少会有一个短暂的停顿调整。停顿调整的强度对投资者的情绪会有非常大的影响。

对波段拉升涨停而言，调整的最低点最好不低于前一波的最高点，调整的幅度越小，调整的时间越短，说明庄家的资金实力和控盘能力越强；反之，股价拉升过程中，调整的幅度越大，调整的时间越长，说明庄家的资金实力和控盘能力越弱。

（4）按波段拉升涨停时的成交量分析。

波段拉升涨停的分时成交量，在波段拉升阶段和波段回调阶段有着非常明显的不同。在波段拉升阶段，成交量会非常大，而在回调整理阶段，量能通常较小。庄家发起波段拉升总攻时，量能瞬间会急剧放大数倍，甚至几十倍，往往伴有庄家对敲的成分。

波段拉升涨停走势中，在逐波攻击期间，最好要后量超前量，以保证上涨动力的持续性。

3. 案例解析

如图 7-2 所示，蓝英装备（300293）在 2020 年 7 月 2 日出现的分时涨停板走势就是波段拉升涨停板走势。股价集合竞价时跳空低开，开盘后拉升至上涨 4% 左右后，开始小幅回落。股价回落至分时均线受到支撑时，再次拉升至上涨 7% 左右后回调。股价回调至前一波上涨的高点附近时受到支撑，之后再次强势拉升至涨停。拉升涨停过程中，股价走出了明显的三波拉升和两波回调的五浪走势。

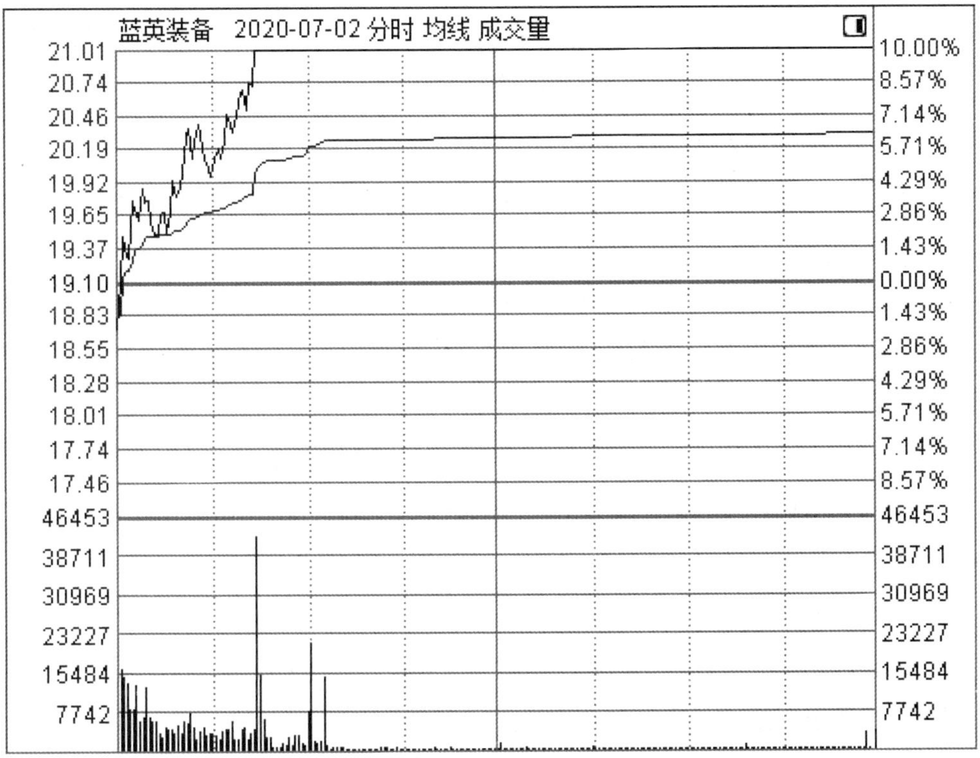

图 7-2

第三节　阶梯式拉升涨停

1. 阶梯式拉升涨停的内容

阶梯式拉升涨停是指股价经过一波拉升后，在一个相对较小的水平价格区间内休整，让散户投资者进行场内外的充分换手，以抬高其持仓成本，同时洗出不坚定的持仓者，以减轻后期拉升的抛压，然后再次拉升，依次反复运作，最终拉升至涨停板，分时走势上形成类似阶梯的形态。

2. 阶梯式拉升涨停的分析方法

（1）阶梯的高度。

阶梯的高度是指形成台阶整理平台之前单次拉升的幅度。按台阶的高度，可分为低位阶梯、中位阶梯和高位阶梯。单次拉升涨幅在 0 ~ 3% 之间的阶梯为低位阶梯，单次拉升涨幅在 3% ~ 6% 之间的阶梯为中位阶梯，单次拉升涨幅在 6% 以上的为高位阶梯。

阶梯的高度越高，说明庄家做多的决心越大，资金实力越雄厚。所以，单次拉升的阶梯高度越高，则拉升至涨停板的时间通常也越早。同时，正常情况下，对阶梯式涨停而言，一般单次拉升的幅度在 0 ~ 3% 之间，强势的单次拉升幅度在 6% 以上。

（2）阶梯的长度。

阶梯的长度是指阶梯式涨停的分时走势中，股价经过一波拉升后进行的平台休整的时间长度。阶梯的长度通常不是固定的，要看主力意图，多数的阶梯时间会维持在 10 分钟至 2 小时之间。

阶梯式涨停中，阶梯的长度越长，说明需要整理的时间越长，场内浮筹越多，庄家控盘相对较弱，后期拉升就会困难；反之，阶梯长度越短，说明庄家拉升的决心越大，后期拉升往往比较有力。

（3）阶梯的厚度。

阶梯的厚度是指股价进行平台整理时的振荡幅度。阶梯的厚度越厚，振荡幅度越大，说明多空双方的争夺激烈，空方力量较为强盛，浮筹较多，庄家控盘能力稍弱，后期拉升较为费劲；反之，阶梯的厚度越薄，振荡幅度越小，说明经过一波拉升后，抛盘较轻，浮筹较少，主力控盘程度较高，后期拉升较为轻松。

另外，就当天分时走势的几个台阶来讲，与前面台阶的振幅相比，后面台阶的振幅越小，后期拉升越轻松。正常情况下，台阶的振幅在 2% 以内比较理想。

（4）阶梯的数量。

阶梯的数量是指当日股价攻击涨停之前形成的盘整平台的数量。按阶梯数量，可以分为单阶梯、双阶梯、多阶梯。单阶梯是指分时走势拉升涨停之前只做一个阶梯休整。双阶梯是指分时走势拉升涨停之前做了两个阶梯休整。多阶梯是指分时走势拉升涨停之前做了两个以上的阶梯休整。

正常情况下，股价拉升涨停之前形成的阶梯数量越少，说明上涨过程中的抛压越小，庄家越强；反之，股价拉升涨停之前形成的阶梯数量越多，说明上涨过程中的抛压越大，庄家资金实力不够雄厚，对股价拉升的决心不大，后期股价上涨的动力较弱。所以，单阶梯拉升涨停通常强于双阶梯，双阶梯拉升涨停通常又强于多阶梯。

（5）阶梯整理的形态。

阶梯拉升涨停走势中，股价阶梯平台整理时，通常会有不同的走势形态，其中最常见的是箱体振荡走势、收敛三角形形态。

阶梯拉升涨停走势中，阶梯平台整理的每一种形态都反映出不同的市场效果。比如：阶梯是箱体振荡走势，说明市场多空双方趋于平衡，行情走势处于焦灼状态，这时多空双方都无法奈何对方，更像暴风雨来临前市场的宁静。

收敛三角形形态说明阶梯整理前期市场波动比较剧烈，之后逐渐放缓，多空双方依然保持着较为平衡的状态，双方争夺的力度都在减弱，因此形成了收敛三角形的形态。

（6）阶梯形成的时间。

按阶梯形成的时间划分，可分为早盘阶梯、中盘阶梯和尾盘阶梯。早盘阶梯是指早盘 10:30 前封死涨停板的阶梯式涨停。中盘阶梯是指 10:30—14:00 封死涨停板的阶梯式涨停。尾盘阶梯是指 14:00 以后封死涨停板的阶梯式涨停。

阶梯形成的时间越早，说明拉升的时间越早，庄家资金实力雄厚，做多决心坚定，后期拉升的力度较强；反之，阶梯形成的时间越晚，说明拉升的时间越晚，庄家资金实力稍弱，做多决心不足。

（7）阶梯拉升的角度。

阶梯拉升涨停中，股价拉升时分时走势中的角度能反映出主力的实力。阶梯拉升的角度越陡峭（有的甚至以接近 90° 角向上拉升），说明庄家资金实力越雄厚，做多决心越坚定，后市上涨的动力较强；反之，阶梯拉升的角度越平缓，说明庄家的资金实力越弱，做多决心不足，后市上涨的动力也较弱。

（8）分时线、分时均线和量能关系。

阶梯式涨停板分时走势中，加权价格平均线（黄线）会随着即时价格线（白线）的移动而同向移动。两条线有相互的牵拉作用，同时黄线对白线具有支撑和压力的作用。白线开始上拉时，黄线最好快速跟上，否则距离太远白线会短暂悬空而下跌，而黄线上拉需要量的“跟进”。白线无量拉升时，往往会因黄线跟不上其步伐而短暂下挫。所以分时图上，最好每一波拉升都要放出量能，且后量要超过前量。

另外，阶梯整理区的量能越小越好，且后面阶梯整理区的量能小于前一台阶整理区的量能为最佳。这样，市场抛压较小，有利于后期股价拉升。

3. 案例解析

如图 7–3 所示，蓝晓科技（300487）在 2018 年 5 月 11 日出现的分时涨停板走势就是阶梯式拉升涨停板走势。股价集合竞价时以前一日收盘价开盘（即平开），开盘后股价在上涨 1.4% 附近横盘振荡，一段时间后股价突破振荡区间上涨，上涨 2.8% 之后继续横盘振荡。经过短期的横盘振荡后，股价再次突破振荡区间上涨，上涨 7% 之后再次弱势振荡。经过短暂振荡后，股价突破振荡区间强势拉升至涨停。

图 7–3

第四节　斜推式拉升涨停

1. 斜推式拉升涨停的内容

斜推式拉升涨停是指股价当天的分时走势中，没有明显的快速拉升走势，也没有明显的停顿横盘整理走势，而是步步为营，一路碎步式缓慢向上爬升，最后直至涨停板的一种分时上涨形态。

斜推式拉升涨停走势通常都是主力行为所致，因为仅仅依靠市场投资者的买卖，很难使股价缓慢爬升直至涨停。所以，投资者可以通过分析股价缓慢爬升涨停的走势，来了解主力的意图，以便清楚未来行情的机会或风险。

2. 斜推式拉升涨停的分析方法

（1）根据爬升角度不同，斜推式拉升涨停可分为快速斜推式拉升涨停和慢步斜推式拉升涨停。

快速斜推式拉升涨停是指股价从早盘开始就以等于或大于 45° 的角度逐波平稳上推，早盘收市前突然一波拉升至涨停的分时走势形态。慢步斜推式拉升涨停是指股价全天的运行过程中，始终以小于 45° 的角度不温不火地慢步上推至涨停的分时走势形态。

（2）根据涨停时间不同，斜推式拉升涨停可分为早盘斜推式拉升涨停、中盘斜推式拉升涨停和尾盘斜推式拉升涨停。

早盘斜推式拉升涨停是指 10:30 前封死涨停板的斜推式拉升涨停。中盘斜推式拉升涨停是指 10:30—14:00 封死涨停板的斜推式拉升涨停。尾盘斜推式拉升涨停是指 14:00 以后封死涨停板的斜推式拉升涨停。

斜推式涨停的时间越早，说明庄家主动做多的决心越坚定，后期上涨的动力越强，特别是早盘就开始斜推起涨的个股，往往后期继续上涨的概率高达 90% 以上；反之，斜推式涨停的时间越晚，说明庄家主动做多的决心越不坚定，后期上涨的动力越弱。

（3）斜推式拉升涨停的盘口挂单。

斜推式拉升涨停，在涨停前的斜推向上过程中，分时走势往往给人一种多空双方势均力敌，上升艰难的感觉。但股价始终不断上推，多方占据相对主导地位。逐波上推过程中，个股盘口经常以对称蜂窝式挂单为主（也有少数是压迫式挂单），买卖盘交战激烈。卖盘被略强一筹的庄家买盘逐步吃掉（或庄家对敲）时，股价就慢步上推，直至涨停。

（4）斜推式拉升涨停的成交量。

因为斜推式涨停的分时走势具有一定的特殊性，所以其对应的分时成交量往往没有太过明显的放量与缩量行为，整个过程多空双方的量能基本相当，多方量能略多于空方。

3. 案例解析

如图 7–4 所示，多氟多（002407）在 2020 年 10 月 20 日出现的分时涨停板走势就是斜推式拉升涨停板走势。股价集合竞价时以前一日收盘价开盘（即平开），开盘后股价沿着斜向上的方向逐渐往上爬升，直到尾盘拉升至涨停板。

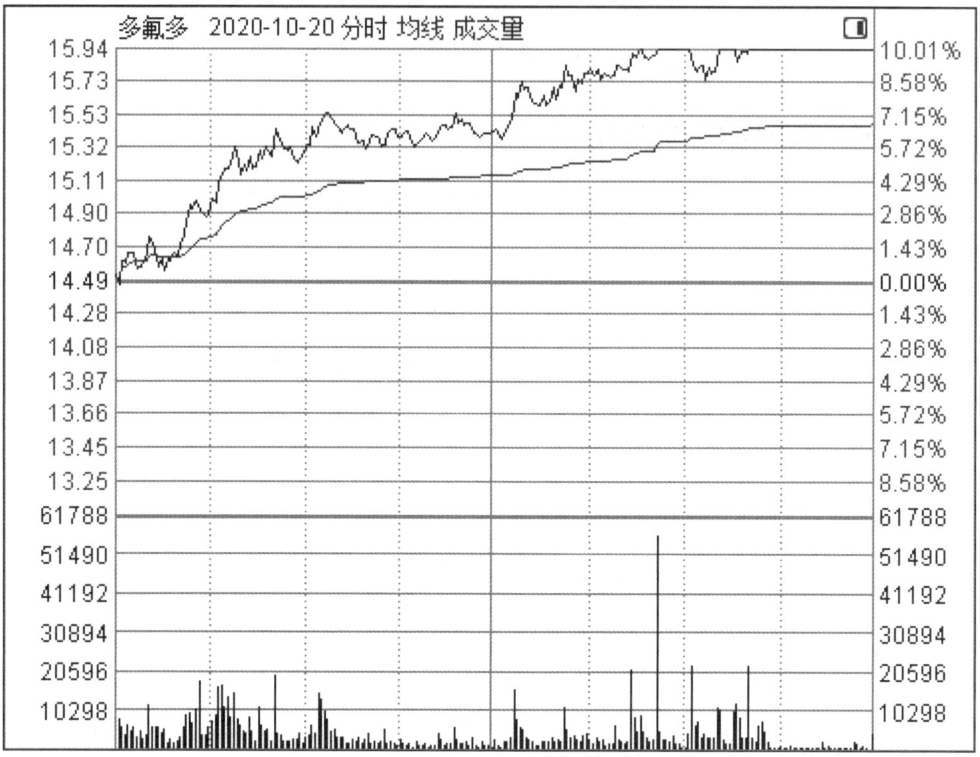

图 7-4

第五节 振荡式拉升涨停

1. 振荡式拉升涨停的内容

振荡式拉升涨停是指在股价的分时走势中，经历了较大的振荡幅度后，最终拉升涨停的一种分时走势形态。因其分时走势大幅振荡的特征，决定了振荡涨停经常出现在个股整个运作过程的底部吸筹阶段和高位出货阶段。同时，因为其振荡幅度较大，操作上难于其他分时类型的涨停板个股。

如果股价上涨过程中空方力量很强，那么行情就会形成大幅振荡的走势。振荡过程中，行情可能多次回调整理，完全破坏股价的上涨趋势。不过，行情的上涨幅度会逐渐超过下跌幅度，形成较大的涨幅，最终达到涨停价位。

这样的涨停价格说明，虽然拉升股价上涨的多方力量很强势，但同时打压股价下跌的空方力量也非常强。多空双方力量的交替作用下，行情反复振荡，每次上涨之后的回落都非常强势，形成较大的调整幅度。

2. 振荡式拉升涨停分析方法

（1）振荡式拉升涨停的分时走势与大盘分时的同步性。

按分时走势与大盘分时是否同步，振荡式涨停可分为顺势振荡式涨停和逆势振荡式涨停。

顺势振荡式涨停是指分时走势与大盘分时基本同步，振荡幅度大于大盘，最终拉升至涨停的一种走势形态。逆势振荡式涨停是指分时走势与大盘分时不同步或者截然相反，不受大盘的影响，自我运行，最终拉升至涨停的一种走势形态。

逆势振荡式涨停因其不受大盘的波动而波动，说明庄家对整个盘面的控制能力较强，可以随心所欲地按照自我意愿去操作。而顺势振荡式涨停会因大盘的波动而波动，说明庄家的控盘能力较差。所以，逆势振荡式涨停要强于顺势振荡式涨停。

（2）振荡式拉升涨停的振荡区间。

根据涨停前分时振荡的区间划分，振荡式拉升涨停可以分为高位振荡式拉升涨停和低位振荡式拉升涨停。

高位振荡式拉升涨停是指股价冲击涨停之前的振荡区间主要在红盘区。低位振荡式拉升涨停是指股价冲击涨停之前的振荡区间由红绿盘组成。

（3）振荡式拉升涨停的盘口挂单。

振荡式拉升涨停因其波动幅度较大，注定其盘口挂单是变化多端的。一般来讲，主要有拦截式大单挂单、夹板式大单挂单和压迫式大单挂单 3 种形式。在最后攻击涨停板之前，盘口卖盘被大单统统吃掉，且伴随着成交量放大时，则是向涨停板发起冲锋的强烈信号。

（4）振荡式拉升涨停的时间规律。

振荡式拉升涨停经常出现于低位吸筹区间和高位出货区间。振荡式拉升涨停主要是庄家有意识地“制造”这种振荡态势，以达到自己的操盘目的。

庄家在股价低位吸筹时，通过反复的上下振荡，使场内散户受不了宽幅振荡的折磨而割肉出局，庄家则趁机收集低位筹码。庄家在高位出货时，往往进行宽幅振荡，给场外投资者以希望，便于自己派发筹码。所以，这种宽幅走势的涨停板往往出现在下午甚至尾盘。

一般情况下，振荡幅度越大，则涨停的时间越晚；反之，振荡幅度越小，则涨停的时间越早。

（5）振荡式拉升涨停的即时走势与分时价格均线的关系。

振荡式拉升涨停分时走势因为庄家宽幅振荡的需要，其即时分时走势往往来回在当天价格平均线上下穿梭。对高位振荡式涨停来讲，有的甚至以当天的价格平均线为中轴来回上下振荡。

3. 案例解析

如图 7–5 所示，腾邦国际（现为 *ST 腾邦，300178）在 2020 年 9 月 2 日出现的分时涨停板走势就是振荡式拉升涨停板走势。股价集合竞价时接近平开，开盘后股价经过短暂的小幅下探后，逐渐上涨，在分时图上形成一波又一波的上涨走势，直到股价拉升至涨停板。

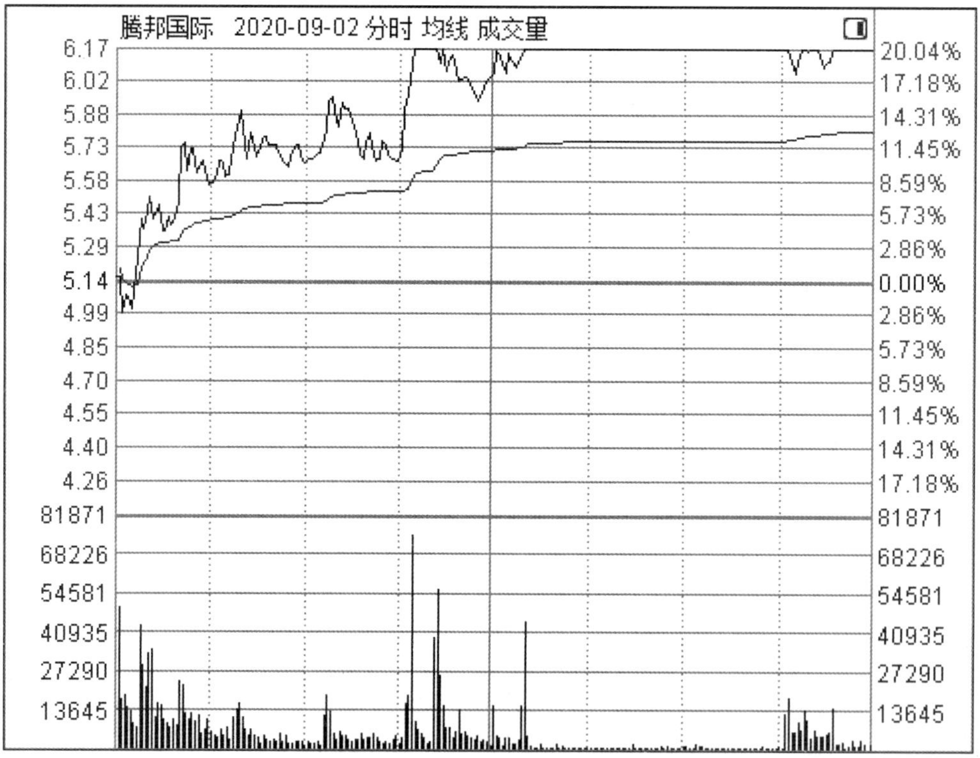

图 7–5

第八章　涨停板的资金分析

第一节　机构资金

在 A 股市场中，机构资金经历了从大户、机构到主力机构和超级主力机构的演进过程。在股票市场的初期，大户和机构是股市的风向标，随着股市大扩容，主力机构和超级主力机构决定着股市的动向。

对普通投资者来说，机构具有实力强大，操作经验丰富，专业能力强等特点。股市中，相比一般的主力机构，超级主力机构的资金实力更强大，操作经验更丰富，活动范围更广泛。

目前投资市场上，机构资金几乎完全依靠股市的投机活动而生存，基本上不可能依靠上市公司发放的红利而生存。因此，获取股市行情波动的差价利润是机构资金赖以生存的手段。

股市中的涨停板绝大多数都是由机构操纵的。笔者经过长时间的观察和对机构的追踪研究，将制造涨停的主力机构分为以下 5 类。

1. 公募基金

公募基金是指以公开方式向社会公众投资者募集资金，并以证券为主要投资对象的证券投资基金。公募基金是以大众传播手段招募，发起人集合公众资金设立投资基金，进行证券投资。这些基金在法律的严格监管下，有着信息披露、利润分配、运行限制等行业规范。所以，在一般投资者看来，公募基金的资产安全性更有保障，也更容易接受。

随着市场上公募基金的不断壮大，现如今公募基金已经成为股市行情中不可或缺的重要力量。

通常情况下，公募基金持有的股票涨停的次数极少，多数公募基金都是以做长期趋势为主。在牛市行情中，那些K线上表现为小阴小阳不温不火上涨的股票多为公募基金重仓股。公募基金的持仓时间一般很长，不会频繁换股，波段操作者居多。

公募基金持仓股票一般很少涨停，即便涨停换手率通常都小于5%。这类股票由于缺乏涨停基因，临盘想捕获涨停板的难度极大。

公募基金通常很少进行短线交易，并且很少参与涨停板封板。如果涨停板上出现公募基金资金封板，通常说明该股具有持续上涨的潜力和价值。因此，投资者适当地跟随这类股票进行交易，其安全性一般要高很多。

2. 私募基金

私募基金是指以非公开方式向特定投资者募集资金，并以特定目标为投资对象的证券投资基金。私募基金是以大众传播以外的手段招募，发起人集合非公众性多元主体的资金设立投资基金，进行证券投资。

谈到私募基金，很多投资者会感觉很神秘。其实，私募基金和公募基金一样，都属于中长线持股者的范畴，大多奉行价值投资和成长性投资。只不过，在操盘手法上，私募基金显得非常泼辣，大阴大阳的K线非常多，连续涨停的爆发力较强。

私募基金持有的股票涨停的频率较高，换手率一般多在5%～15%之间。但私募基金大多比较偏向于价值投资和成长性投资，也是中长线投资者，持仓时间较长，是股市上的常胜将军。

从操盘手法上看，私募基金的操盘手法往往异常凶悍，临盘捕获涨停板的概率很高。如果投资者能确定一只有强悍私募基金入主的高成长性股票，那么无论做短线抓涨停板还是做中线投资，都是绝佳的选择。

私募基金操作上比较灵活，因此时常会有私募基金参与涨停板封板。私募基金参与涨停板封板时，并不一定代表私募基金认为该股后市有持续上涨的价值，也可能是短期炒作。

3. 券商

券商是指经营证券交易的公司，又称证券公司，其实就是上海证券交易所和深圳证券交易所的代理商。

券商是市场资金的集散地，券商资金非常庞大。通常情况下，券商持有的股票都是以中长线为主。

券商持股的风格介于公募基金和私募基金之间。从盘面来看，券商所持股票的走势风格和私募基金的操盘手法更为接近，也是中长线机构投资者。

券商持仓股票的涨停频率，高于公募基金但低于私募基金。从盘面走势来看，经常出现大阴大阳K线，股票日线振幅很大，涨停爆发力较强，涨停换手率在5%～15%之间。

通常来说，券商资金体量较大。如果券商资金参与涨停板封板，多半是市场出现了某些利好性消息，或者市场行情疲弱，需要券商带头稳定市场。

券商资金参与封涨停，通常短期内股价容易持续上涨，中长期则要看券商资金参与的程度。

4. QFII

QFII 是合格的境外机构投资者的英文简称，QFII 机制是指境外专业投资机构到境内投资的资格认定制度。

QFII 是一国在货币没有实现完全可自由兑换、资本项目尚未开放的情况下，有限度地引进外资、开放资本市场的一项过渡性制度。这种制度要求境外投资者若要进入境内证券市场，必须符合一定的条件，得到境内有关部门的审批通过后汇入一定额度的外汇资金，并转换为当地货币，通过严格监管的专门账户投资当地证券市场。

合格投资者在这当中需要很多条件，核心是不能短期炒作，应具有中长期投资的性质。引入 QFII 机制后，合格投资者大都热衷投资绩优股，重视上市公司的分红，关注企业长远发展的理性投资，投机行为有所减少，在一定程度上降低了市场的巨幅波动。

QFII 属于境外机构投资者，他们对行情和大势判断极准，并精于企业的基础分析和研究，是中长线价值投资者和成长性投资者。目前，市场上很多投资者都喜欢把北向资金的流入与流出作为市场大势的风向标，这能充分反映出境外机构投资者对市场行情脉动的精准把握。

QFII 持仓的股票一般不进行短线操控。QFII 所持股票很少出现涨停，短线很难捕获涨停板，参与价值较小，适合中长线持有。

QFII 资金也是比较灵活的资金，如果有 QFII 参与涨停板封板，通常说明该股具备长期的成长价值，后续持续上涨的概率会比较高，投资者跟随参与成功的概率也会比较高。

5. 特殊机构资金

这里所说的特殊机构资金主要是指一些社保基金、养老基金、保险基金、国家集成电路产业基金、中央汇金资产等。这些机构资金体量特别大，并且都属于安全保障资金或产业发展资金，其对投资股票的安全性要求会比较高，因此通常会选择成长价值高、成长性好的股票进行买入持股。这些机构持股的风格通常也是以中长线为主。

特殊机构资金参与的股票，通常也很难出现涨停，往往都是以趋势形式走慢牛状态，偶尔会出现涨停。但是，这些机构资金不会有太大的动作，除非股价已经达到大幅拉升后的高位状态，这些资金才会考虑减持或退出。

特殊机构资金的特殊性要求其稳健操作，尽量保持资金能够稳定获利。因此，如果有特殊机构资金参与封板，往往是他们对该股的未来有很高的期望，投资者可以跟随交易这类涨停板，安全性相对较高。

第二节　热钱与牛散资金

1. 热钱

热钱，通常是指游资，或者叫投机性短期资金，在商业词典中，热钱的定义为“迅速移向能提供更好回报的任何国家的流动性极高的短期资本”。

热钱的目的在于用尽量少的时间以钱生钱，是只为追求高回报而在市场上迅速流动的短期投机性资金，纯粹为了投机盈利，而不是制造就业、商品或服务。

市场上的热钱通常都是短线投机者，其追求的是快速获利，来时如疾风骤雨、气贯长虹，就涨停板来说，这是最佳参与标的，当然也是风险最大的一类。如果能够精准地跟随买入游资布局的股票，往往短期内就能获得巨大的收益。当然，如果跟随操作失误，也会存在巨大风险。

通常来说，热钱喜欢寻找市场上那些形态已经做好的股票，行情随时可能启动上涨。最好是其他主力介入程度不深的股票，这样热钱拉升股价时不容易被主力坑骗。

一般热钱参与拉升的涨停板股票，其换手率通常会比较高，经常在 15% ~ 40% 之间，甚至更高。

热钱比较喜欢参与那些有利好消息（这里指突发性事件或企业重组、资产注入等）的股票。他们经常会利用媒体对突发事件造势，从而给市场制造出强势拉升的理由。

热钱参与的股票经常短期内都会出现巨大的涨停，同样，当热钱撤离后，这些个股后期的走势通常都会非常惨淡。所以，跟随热钱参与买卖股票，可能短期内获得暴利，也可能短期内亏损惨重。

如果涨停板上的封板资金是市场热钱参与,那么涨停板后市的持续性可能会比较强。因为热钱本身的目的就是在最短的时间内获取最大的回报，既然短期热钱参与封涨停，必然是想要有更多的回报，因此后续很容易继续拉升。

当然，不是所有的热钱封涨停后就一定会强势上涨，也有可能会在第二天就高开低走，热钱资金就跑路了。其实，热钱封涨停也有失败的时候，所以投资者不能盲目地跟随热钱交易。

2. 牛散资金

简单说来，牛散就是很牛的散户，主要是指那些资金非常庞大，并且交易经验非常丰富，具有独到的眼光和敏锐洞察力的散户投资者。

在 A 股市场中存在着这样一批人，他们靠着自己的专业知识和稳定的操作模式，在股票市场上收获丰厚的利润，让自己的财富实现大幅提升。与时常亏损的业余散户相比，这类投资者的突出优势在于他们很“专业”。

几乎所有的投资者都知道，要想在股市中稳定赚钱是非常困难的，投资者能赚钱的概率非常低，因此常有“七亏二平一盈”之说。而这种概率分布的不均衡使绝大多数散户都处于亏损状态，散户好像成了“韭菜”的代名词。

在 A 股市场中，总有一些传说，总有一些牛散让投资者看到希望，这就好比“浓绿万枝一点红”。正是有这些牛散的存在，才让无数的散户觉得，尽管股市中赚钱非常难，但是做好了，还是可以盈利的。然而，这些普通散户忽略了极其重要的一点，那就是牛散之所以能够赚钱，能够长期稳定盈利，是因为他们已经站到了专业的高度。

（1）牛散与普通散户的区别。

股市中，牛散比普通散户拥有更全面的股票知识。尽管每个牛散赚钱的方法不尽相同，但在拥有扎实的股票知识储备这一点上是不谋而合的，从最基础的股票市场理论到 K 线、各种指标、形态理论、基本面等知识都有广泛的涉猎，掌握这些知识恰恰是炒股起步最基本的要求。

牛散比普通散户有股票投资上的天赋，他们天生就对数字、信息、热点、政策、走势图形都非常敏感，因此对股市的理解更加深刻。

牛散长期浸淫于股市之中，经历过大小多个牛熊转换，将学到的炒股知识在股海中反复实践，并不断修正自己的错误。他们比普通散户不仅多了一些赚钱的经验，也多了一些亏钱的教训。他们在跟市场的反复磨合中，逐渐形成了适合自己性格和资金体量的一套交易系统。

相比普通散户，牛散具有更好的心态。对于盈亏，他们更从容，更淡然。他们在看多的时候，敢于重仓出击；在看空的时候，敢于壮士断腕般地砍仓；在该休息的时候，也能经受住诱惑。而普通散户时常会陷入追涨杀跌、情绪失控的陷阱之中。

相比普通散户，牛散在操作上更具有机构化。机构操作股票时，在宏观分析、行业分析、公司研究、策略制定、下单执行、资金管理、风险控制等方面都有专人进行细分操作。其实，牛散机构化就是“专业”的集中表现。

（2）牛散与涨停板。

前面已经说到了，牛散与普通散户相比，更加具有专业性。而这个专业性就造就了牛散的与众不同。

多数牛散都有一套适合自己操作模式的交易体系，这套交易体系是支撑着他们在股市中稳定盈利的关键。

在股市交易中，牛散通常是长短线结合操作。牛散会用一部分资金中长线投资一些有潜在价值的上市公司股票，用另一部分资金进行短线热炒。

通常情况下，有牛散参与的股票，其可靠性会比较高。这些股票一旦启动上涨，往往都会非常强势，并且经常会出现涨停板，甚至连续涨停板。

由于牛散具有资金优势，牛散参与短线热炒时，经常会助推股价强势上涨，很容易造就涨停板的出现。正因如此，市场上有很多投资者喜欢紧跟牛散买卖股票。

如果是牛散资金封涨停板，那么后市持续上涨的概率会很高，因为牛散出手必定有其认为可以获利的机会。既然他们敢于在涨停板上封买单，就说明他们对后市很有信心。

不过，投资者一定要清楚，牛散资金封涨停也不是绝对会成功。虽然有牛散参与的涨停板，其后市上涨的概率更高，但不排除牛散偶尔出现失误的可能，况且行情走势并不是牛散能够决定的。

第三节　资金流向分析

目前，资金流向已经是一个非常成熟的技术指标。资金流向的判断方法很简单，比如：在 9:35 这一分钟里，某一板块指数较前一分钟是上涨的，就将 9:35 这一分钟的成交额计作资金流入。如果在这一分钟里，某一板块指数较前一分钟是下跌的，就将这一分钟的成交额计作资金流出。如果与前一分钟相比，指数没有发生变化，就不计入。

每分钟计算一次，每天汇总统计一次，流入资金与流出资金的差额就是该板块当天的资金净流入。

1. 资金流向的含义

资金流向就是市场中的资金主动选择的方向。从量的角度去分析资金的流向，即观察成交量和成交金额，成交量和成交金额在实际操作中的方向性主要是买入或卖出。

根据沪深交易所提供的成交数据，将主动性买盘视为资金流入，在任何一个股票软件的分笔成交数据中，通常用红色来表示。主动性买盘代表有场外资金愿意以比当时成交价更高的价格来买入股票。将主动性卖盘视为资金流出，通常用绿色来表示。主动性卖盘代表有场内资金愿意以比当时成交价更低的价格来卖出股票。部分交易指令的价格正好同时匹配时，这部分成交量没有买卖标识，可视为中性盘。总成交量中，中性盘仅占很小的比例。将一只股票每日的主动性买盘以及中性盘之和，视为资金流入；将主动性卖盘的汇总之和视为该只股票当日的资金流出。

有些投资者单纯地认为，资金流向就是资金的进场或离场。其实不然，资金流向是反映市场多空买卖意愿、主力散户买卖意愿的数据指标。资金流向测算的是推动指数或个股涨跌的力量强弱，这反映了投资者对该板块看空或看多的程度到底有多大。分析、预测资金流向的多空买卖意愿和主力散户博弈行为，对短线操作有着较大的参考意义。

2. 分析资金流向的重要性

资金流向的判断和分析，对分析大盘走势和个股操作，都起着非常重要的作用，而资金流向的判断过程比较复杂，不容易掌握。

资金流向能够帮助投资者透过指数或股价涨跌的成交额，看到其他投资者的买卖意愿。市场中指数或股价上涨一个点，可能是由 1000 万元资金推动的，也可能是由 1 亿元资金推动的，这两种情况对投资者具有完全不同的指导意义。

一般情况下，资金流向与指数或股价的涨跌幅走势非常相近。但当资金流向与指数或股价涨跌相反时，或者当天的资金流向与指数或个股涨跌幅，在幅度上存在较大背离时，资金流向比指数或个股涨跌幅更能反映市场实际状况。

股市中的“热点”其实就是有资金集中流入的个股，而“板块轮动”其实就是资金流动产生的盘面效果。主流资金向部分板块和个股流动时，这些板块和个股一般都能够成为市场关注的焦点，其中往往能挖掘出热门股和潜力股。因此，研判资金流向，对分析大盘走势和把握个股机会，都起着极其重要的作用。

分析资金流向时，投资者需要将成交量排行与涨跌幅榜结合起来分析。若成交量排行靠前，同时股价涨幅也靠前，则说明有大资金持续流入该类个股。一般来说，最初发动行情的个股，由于涨幅居前、成交量有效放大，往往最具备示范效应，这就是市场中的龙头股。

从成交额上识别资金流向的方法是：每天成交额排行榜前 20 名的个股，就是资金流向的热点，所要观察的重点是这些个股是否具备相似的特征或集中于某些板块，并且该板块中个股能长时间地占据成交额排行榜位置。

个股没有主流资金流动时，股价会在某一多空相对平衡的价格区间内徘徊，并且随着股市整体趋势的演变，相应地提高或降低其多空平衡区间。主流资金对个股施加作用时，股价就会偏离其多空平衡区，从而产生质变。

第九章　挖掘潜力涨停板机会

第一节　换手率中潜在的涨停机会

换手率中存在的潜在涨停机会，是指投资者通过跟踪、观察、分析换手率，找出具备涨停潜力的股票。

换手率是指单位时间内，某一证券累计成交量与可交易量之间的比率。其数值越大，说明交投活跃程度越高，也说明交易者之间换手越充分。而主力只能引导换手率，不能决定换手率，所以换手率是对资金最真实的反映。

股市中，换手率是很重要的买卖参考指标，应该说远比技术指标和技术图形更加可靠。如果要在K线图上的技术指标、图形和成交量这3个要素中进行选择，那么主力肯定最没有办法时才用成交量来骗人。因而，研判成交量乃至换手率对于判断一只股票的未来发展，从中区分出换手率高是因为主力要出货，还是主力准备拉抬股价，这是很重要的。

1. 换手率高低与股票交易的关系

（1）股票的换手率越高，意味着该只股票的交投越活跃，投资者购买该只股票的意愿越高，属于热门股；反之，股票的换手率越低，则表明该只股票关注度越低，属于冷门股。

（2）换手率高一般意味着股票流通性好，进出市场比较容易，不会出现想买买不到、想卖卖不出的情况，具有较强的变现能力。然而值得注意的是，换手率较高的股票，往往也是短线资金追逐的对象，投机性较强，股价起伏较大，风险也相对较大。

（3）将换手率与股价走势相结合，可以对未来的股价做出一定的预测和判断。某只股票的换手率突然上升，成交量放大，可能意味着有投资者在大量买进，股价可能会随之上扬。如果某只股票持续上涨了一段时间后，换手率又迅速上升，则可能意味着一些获利者要套现，股价可能会下跌。

2. 不同换手率出现涨停板的概率

通过长期跟踪和观察沪深市场3000多只股票每日的换手率，发现绝大多数股票的每日换手率在1%～25%之间（不包括新上市的次新股），大约70%的股票日换手率低于3%。也就是说，3%是一个重要的分界线，3%以下的换手率非常普通，通常表明没有较大实力的资金在其中运作。

股票换手率低于1%时，说明股票极度低迷，市场表现非常冷清。股票的活跃度太低，市场对该股的关注度极低，几乎没有什么资金介入，市场买卖流通性太差，该类个股最好以观望为主。

股票换手率在1%～3%之间，说明股票交易适中，不算太低也不算太高，属于正常活跃度。该类股票虽然市场成交平淡，但还是有一些投资者关注，并用少量试探性资金谨慎买入。该类股票依然适合以观望为主。

股票换手率在3%～5%之间，说明股票已经相当活跃了，参与买卖的投资者比较多，流通性较强。该类股票市场成交开始增加，投资者关注度增加，较多的投资者选择少量试探性买入。该类股票容易出现小幅上涨或下跌，股价上涨时偶尔会出现涨停板。

股票换手率在5%～10%之间，这算是较高换手率了。这些股票一般都是活跃度较高的强势股，市场关注度也较高，投资者开始大举买入或卖出。该类股票在市场中的表现为稳步上涨或下跌，股价上涨时常常出现涨停板。

股票换手率在10%～15%之间，属于非常活跃股，流通性非常强，一般都属于庄股。这类股票市场关注度非常高，投资者或者机构资金深度参与，大举买入或卖出。该类股票在市场中的表现为大幅上涨或下跌，股价上涨时容易出现涨停板。

股票换手率在15%以上，已经属于超高换手率，市场流通性非常强，个股表现极度活跃。这类股票市场关注度极高，市场资金重度参与，高度买入或卖出。该类股票在市场中的表现经常为暴涨暴跌，股价上涨时非常容易出现涨停板。但如果股价在持续上涨后的高位出现高换手率，就需要谨防主力高位出货。

股市中，个股换手率高说明关注的人多，证明这只股票人气较好。另外，个股换手率高，买卖也容易成交。

对短线交易来说，换手率高比较好，说明市场流动性好，有激情，这样的股票适合短线操作。如果股票涨了一段后换手率高了，就说明底部筹码开始松动，投资者要减仓或清仓出局来回避风险。

3. 如何通过换手率来选股

（1）通过换手率挖掘热门股。

首先投资者需要做的就是挖掘热门板块，判断是否属于热门股的有效指标之一就是换手率。换手率高，说明股性趋于活跃。热门板块通常股性都比较活跃，也就是说，热门板块个股的换手率相对会高一些。每日收盘后，投资者可对换手率进行排行，观察换手率在5%以上的个股。

（2）观察换手率的持续性。

投资者需要观察换手率能否维持较长时间，因为较长时间的高换手率说明资金进出量大，持续性强，增量资金充足，这样的个股才具有可操作性。如果仅仅是一两天换手率突然放大，其后便恢复平静，那么这样的个股操作难度相当大，并容易遭遇骗线。因此，投资者要观察换手率的持续性。

（3）分析高换手率发生的位置。

如果高换手率出现在底部，则股价后市上涨的概率会比较高。投资者可以优先选择，不排除后续出现涨停的可能。如果高换手率出现在股价持续上涨后的高位，投资者就需要提防主力高位出货，谨慎参与。因为高换手率既可说明资金流入，亦可说明资金流出。所以，投资者需要分析高换手率出现的位置。

如果前期个股是在成交长时间低迷后出现持续放量的，且较高的换手率能够连续维持多个交易日，则一般可以看作新增资金介入较为明显的一种迹象，特别是在基本面转好或者有利好预期的情况下。

（4）根据换手率与股价情况调整盈利预期。

投资者通过换手率来挖掘涨停潜力个股时，需要观察换手率与股价的关系。如果换手率持续较高，股价持续上涨，则该股具有潜力涨停价值。如果个股一直保持较高换手率，但股价涨幅有限，那么投资者就要观察成交量。根据量比价先行的规律，成交量先行放大时，股价通常很快跟上量的步伐，即短期换手率高，表明短期上行能量充足。但是，如果只是充分换手，股价就是不涨，投资者就要引起警惕，调低对该股的盈利预期，尤其是那些本身就有风险预警的个股。

实际上，换手率的高低仅仅反映交投活跃度，至于资金是进还是出，其实很难判断。如果换手率高且伴随股价上涨，说明资金进入意愿强于退出意愿。如果换手率高伴随股价下跌，则说明资金退出意愿强烈。投资者需要用心分析换手率高时所伴随的股票价格走势和位置情况，以此挖掘出具有涨停潜力的个股。

第二节　财务指标中潜在的涨停机会

财务指标中潜在的涨停机会是指投资者通过分析财务报表中的一些财务指标，从而发现具有潜在涨停价值的股票。为了挖掘股市中的涨停潜力个股，需要重点研究的财务指标主要有以下 5 个。

1. 每股净资产

每股净资产是指股东权益与总股数的比率。其计算公式为：每股净资产 = 股东权益总额 / 股本总股数。

每股净资产指标反映每股股票拥有的资产现值。每股净资产越多，股东拥有的每股资产价值越高；反之，每股净资产越少，股东拥有的每股资产价值越低。通常每股净资产越高越好。

基本分析的各种指标中，每股净资产是判断企业内在价值最重要的参考指标之一。

每股净资产值反映了每股股票代表的公司净资产价值，是支撑股票市场价格的重要基础。每股净资产值越大，表明公司每股股票代表的财富越雄厚，通常创造利润的能力和抵御外来因素影响的能力越强。

投资者都知道，支撑股价持续走高的是业绩，一只业绩良好的股票有可能在某一时间段的表现较差，但是只要每股净资产依然很高，说明该公司依然有着较强的盈利能力。因此，股票每股净资产始终保持较高或者出现大幅提高，说明公司具有很好的盈利能力，投资者应当重点关注。

投资者通过每股净资产选择具有涨停潜力的股票时，在同行业中，一定要选择那些每年每股净资产较高的股票。因为这样的股票盈利能力很强，属于行业的龙头股，一旦行情上涨，其股价就会持续上涨或涨停。

很多涨停的股票往往都是每股净资产突然大幅提升的股票，因为这代表着公司盈利能力大幅提升。因此，投资者挖掘潜在涨停价值的股票时，尽量选择每股净资产高的股票。

2. 净资产收益率

净资产收益率是净利润与平均股东权益的百分比，是公司税后利润除以净资产得到的百分比率。该指标反映股东权益的收益水平，用以衡量公司运用自有资本的效率。

净资产收益率指标值越高，说明投资带来的收益越高。该指标体现了自有资本获得净收益的能力。投资者根据净资产收益率来选择具有涨停潜力的股票时，应当选择那些财务状况公布后，公司净资产收益率一直维持在较高水平，或者公司净资产收益率突然出现大幅提高的公司。因为净资产收益率大幅提高，说明公司的收益出现了大幅提高，其股票价值也会大幅上涨。

净资产收益率以百分比的形式，更直观地反映了上市公司业绩在季度上的变化。除了那些业绩受季节性因素影响，明显呈周期变化的行业股票外，如果净资产收益率出现较大提升，则说明公司业绩有了快速提高，股票价格往往会持续上涨或涨停。因此，如果净资产收益率大幅上涨，则是买入股票的时机。

如果是周期性较强的公司，在淡季净资产收益率却大幅提高，则说明公司的经营状况得到了大幅改善，股票价格往往会持续上涨或涨停。

通过净资产收益率来选择具有潜在涨停价值的股票时，要尽量选择净资产收益率较高的个股。

3. 市盈率

市盈率是市值盈利率的简称，是股票价格除以每股收益的比率。其计算公式为：市盈率 = 普通股每股市场价格 / 普通股每年每股盈利。

用市盈率衡量一家公司股票的质地时，并非总是准确的。一般认为，如果一家公司股票的市盈率过高，那么该股票的价格具有泡沫，价值被高估。如果一家公司增长迅速，未来的业绩增长非常看好，那么利用市盈率比较不同股票的投资价值时，这些股票必须属于同一个行业。因为此时公司的每股收益比较接近，相互比较才有效。

市盈率是常用来评估股价水平是否合理的指标之一，是很具参考价值的股市指针。

市盈率分为静态市盈率与动态市盈率。人们通常所说的市盈率是静态市盈率，即以目前市场价格除以已知的最近公开的每股收益后的比值。这给投资人的决策带来了许多盲点和误区。毕竟过去的并不能充分说明未来，而投资股票更多的是看未来。因此，人们更应关注与研究动态市盈率。

如果公司上一年度处于亏损状态，是没有静态市盈率的，此时投资者无法根据市盈率来判断股票价值，那就应当根据公司其他财务指标的提示来判断。

动态市盈率远低于静态市盈率时，股票价值往往被市场严重低估。一旦股价发动上涨，其攻势往往会表现得非常强势，常常会以涨停板的方式出现。反之，动态市盈率远高于静态市盈率时，股票价值往往被市场高估，投资者应当尽量回避该类股票。

市盈率对个股、同类股及大盘都是很重要的参考指标，一定程度上，高市盈率反映了投资者对公司增长潜力的认同。对任何股票来说，若市盈率大大超出同类股票或大盘，都要有充分的理由支持，而这往往离不开该公司未来盈利率将快速增长这一重点。一家公司具有非常高的市盈率，说明投资人普遍相信该公司未来每股盈余将快速成长，以致数年后市盈率可降至合理水平。一旦盈利增长不理想，支撑高市盈率的力量无以为继，股价就会大幅回落。

通过市盈率来选择具有潜在涨停价值的股票时，最好选择那些市盈率较低的个股。

4. 每股资本公积金

资本公积金是指从公司利润以外的收入中提取的一种公积金。其主要来源有股票溢价收入、财产重估增值、接受捐赠资产等。每股资本公积金的计算公式为：每股资本公积金 = 资本公积金 / 总股本。

资本公积金的用途主要是扩大公司生产经营活动和增加公司注册资本。《中华人民共和国公司法》第一百六十九条规定：公司的公积金用于公司的亏损、扩大公司生产经营或者转为增加公司资本。但是，资本公积金不得用于弥补公司的亏损。

公积金分资本公积金和盈余公积金。资本公积金来自溢价发行债券的差额和无偿捐赠资金实物。盈余公积金是从偿还债务后的税后利润中提取 10% 得来。资本公积金不得用于弥补公司亏损，但和盈余公积金都可以转增资本。也就是说，每股资本公积金越高，代表现金资产储备越多，从而未来越有可能派发红利，成为高送转股票。

每股公积金高意味着公司有高送转的潜力。A 股市场中，很多投资者都热衷于投资高送转的股票，有的甚至可以短时间内填权。所以，每股公积金高的股票都是潜力股，广大投资者大都积极投资这些股票，以便获得高额回报。

虽然资本公积金不能决定企业的投资价值，但实际交易中对投资者具有重要的参考意义。其原因如下。

首先，资本公积金高，其产生的原因主要有几种情况：第一，股价发行时溢价率高；第二，资产重估有较多的增值；第三，可能是公司接受了较多的捐赠。牛市中，前两种情况的这类公司，通常会比较容易在基本面上找到题材进行炒作，受到市场资金追捧，所以资本公积金高的个股，其走势往往会有不俗的表现。

其次，资本公积金最直接影响上市公司的一个方面，就是上市公司转增股本的能力。上市公司经股东大会决议可以将资本公积金转为股本，按股东原有股份比例发行新股。

因此，每股资本公积金越高，上市公司转增股本的能力也就越高，其公司股本的扩张能力也就越强。而国内股市中，高转增相关的股票一向是庄家和主力资金比较喜欢和重点关照的题材，所以拥有高转增相关的个股比较容易受到机构的关注和炒作。对于价值投资者来说，适当地关注资本公积金有助于提前发现机会，增加获利空间。

通过每股资本公积金来选择具有潜在涨停价值的股票时，最好选择每股资本公积金较高的个股。

5. 每股未分配利润

未分配利润是企业留待以后年度进行分配的结存利润。未分配利润有两个方面的含义：一是留待以后年度分配的利润；二是尚未指定特定用途的利润。资产负债表中的未分配利润项目，反映了企业期末在历年结存的尚未分配的利润数额，若为负数则为尚未弥补的亏损。

每股未分配利润是指公司历年经营积累下来的未分配利润或亏损。它的计算公式为：每股未分配利润 = 企业当期未分配利润总额 / 总股本。它是公司未来可扩大再生产或可分配的重要物质基础。与每股净资产一样，它也是一个存量指标。

每股未分配利润的高低，影响着市场投资者对股票购买的青睐程度。其主要原因如下。

（1）每股未分配利润越多，不仅表明该公司盈利能力强，也意味着未来分红、送股的能力强，概率大。

（2）一般而言，如果某公司的每股未分配利润超过 1 元，那么该公司就具有每 10 股送 10 股或每股派现 1 元红利的能力。

（3）每股未分配利润较多的上市公司，往往被各类投资者青睐，因为该类公司盈利和分红能力强，投资回报高。

（4）每股未分配利润较多的上市公司股票，在二级市场上容易被一些主力特别是长线主力炒作。主力资金可以一定程度上与上市公司配合，通过多次分红送股的方式，或降低已被炒高的股价，或赚取上市公司的大比例现金分红，从而达到降低炒作成本的目的。

每股未分配利润应该是一个适度的值，并非越高越好。投资者应该知道，未分配利润如果长期积累而不分配，肯定是会贬值的。如果一家上市公司的每股未分配利润很高，但很少给股东进行现金分红，或分红水平很低，则表明公司是标准的“铁公鸡”。如果每股未分配利润为零，甚至是负数，则公司的日子肯定不好过，可列为高风险级别。

通过每股未分配利润来选择具有潜在涨停价值的股票时，最好选择每股未分配利润较高的个股。

第三节 十大流通股东中潜在的涨停机会

十大流通股东中潜在的涨停机会,是指投资者通过分析十大流通股东的增减持情况、股东轮换情况、持仓量和股东背景等，从而挖掘出具有涨停价值的股票。股市中，通过分析十大流通股东来挖掘涨停机会的方法如下。

1. 十大流通股东增持的涨停机会

一只股票的前十大流通股东中，如果其中的大股东某天突然大量增持股票，并且这只股票还新增了许多新的流通股东，则说明这只股票发生了新的变化。此时，旧的流通股东已经离去，新的流通股东再次出现，并且其他大的流通股东感到，随着旧股东撤离而股价被打得很低，其价值已经凸显出来，因此实施了增持。这种现象一旦出现，就意味着这只股票新一轮上涨即将开始。

前十大流通股东中，持股量越大的股东增持，并且增持的股东人数越多，其增持的股票数量占整个流通股本越高，则说明流通股东越看好这只股票。因大流通股东增持股票，股价往往会快速上涨或涨停。

前十大流通股东中，虽然有增持现象，但增持力度有限，或大股东的增持数量不及其他流通股东的减持数量，则说明前十大股东对该股的未来存在争议。此时，投资者应当结合其他情况，具体研判短期行情的发展。

如果前十大流通股东中，占股比例小的股东不时轮换，持股的大股东反而大笔增持股票，则说明流通股东一直看好该股，后市股价短线走强的概率较大。

2. 十大流通股东轮换中的涨停机会

在一只股票的资料中，如果前十大流通股东的变化中持股数量较小的股东出现轮换的情况，说明这只股票的小主力们在不断地退出，而其他大主力在进入，此时股价往往会出现振荡。如果这些新进的流通股东比之前的流通股东持股数量大，并且大流通股东顺势增持的话，那就说明这些流通股东都很看好这只股票未来的发展。一旦股价出现放量上涨，投资者就可以及时跟进。因为可能是这些流通大股东继续增持的行为推升了股价，后市股价经常会连续上涨。

当发现股票持股较大的前十大流通股东并未出现减持，而只有小的流通股东在轮换时，说明真正的大主力并未出逃，此时应当坚定看好该股的未来。

当发现股票持股较大的前十大流通股东并未出现减持，而只有小的流通股东在轮换时，真正的股价启动只是早晚的事儿。只有发现股价出现放量突破时，才是最好的买入时机。即使股价出现接连涨停，一旦打开涨停板也可以继续买入，因为其后通常还会持续上涨。

如果股票处在振荡下跌趋势中，持股量较大的流通股东突然出现，或其他新进的股东持股数量很大，则股价随时都可能出现逆势涨停，投资者应随时观察盘中变化。一旦发现股价企稳后出现放量上涨，则出现涨停的概率会较大。

3. 十大流通股东持股量中的涨停机会

投资者通过前十大流通股东的持股量选择涨停股时，可以持续观察那些中小盘股。因为盘子小，流通股又少，加上突然出现的流通股东又持股数量很大，一般最少持股在100万股以上，说明主力控盘能力极强，股价随时会发动上涨。而这些股票的股价一旦上涨，往往是以涨停方式出现的。

十大流通股东的持股数量直接关系到其拥有的筹码。只有持股数量超过百万的大股东数量多时，主力的筹码才会更加集中，才能更有利于后市股价启动时的拉升。

当持股数量超过百万的大流通股东云集某只中小盘股票时，说明股价即将启动，而启动的方式往往是以涨停板的方式出现，尤其二次启动的次新股。因此，投资者应当及时观察那些次新股流通股东的变化，从中及时捕捉涨停先机。

流通股过大的股票，其流通股东的持股数量往往会更大，超过千万股。因此，投资者观察流通股东持股数量时，应当选择那些中小盘流通股本小的个股，并注意十大流通股东的持股数量在整个流通股本中的比例。比例越大，说明主力筹码越集中，后市出现快速拉升的可能性越大。

4. 十大流通股东背景中的涨停机会

投资者通过分析前十大流通股东的背景，可以发现很多个股的十大流通股东中有一些股东具有较深的背景，正所谓“背靠大树好乘凉”。十大流通股东中有股东背景深厚，说明该重要股东看好该股未来。因此，该股一旦爆发，经常会比一般背景的十大流通股东的个股，表现更为强势，经常会出现持续上涨或涨停。

十大流通股东中有一线实力牛散，并且持股数量很高，说明该股具备某种中长期的投资价值。市场上大多数的实力牛散布局进入某一只股票时，通常都会经过详细的研究和分析甚至实地调研和考察之后，认为其具有投资价值才会买入持仓。因此，这样的股票一旦启动上涨，往往会持续上涨或涨停。

十大流通股东中，如果有一些特别的机构（如中央汇金、香港中央结算中心等）、特别的基金（如国家集成电路产业基金、半导体产业基金等）或者明星基金（如社保基金组合或一些基金公司的明星基金等）持仓，并且持股很多，那就说明该股受到特别的机构或者明星基金亲睐。一些特别机构或者明星基金选择进入某只个股时，通常都是经过详细分析和研究，认为该股具备投资价值才会买入持仓。因此，这样的股票一旦启动上涨，往往也会持续上涨或涨停。

第四节　重要消息中潜在的涨停机会

股市中诱发股票涨停的因素有很多,其中重要消息的影响也是不可忽视的重要因素。市场上经常出现一些特殊的或者重大的利好消息，激发投资者的做多热情，促使他们买入股票，从而推升股价上涨至涨停板。

下面简单介绍几种从重要消息中挖掘潜在涨停板机会的方法。

1. 宏观政策的刺激

宏观政策是指对整个市场产生影响的一些政策，例如刺激经济、利率下调、降息、政府救市等。如果这些政策推出，那么市场上大多数投资者都会看好股市未来行情的发展，从而纷纷买入股票。这样，股市中绝大多数股票会大幅上涨，其中比较强势的股票就会受到资金青睐，推动股价上涨甚至涨停。

2. 行业或板块利好消息

行业或板块利好消息是指对某一行业或者某一类特定的股票有利好作用的消息，例如国家对新能源汽车的扶持和补贴计划，对整个新能源汽车行业和板块构成重大利好。有了国家的扶持和补贴，整个行业和板块的盈利能力就会得到很大提高。这样一来，市场投资者就会看好该行业和板块未来的发展，纷纷买入其股票，推动股价大幅上涨，一些强势股经常会被推升至涨停板。

3. 个股重大利好消息

个股利好消息是指能够给上市公司带来盈利的消息。比如，产品价格上涨，原材料价格下降，获得国家政策扶持，某项新产品获得重大突破，获得重大合同，等等。

当个股出现利好消息，并能促使上市公司未来盈利能力大幅提升时，市场上的投资者会对该股给予更高的估值。此时，就会有很多原来并不看好该股的投资者改变看法，选择买入股票，一些短线投资者也会集中买入股票，从而推升股价持续上涨。个股是否能够涨停，要看个股消息的利好程度。

4. 重大资产并购重组消息

并购重组是指上市公司获得优质资产，剥离劣质资产的过程。通过并购重组的方式，公司的盈利能力将会大幅提升，投资价值也会得到市场认可。因此，市场上一旦出现并购重组的消息，就会有大量的投资者纷纷买入股票，公司股票的价格也会大幅上涨，并且经常出现强势涨停走势。并购重组是非常容易被炒作的，也是非常容易引起股价大幅上涨的重要利好消息。

股市中，投资者对并购重组消息的炒作，大多停留在跟风阶段。只要市场上有类似的消息，不论是真是假，投资者马上就会跟风买入，从而致使股价大幅上涨。有时明知道并购重组的消息不一定是真的，但受到股价持续上涨的影响，很多投资者依然会跟风买入，从而推动股价持续上涨或涨停。

5. 重组成功消息

上市公司重组成功，说明公司未来的盈利能力可能会大幅增长。此时，市场投资者或者机构会纷纷买入股票，从而推动股价持续上涨，甚至连续涨停。

重组成功的消息炒作与重大资产并购重组的消息炒作有所不同。重组成功的消息是已经确定上市公司完成了优质资产重组或者劣质资产剥离，对公司未来盈利能力的提升具有确定性。而重大资产并购重组的消息，通常停留在预期炒作阶段，不仅公司重大资产的并购重组是否能够成功具有不确定性，而且这个消息本身还存在是假消息的可能，因此存在不可控的风险。

6. 业绩大幅预增消息

对上市公司来说，最重要的就是业绩。如果上市公司的业绩好，就会受到市场投资者的青睐；反之，如果上市公司的业绩不好，则很难引起市场投资者的关注。因此，上市公司的业绩好坏，能很直观地反映到股价上来。

如果上市公司的业绩出现大幅上涨，说明上市公司的盈利能力很好。此时，投资者便会纷纷买入股票，从而推动股价持续上涨，甚至连续涨停。

如果上市公司之前长期亏损，现在开始出现大幅改善或预增，则说明该上市公司的业绩出现拐点。此时，投资者就会纷纷买入股票，从而推动股价持续上涨，甚至涨停。

7. 高送转消息

高送转是指上市公司业绩非常好的情况下，给予股东的分红送股，其本身就体现了上市公司的价值。上市公司宣布高送转消息后，很容易受到市场投资者的追捧，他们会纷纷买入股票，从而推动股价持续上涨。股价是否能够涨停，要看上市公司宣布高送转的比例和时间。

股市中对高送转的炒作很常见，尤其最先宣布高送转消息的几家上市公司，非常容易引起市场投资者的关注，他们的大量买入，可能会使股价连续涨停。

有一些宣布高送转的上市公司，其股价有可能不会往上涨，反而会下跌。大多数的原因在于，上市公司宣布高送转前，消息已经提前走漏，使一些机构或消息灵敏的投资者提前买入了该股，从而使股价提前上涨，而上市公司宣布高送转时，之前买入的机构或投资者趁机出货，从而导致股价不涨反跌。

还有一些情况也会导致上市公司宣布高送转后股价不涨反跌。比如，上市公司宣布的高送转不被市场投资者认可，或者上市公司本来不应该宣布高送转，反而为了达到某种目的而强行推行高送转的，也很难得到市场投资者认可，从而导致股价不涨反跌。

第五节　热点题材龙头股中的潜在涨停机会

热点题材龙头股中的潜在涨停机会，是指投资者通过寻找热点题材的龙头股来挖掘潜在的涨停机会。

俗话说，行情全靠热点题材带，而热点题材全靠龙头带。这说明热点题材中的龙头所占的地位是非常高的。投资者要是能够准确地抓住热点题材中的龙头股，就能挖掘到具有涨停潜力的个股。因为多数热点题材的龙头，都容易受到资金追捧，从而将股价推升至涨停。

关于热点题材的龙头股，有两层含义：第一层是投资者首先要找到股市中当前或即将出现的热点题材；第二层是投资者找到热点题材后，需要找出其中具备龙头特征或龙头潜力的个股。

1. 发掘市场上的热点题材

顾名思义，热点题材就是有炒作价值的题材。这些题材可供机构炒作，借题发挥，从而促使市场投资者跟风买入。总之，一切可以引起市场兴趣的话题，都是炒作题材，所涉及的股票也就成了热点题材股。

一旦热点题材出现超级热点状态，那么涉及该题材的个股，就很容易受到市场资金的追捧。因此，处于市场热点题材的股票，其股价很容易上涨，并且比较容易涨停。

发掘市场热点题材的方法如下。

（1）消息刺激形成热点题材。

消息刺激形成的热点题材，顾名思义就是因为市场上一些利好消息的影响，从而形成的热点题材。这些消息可能是国家政策利好消息，也可能是行业利好消息。比如，国家出台对芯片及半导体相关行业的扶持政策后，芯片及半导体相关个股应声上涨。不过，个股利好消息很少会形成相关题材热点。

消息刺激形成的热点题材，要求投资者及时地关注市场信息的出台和变化，及时地捕捉有用的信息，并且及时地将这些信息运用到市场交易之中。

（2）题材轮动形成热点题材。

题材轮动形成的热点题材，就是因为题材的轮换而形成的热点题材。通常来说，要长期跟踪观察一些题材走势，才能及时发现题材轮动的规律性。

题材启动初期，可以通过竞价和开盘成交量捕捉开始轮动的热点板块。一般来说，每天开盘板块涨幅位于市场涨幅榜前列，开盘前半小时板块有 3 只以上股票底部放量强势上攻，就有可能是开始轮动的热点板块，可以关注领涨的个股。

一个长期充分调整的题材，某天出现个股大单封死一字板，往往是板块开始轮动的先兆。股权转让或并购重组等特殊原因造成的一字板除外。投资者可以在低位关注板块里具有高辨识度的个股。

板块内大盘蓝筹股的异动，往往是题材轮动的信号。投资者一定要重视这种异动，可以在低位关注板块内的潜在龙头人气股。

板块轮动经常具有情绪传导作用，率先开始轮动的热点板块经常会带动相关板块。

有时，投资者可以根据相关板块或题材的指数走势进行分析，以增加对题材轮动形成热点的确定性。

（3）周期性题材形成热点题材。

周期性题材形成的热点题材，主要是指一些周期性行业形成的热点题材。周期股与经济走势高度绑定，并有一定的提前反应。绝大多数行业和公司都难以摆脱宏观经济景气周期的影响。

整体经济上升时，周期性股票的价格会迅速上升；反之，整体经济走下坡路时，这些股票的价格会下跌。所以，周期性题材形成的热点要跟当前的经济形势密切关联，投资者要时刻关注并能分析当前的经济形势。

2. 寻找龙头股

龙头股是指某一时期在股票市场的炒作中，对同行业板块或题材的其他股票，具有影响力和号召力的股票。它的涨跌往往对同行业板块或题材的其他股票的涨跌，能够起到引导和示范作用。

龙头股不是一成不变的，它的地位往往只能维持一段时间。成为龙头股的依据是，任何与某只股票有关的信息都会立即反映在股价上。龙头股通常是市场或者热点题材的风向标，它代表着热点题材的持续性。

龙头股必须从涨停板开始。涨停板是多空双方最准确的攻击信号，不能涨停的个股不可能做龙头。也就是说，投资者只要准确地挖掘到热点题材的龙头股，就必然能够轻松地斩获涨停板机会。其中，最关键的就是挖掘龙头股。

挖掘龙头股的方法如下。

（1）要发现市场龙头股，就必须密切留意行情，特别是股市长时间下跌后，有哪几只股票会率先反弹，比一般股票更加坚挺。此时，虽然无法肯定哪只个股会突围而出，引导大盘，但可以肯定的是龙头就在其中。因此，可以先圈定这几只个股，然后再按照各只股票的基本面来确定。

（2）由于股市具有很强的投机性，每波行情均会炒作一个题材或概念，因此结合基本面就可以知道，能作为龙头的个股一般其流通盘中等偏大最合适，而且该公司一定在某一方面具有独特性，在所处行业或区域占有一定的地位。确认某只股票能否成为龙头，一定要判断该股在所属行业或区域里是否具有一定的影响力。

（3）挖掘龙头个股时，首先要选择未来行情中可能形成热点的板块或题材。投资者要注意的是，板块题材热点的持续性不能太短，板块拥有的题材要具备想象空间，板块的领头羊个股要具备能够激发市场人气、带动大盘的能力。

（4）密切关注板块中大部分个股的资金动向。某一板块中的大部分个股有资金增仓现象时，要根据个股的品质特别留意有可能成为领头羊的品种。一旦某只个股率先放量启动，确认向上有效突破后，不要去买其他跟风股，而要追涨这只领头羊，这叫“擒贼先擒王”。由于龙头股具有“先板块启动而起，后板块回落而落”的特性，所以它的安全系数和可操作性均远高于跟风股，其收益更是跟风股望尘莫及的。

（5）追涨龙头股的第一个涨停板。如果投资者错过了龙头股启动时的买入机会，或者研判能力弱，没能及时识别龙头股，则可以在其拉升阶段的第一个涨停板处追涨。通常来说，龙头股的第一个涨停板比较安全，后市最起码有一个上冲过程，这样投资者可以从容地全身而退。

第十章　涨停板的买卖原则

第一节　涨停板的买入原则和时机

研究和分析涨停板的各种类型和模式，最终目的是要发现涨停板交易的机会，寻找具有涨停交易机会的股票。因此，投资者前面了解了涨停板的各种模式和战法，还要清楚涨停板交易的一些规则，这些规则能让其进行涨停板交易时更加游刃有余。

1. 涨停板买入原则

（1）涨停时间早原则。

股价涨停时间早，比尾盘涨停要好。主要原因在于，强势股通常更容易受到投资者青睐，股价越早涨停，越能够吸引投资者注意，从而增加市场人气。股票人气增加，股价就更容易持续上涨。因此，股价涨停时间越早，就越值得关注。

（2）龙头股原则。

龙头股是市场人气汇聚之地，通常先于大盘或者板块崛起，并且更容易受到资金追捧。龙头股涨停后，持续性通常比较强。

龙头股通常率先止跌，率先启动，率先放量拉升，率先创新高。并且，龙头股因为人气较高，参与的投资者较多，经常在同板块行情下跌时，表现得非常抗跌，因此都说龙头股有两条命。

龙头股涨停是市场投资者和机构比较喜欢的。因为一旦龙头股涨停，说明市场人气开始汇聚，股价很容易持续上涨。并且，如果龙头股表现强势，就很容易带动板块或题材崛起。如此一来，龙头股更容易成为投资者追捧的对象，龙头股会变得更加强势，甚至成为“妖股”，引领整个市场的风向。

（3）封单量大原则。

涨停板封单量的大小决定了市场对涨停板未来上涨潜力的认可程度。涨停板的封单量越大，说明投资者越看好该股后市走势，抢着买入该股。涨停板封单量大的个股，后市持续上涨的概率较高，投资者买入后成功获利的概率也较高。涨停板封单量越小，说明投资者不看好该股的后续走势，买入的意愿不强烈。因此，投资者选择涨停板交易，要尽量寻找那些封单量大的涨停板个股。

当然，有时涨停板封单量大可能是庄家故意为之，主要是为了吸引市场投资者注意，让他们认为该股非常强势，后市会持续上涨，从而吸引他们跟风买入，自己则趁机卖出手中筹码。通常来说，这种情况下股价经过持续大幅上涨之后会涨停。并且，主力将股价拉升至涨停，并且用大单封死，主要是为了拉高股价，再通过挂大单吸引投资者的注意。投资者跟风买入时，主力就会不断地撤掉挂在前面的大单，并持续将手中筹码抛售给他们，然后在他们挂单的后面挂出大单吸引他们，以此达到隐蔽出货的目的。

（4）流通市值小原则。

流通市值的大小对股价拉升涨停的资金有很大的影响。流通市值越大，主力控盘需要的资金量就越大，股价要拉升至涨停需要的资金量也就越大，这会影响股价持续拉升的质量。流通市值越小，主力控盘需要的资金就越少，股性也就越活跃。流通市值小的个股，股价拉升上涨需要耗费的资金较少，因此这些个股涨停后，继续上涨的持续性比较强。

流通市值由两部分组成，一部分是流通股数量，另一部分是流通股价格。流通股数量越少，价格越低，流通市值就越小；反之，流通股数量越多，价格越高，则流通市值就越大。市场机构大多喜欢流通股数量在 3 亿股以下的个股，并且价格不超过 50 元，也就是说，很多机构比较喜欢流通市值低于 150 亿元的个股。

（5）股价位置原则。

股价的位置主要是指涨停板出现时，股价处于行情走势中的位置。出现涨停板时股价所处的位置，对于是否可以参与涨停板以及参与涨停板成功获利的几率，具有重要的参考价值。

如果出现涨停板时，股价处于较低位置，说明股价未来持续上涨的潜力较大，投资者买入后成功获利的几率会较高。如果涨停出现在股价上涨中途加速之时，则更容易激发投资者的买入热情，后续行情很容易持续上涨，投资者买入后成功获利的几率也会非常高。如果出现涨停板时，股价处于持续大涨后的高位，那么股价未来持续上涨的潜力就会较弱，甚至可能是主力利用涨停板出货。

（6）板块效应强原则。

板块效应强弱是市场人气强弱的表现。板块效应越强，就越能吸引市场投资者的注意；反之，板块效应越弱，就越难吸引市场投资者的注意。板块效应强，自然能够吸引更多的市场资金进入该板块，从而促使该板块持续上涨。

板块效应强时，板块内大多数个股就会上涨，并且强势股较多，资金买入也较多，从而股价上涨的持续性会较强，投资者买入后成功获利的几率也较高；反之，板块效应弱时，板块内大多数个股走势不好，个股的单打独斗很难引起投资者的关注，从而股价上涨的持续性会较差，投资者买入后成功获利的几率也较低。

（7）题材热点效应原则。

热点题材是市场资金和人气扎堆的聚集地。题材越火热，越能吸引市场人气，也就越能吸引市场资金流入；反之，题材越冷清，就越难吸引市场人气，交易也就越清淡。所以，题材热点效应越强，市场关注度就越高，人气就越旺盛，吸引买进的资金就越多，就越能增强题材的持续性。

题材属于超级热点时，多数市场投资者或机构资金会疯狂地涌入这类题材个股中，其热点效应就会持续增加，投资者买入后成功获利的几率就会提高；反之，题材属于非热点或者处于热点降温阶段时，就难以受到市场投资者或者机构的关注和青睐，自然不能吸引市场资金买入，投资者买入后成功获利的几率就会降低。

（8）率先启动原则。

能够率先启动的个股通常为龙头股或者强庄股，这样的个股比较容易受到投资者追捧。个股率先启动就像寒冬中盛开的腊梅“一枝独秀”，很容易吸引市场投资者的注意。因此，冷清的市场中突然出现一只个股率先启动时，很多投资者会纷纷地跟进买入该股，从而推动股价进一步上涨。

如果是强庄股，庄家率先启动个股上涨，通常是为了吸引市场投资者的注意，提升个股人气，以便后市能够更轻松地拉升股价，同时方便后市出货。

（9）股性活跃原则。

股性的活跃程度代表了市场人气的聚集程度。个股股性活跃，说明场内买卖人气很高。股性活跃的个股启动上涨时，投资者买入后成功获利的几率会较高。

股性活跃的个股，通常只要有卖出就会有承接，所以很活跃。活跃股一旦启动上涨，就很容易让投资者由分歧转为一致看涨，因此一致选择买进，从而促使股价持续上涨。

（10）涨停基因强原则。

涨停基因强是指个股历史走势中经常出现涨停。涨停基因强的个股，很容易吸引市场资金的关注。一旦涨停基因强的个股开始启动，多数资金都会抢着买入，从而推动股价持续上涨。投资者买入涨停基因强的个股后，成功获利的几率会很大，并且这类个股经常出现连续涨停板走势。

2. 涨停板买入时机

（1）抓住一阳穿多线大阳线涨停的机会。

市场上流行一句话叫“一根大阳线，千军万马来相见”，意思是说只要股价走势中出现一根大阳线，就能立即转变弱势格局，吸引很多的市场投资者关注和买入。所以，对股价后市上涨来说，一根涨停大阳线具有积极的影响。

通常情况下，股价之所以能快速上涨，是因为买盘不断蜂拥入场，从而推动股价持续拉升，促使股价收出一根涨停大阳线。如果股价收出一根涨停大阳线，同时伴随着一阳穿多线，即一根大阳线向上穿越多条均线上涨，则更容易吸引市场投资者跟风买入，促使股价涨停并且之后持续上涨。

如果一阳穿多线的大阳线涨停出现在股价走势的底部区域，那么后市看涨的概率更大。因为底部区域一阳穿多线的大阳线涨停，能够快速地聚集人气，促使个股受到更多的市场资金青睐，从而推动股价强势上涨。这种涨停价值较高，投资者应当及时跟进，买入后成功获利的几率非常高。

（2）抓住底部首次涨停的机会。

底部首次涨停，主要是指股价经过一段时间的持续下跌后，在低位形成底部特征，之后股价某天出现涨停的走势。股价底部涨停，多数是主力建仓或洗盘的标志。

个股经历漫漫熊途下跌至低位，或是长期持续在低位横盘整理，无论基本面上具有何种诱惑，从中期K线形态看，都是空头占绝对上风，是不应该盲目介入的。但是，一旦目标个股在低位出现了量价配合理想的涨停板，那就值得密切注意了，因为这通常标志着空头能量释放完毕，多头力量开始反攻，意味着新行情的到来。

如果底部首次涨停是主力建仓涨停，那么该股后市值得期待。通常个股有主力进入后，意味着该股已经受到主力关注，并且主力有做多的意愿，此时买入该股后成功获利的几率较高。

如果底部首次涨停是主力洗盘涨停，那就说明主力早已不断地收集该股筹码。该股股价之所以一直没有上涨，是因为主力收集的筹码还不够，因此通过拉升涨停的方式继续收集。

主力通过涨停方式收集筹码的原因有两个：一是主力急于拉升股价，但没有太多时间慢慢收集筹码；二是主力无法通过窄幅振荡在底部收集到更多筹码。

总之，股价在底部出现涨停板时，投资者要密切关注个股后续的动态，一旦行情启动上涨，将是最佳的买入时机。

（3）抓住行情加速首次涨停的机会。

很多个股并非会在底部阶段出现涨停板，股价底部起涨后，一直以缓慢的趋势逐渐上涨，之后股价某天开始加速上涨，并很快出现涨停板。通常来说，这样的个股前期走得非常稳健，在股价缓慢上涨过程中，成交量也呈现出温和放量的状态。

行情加速首次涨停的前期，股价缓慢上涨通常是主力控盘有意为之。一方面，主力通过控制股价缓慢上涨，来洗掉一些没有耐心的投资者，从而收集到更多筹码；另一方面，主力前期隐蔽地缓慢拉升股价，不容易引起市场投资者的广泛关注。因此，主力缓慢拉升股价，已经达到相当的获利空间后，再通过涨停板加速吸引投资者的注意，促使大量市场资金不断涌入，从而快速推升股价，主力就能坐享市场投资者抬轿带来的巨大收益。

股价开始走出加速上涨的涨停板时，通常涨停当日成交量大幅增加。一旦行情开始加速上涨，通常后市都会有持续上涨行情。因此，投资者可在股价加速上涨的首次涨停板买入，或者在第二个交易日股价低开、平开或者小幅高开时买入，相对来说，机会大于风险。

（4）无量涨停个股的买入时机。

无量涨停板是指涨停当日成交量非常小，日换手率低于5%。这里的“无量”并没有固定、统一的标准，只有大概的界定，是相对前期成交量来说的。

涨停系列中，无量涨停具有一定的特殊性，因为放量上涨属于正常的上涨逻辑，而缩量上涨和无量上涨通常被认为是行情背离的一种现象。实际交易过程中，无量涨停时有发生。但通常来说，无量涨停并不一定代表行情偏向弱势，反而经常代表行情非常强势，这是涨停制度下特有的情况。

投资者需要了解和分析无量涨停的各种现象，从而很好地把握投资的时机。

①行情起涨阶段的无量涨停。

起涨阶段的无量涨停，是指股价经过一段时间的持续下跌或低位横盘整理，逐渐开始走出起涨行情，行情脱离底部区域无量涨停。这样的涨停通常非常强势，说明主力已经高度控盘，市场没有更多浮筹卖出。因为普通的股价脱离底部区域的涨停，往往能诱使很多意志不坚定的投资者纷纷抛售筹码。

行情起涨阶段的无量涨停通常是最安全的涨停板。如果投资者能抓住这样的涨停板机会，就能坐享后市股价短期内持续上涨带来的丰厚利润。所以，如果股价出现起涨阶段的无量涨停，投资者可以积极买入，买入后成功获利的几率会非常高。

②上涨阶段的无量涨停。

上涨阶段的无量涨停是指股价经过一段时间的上涨后突然加速，并且股价出现无量涨停的现象。股价出现这样的涨停时，通常意味着开始走出加速行情。这样的行情如果没有成交量，说明前期股价上涨筹码一直在持续换手上涨。因此，投资者持有股票的成本都比较高，并且主力高度控盘，股价涨停时没有太多的获利盘抛售。

很多投资者认为上涨阶段的无量涨停风险太大，但交易经验非常丰富的投资者则认为这是一个机会。因为股价上涨中途加速无量涨停，通常其持续性非常强，并且上涨的力度也非常大。如果投资者能够成功布局，则可以在短期内实现利润的快速增长。

③高位阶段的无量涨停。

高位阶段的无量涨停是指经过一段时间的持续大幅上涨，股价已经处于高位区域，对投资者来说，这时股价出现无量涨停是非常危险的。正常情况下，股价出现高位涨停时，因为市场获利盘抛盘，成交量本应该放大。但成交量没有放大，反而出现了无量涨停，无疑说明该股本身就有问题。这种股票通常是庄家已经绝对控盘，并且操控着将股价拉升到非常高的价格，该价格得不到市场投资者的认可，因此没有更多的投资者愿意买入，所以就出现了股价高位无量涨停。

股价高位无量涨停时，投资者应当远离这样的股票，千万不要盲目买入。这样的股票通常是主力无法出货，故意大幅拉升股价，然后在股价下跌阶段逐步完成出货。因此，高位阶段的无量涨停就是庄家故意垫高股价，同时吸引一些盲目的投资者跟风买入，从而自己能够顺利抛售手中筹码。

④股价连续无量涨停。

股价连续无量涨停是指股价连续出现的多个涨停都是无量涨停走势。这样的走势通常也是非常危险的，因为经过连续几个无量涨停，股价已经大涨，市场获利盘会非常多，一旦获利盘集体抛盘，股价就会快速回落。因此，股价出现连续无量涨停后，投资者不要追买这样的个股，否则很容易被高位套牢。

股价出现连续的无量涨停,后市容易出现的走势就是怎样涨上去的就会怎样跌下来。也就是说，前面几个无量涨停使股价大涨，随后一些市场投资者开始抛售，造成股价下跌。股价开始下跌时，就会刺激其他原本对股价未来有所期待的投资者纷纷抛售手中筹码，从而导致股价加速下跌。

（5）放量涨停个股的买入时机。

放量涨停通常是股价走势比较健康的状态。股价上涨形成无量涨停走势时，往往意味着庄家已经在前期做了建仓的准备。但事实上，涨停板出现时，并非所有的庄家都可以提前完成建仓操作。因此，虽然无量涨停现象时常出现，但不如放量涨停现象形成的次数多。这里所讲的放量涨停，就是股价涨停过程中出现了大量换手的现象。

经验丰富的投资者会发现，放量涨停可以出现在股价上涨过程中的任何位置。不过，需要强调的是，不同位置的操作方法也有较大的区别。投资者需要研究和分析放量涨停的走势，来寻找合适的交易机会。

①低位放量涨停。

低位放量涨停，是指股价经过一段时间的持续下跌或低位横盘振荡，某天出现放量涨停的走势。

低位放量涨停的个股具有很高的研究和操作价值，因为这样的个股一旦确定启动上涨走势，后市往往有较大的上升空间。同时，低位放量涨停往往是很多短线大牛股经常出现的走势，股价的位置很低，说明风险很小，对投资者来说，这是很好的投资时机。

对于一些没能在启动时及时跟进的短线投资者来说，股价出现低位放量涨停也是极好的买入机会。投资者若能买在低点位当然最好，即使在当日的高点甚至涨停处买入也不错，因为这个高点很可能就是下一个交易日的低点。

放量涨停的分析相对比较复杂，可能存在多种因素推动股价放量涨停，投资者分析时要考虑到涨停前后的放量情况，涨停板打开的次数，以及主力的意图是吸货建仓、洗盘还是出货，等等。因为不同的放量涨停模式可能存在不同的结果，而这个结果可能促使价格持续上涨，也可能导致其后股价下跌。不过，低位放量涨停大都是好事，后市看涨的概率更大一些。

②中位放量涨停。

中位放量涨停是指股价经过一段时间的持续上涨后，某天出现放量涨停走势。通常来说，这是股价加速上涨的开端，会对股价未来上涨产生积极影响。

中位放量涨停出现的操作空间，可能没有低位放量涨停那么大，安全性相比低位放量涨停也低一些，但还是具有较高的操作价值。因为股价出现中位放量涨停，通常是股价开始加速上涨的表现。一般来说，股价加速上涨后，短期内容易出现快速的持续上涨。因此，投资者如果能做好中位放量涨停的操作，很可能在短期内获得较高的收益。

中位放量涨停非常关键的一点是，投资者要能判断股价是否属于中位涨停，而不是出现高位涨停，这一点需要从股价前期的走势进行分析。通常情况下，股票出现中位放量涨停的前期，都是处于温和的逐渐上涨态势，股价前期没有出现过大涨的现象。

③高位放量涨停。

高位放量涨停，是指股价经过一段时间的持续大涨后，已经处于高位区域，此时股价出现放量涨停走势。

高位放量涨停的个股具有很高的研究价值，但没有很高的操作价值。研究高位放量涨停最大的价值是有效地规避风险，而不是寻找好的交易机会。因为股价已经处于高位，要操作上涨的空间有限，此时股价大幅上涨累积的风险会比机会更大，因此操作价值不高。但是，投资者可以通过研究高位放量来有效地规避风险。股价高位放量涨停时，投资者应当抛售手中筹码，以防主力利用高位涨停出货，从而给后市走势带来风险。

④连续缩量涨停后的放量涨停。

连续缩量涨停后的放量涨停，是指股价前期出现连续的缩量涨停甚至无量涨停，之后某天股价出现放量涨停的走势。

股价出现连续的缩量涨停，说明投资者前期没有卖出底部筹码，而是选择锁仓，因此前期的缩量涨停反而造就了较好的安全区。股价连续缩量涨停后再放量涨停，说明前期的很多获利盘选择抛售筹码获利出局，所以导致放量。而此时又有一些前期没有参与的投资者选择买入股票，致使股价再次涨停。

股价出现连续缩量涨停后的放量涨停走势时，当天成交量通常较大，加上股价再次被推向涨停，因此这类涨停也叫“换手板”，也就是说，股价是经过充分换手后的涨停板。

换手板出现后，后市通常会有两种表现：一种是市场一致看好该股的未来，很多投资者或者机构介入，将市场抛售的前期底部获利盘全部承接，之后股价会继续上涨。另一种是市场投资者换手板当天产生巨大分歧，虽然当天承接力量很强，并将股价推升至涨停板，但大多是普通散户承接了市场抛盘，而没有机构参与，同时前期的机构获利盘也都纷纷抛售撤离，这样的换手板，其后市股价通常会持续下跌。

第二节　涨停板止盈方法

1. 止盈的含义及重要性

涨停板的卖出有两种方式，一种是投资者获利之后止盈卖出，一种是投资者亏损之后止损卖出。本节主要介绍涨停板止盈的方法，下一节将介绍涨停板止损的方法。

止盈是投资者将稳定的利润落袋为安的一种方式。投资者买入股票获利后，只有卖出止盈了才能够将盈利落袋为安，否则一切的盈利都只是变动的数字，随时可能面临盈利被吞噬的风险。

很多投资者明明知道行情趋势已经反转，但依然抱有侥幸心理，总觉得行情可能还会往上涨一涨，结果错过了最佳止盈时机，在股价后续下跌过程中，利润逐渐减少，甚至出现亏损。

止盈的目的就是将已有的盈利落袋为安。只有卖出盈利的股票，资金才可以使用，因此落袋为安就是要保住现有的盈利。

很多投资者因为不会止盈，结果将原本盈利的交易最终变为亏损出局。股市中，这样的投资者比比皆是。

2. 涨停板止盈的方法

股市中止盈的方法有很多，投资者要根据自己的交易风格和盈利预期来设置止盈。常见的止盈方法如下。

（1）定额止盈法。

定额止盈法是最简单的止盈方法，是指投资者将心理预期的盈利金额设置为一个固定的比例，当盈利达到该比例时就果断地卖出止盈出局。

定额止盈的关键是止盈比例的设置，其数值主要是由投资者的操作风格、心理预期盈利金额以及投资交易个股的波动性来决定，同时也与市场所处的环境有密切的关系。

投资者可以根据自身实际情况设置止盈，可以按照心理预期盈利的金额设置止盈，也可以按照预期的盈利比例设置止盈。

①按预期盈利金额设置止盈。

投资者按照预期盈利金额设置止盈，是指投资者事先对买入的盈利金额有个预期，股价上涨带来的盈利金额达到原本预期的盈利金额时止盈卖出的方法。

按照预期盈利金额设置止盈，最关键的是预期盈利金额的合理性。如果预期盈利金额设置得过高，那么可能股价已经大幅上涨都无法达到盈利预期，而股价一旦大幅上涨后出现反转，投资者的盈利就会被逐渐吞噬。如果预期盈利金额设置得太低，那么可能股价稍有上涨就达到了止盈条件，投资者止盈出局后，就会错过后市行情持续上涨带来的盈利机会。所以，设置预期盈利金额时，投资者一定要遵循合理性。

②按盈利比例来设置止盈。

市场行情向好时，也就是牛市阶段，止盈设置的比例可以大一些。因为牛市中多数个股会持续上涨，股价易涨难跌，可以适当增加止盈的比例。

市场行情不好时，也就是熊市阶段，止盈设置的比例可以小一些。因为熊市中多数个股会持续下跌，股价上涨会受到压制，需要适当降低止盈的比例。

市场处于振荡行情时，止盈要依据波段行情来设置。

（2）技术止盈法。

技术止盈法是指将止盈的设置方法跟技术分析结合起来，投资者利用各种技术分析的方法，来设置不同的止盈条件。

实际交易过程中，投资者经常用到的技术止盈方法有切线止盈法、形态止盈法、K线止盈法、均线止盈法和技术指标止盈法等。

①切线止盈法。

切线是技术分析中十分常用，并且非常重要的分析工具。常见的切线有支撑线、压力线、趋势线、黄金分割线、百分比线等。

切线止盈法是指股价上涨趋势中，投资者取得盈利后，股价在运行过程中跌破了上方重要切线的支撑，即股价出现了向下的技术破位，投资者应当止盈离场。

如图 10–1 所示，自 2019 年 12 月 18 日开始，亚玛顿（002623）的股价以小步上扬涨停板走势起涨，沿着趋势线持续拉升上涨，上涨幅度超过 3 倍。2020 年 3 月 9 日，股价跌破趋势线下行，之后开始走下跌走势。股价跌破趋势线时，投资者可以卖出股票止盈出局。

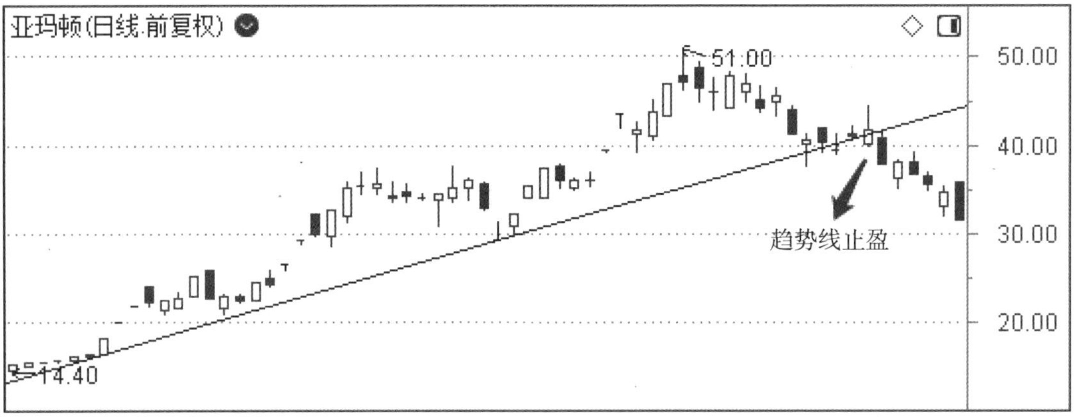

图 10–1

②形态止盈法。

形态也是技术分析中十分常用，并且非常重要的分析工具。常见的顶部形态有头肩顶、双顶（M 顶）、三重顶、圆弧顶等。

形态止盈法是指股价经过一段时间的持续上涨，投资者取得一定盈利后，股价在运行过程中向下跌破了形态的重要支撑位时，投资者应当止盈离场。

如图 10-2 所示，自 2020 年 1 月 2 日开始，佳创视讯（300264）的股价以底部十字星岛形反转涨停板走势起涨，其后股价短期内持续拉升上涨，期间上涨幅度超过 50%。2020 年 1 月 22 日，股价跌破上方构筑的 M 头颈线位下行，之后股价开始走下跌走势。股价跌破顶部形态的颈线时，投资者可以卖出股票止盈出局。

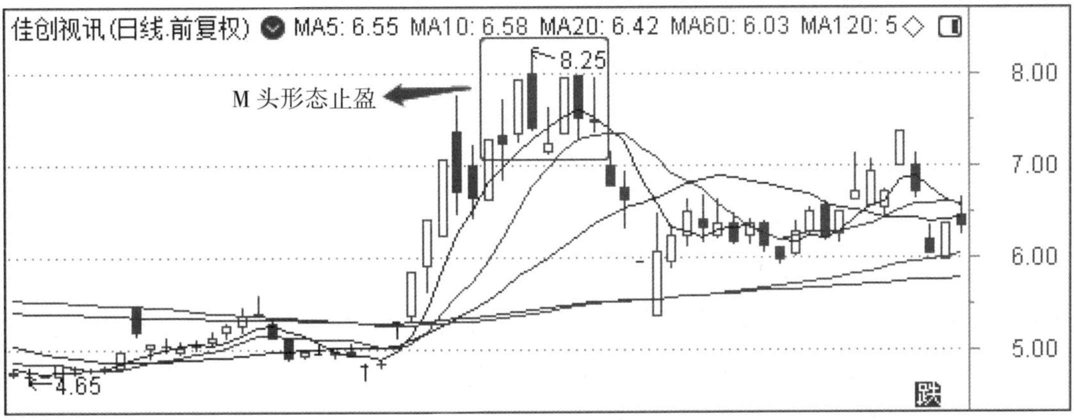

图 10-2

③ K 线止盈法。

股价处在高位时，经常出现巨量长阴线、射击之星、黄昏之星、下跌分手线等 K 线组合形态。股价经过一段时间的持续上涨，投资者取得可观的盈利后，股价在高位运行过程中出现这类明显的见顶标志的 K 线组合时，投资者应当及时止盈离场。

如图 10-3 所示，自 2019 年 12 月 26 日开始，圣龙股份（603178）的股价以一阳穿

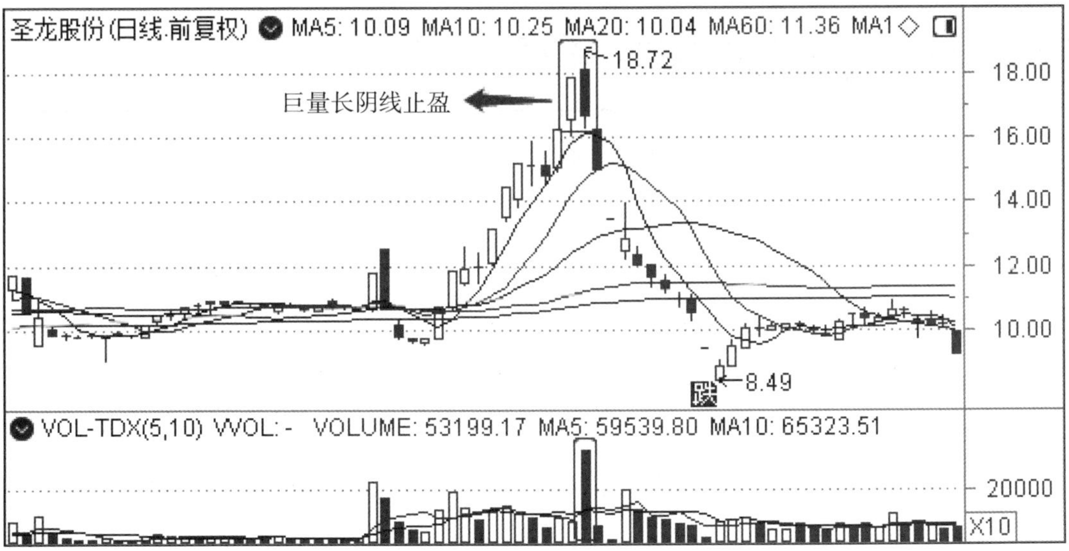

图 10-3

多线涨停板走势起涨，其后股价持续拉升上涨，短期内上涨幅度超过 60%。2020 年 1 月 13 日，股价高开后冲高回落，收盘时收出一根大阴线，同时当天成交量放出巨量，其后股价开始走下跌走势。股价出现巨量长阴线时，投资者可以卖出股票止盈出局。

④均线止盈法。

股价走出上涨趋势时，通常多数均线都会向上运行，趋势交易的投资者取得可观的盈利后，可以根据自身的情况，选择某条关键均线作为止盈条件。比如，投资者选择 10 日均线作为止盈条件，股价跌破 10 日均线时，就应当及时止盈离场。

另外，趋势交易的投资者取得可观盈利后，也可以选取均线组合作为止盈条件。比如，选择 5 日均线和 10 日均线死叉作为止盈条件，股价出现下跌，5 日均线和 10 日均线死叉时，投资者应当及时止盈离场。

如图 10–4 所示，2019 年 12 月 4 日—18 日，南宁百货（600712）的股价以涨停板走势持续拉升上涨，短期内股价翻倍。12 月 18 日之后，股价开始高位横盘振荡。12 月 30 日，股价跌破 5 日均线和 10 日均线。其后两个交易日，5 日均线和 10 日均线形成死叉。投资者可在股价跌破短期均线，或者 5 日均线和 10 日均线死叉时，卖出股票止盈出局。

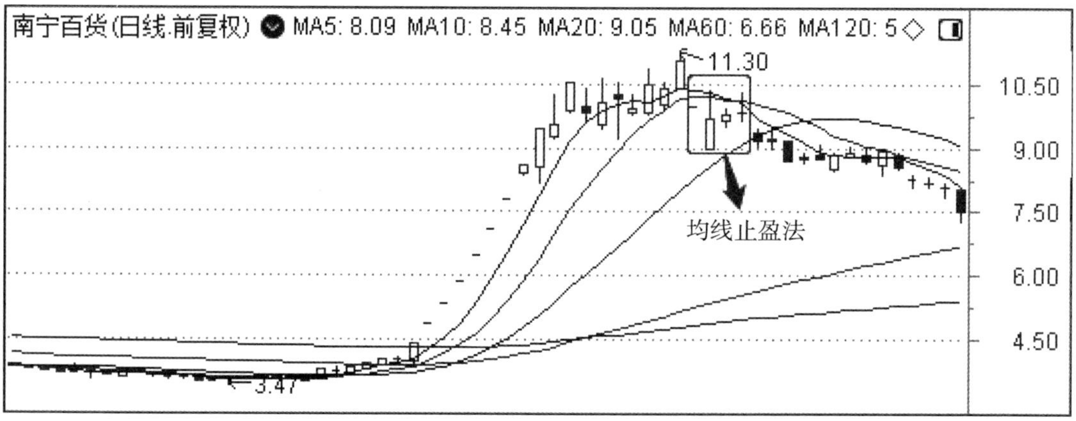

图 10–4

⑤技术指标止盈法。

技术指标也有很多种类，比如 MACD、KDJ、RSI、成交量等。投资者可以根据技术指标发出的卖出信号进行止盈。比如，技术指标出现高位死叉的卖出信号时，意味着短期市场可能存在风险，已经取得盈利的投资者应当及时止盈离场。

投资者取得一定的利润后，也可以根据技术指标与股价的背离情况进行止盈。当股价上涨，技术指标走平或者下跌时，意味着短期行情可能出现下跌风险，投资者应当及时止盈离场。

投资者取得一定的收益后，还可以在技术指标进入超卖区域时进行止盈。当股价上涨，技术指标逐渐上涨进入超卖区域时，意味着后市上涨的力度有可能减弱，甚至可能反转，因此投资者可以及时止盈离场。

如图 10–5 所示，自 2019 年 12 月 13 日开始，星期六（002291）的股价以涨停板走势开启上涨，之后持续拉升上涨，短期内股价翻了多倍。2020 年 1 月 21 日，股价开始下跌，次日即 1 月 22 日，KDJ 和 MACD 指标都开始出现死叉下行走势。股价下跌后，经过短暂反弹又开始继续下跌。当 KDJ 和 MACD 等指标出现高位死叉时，投资者可以卖出股票止盈出局。

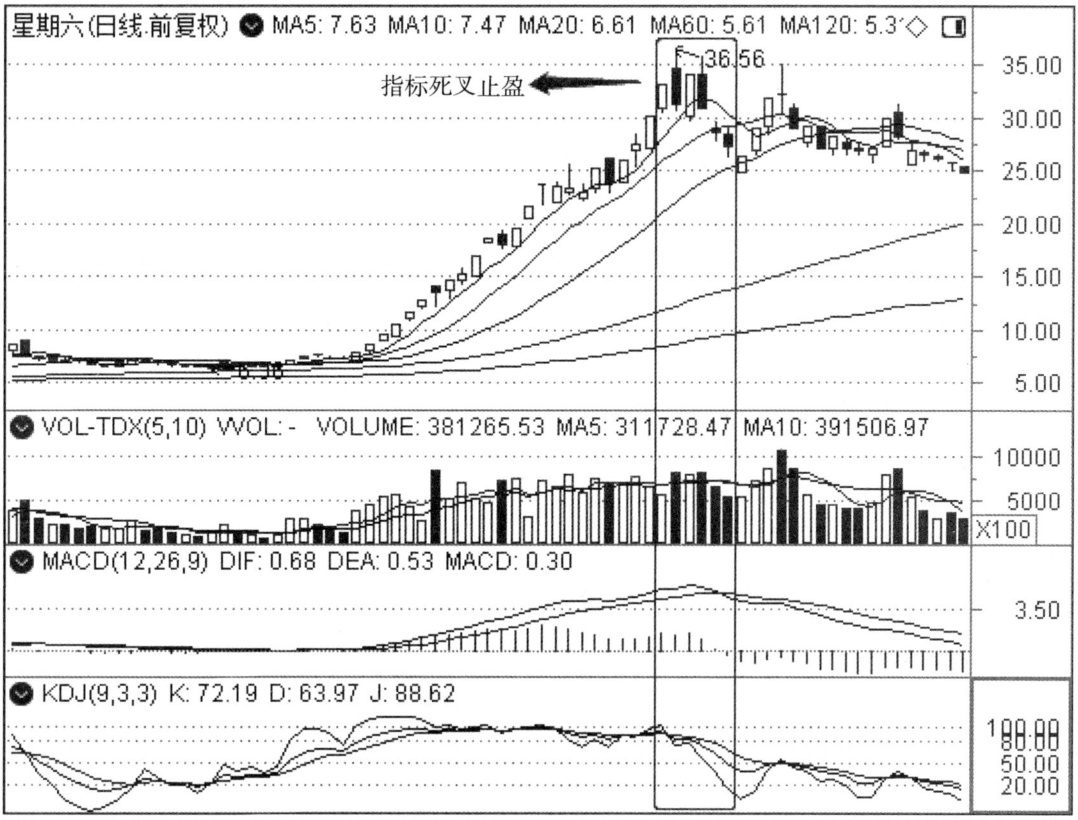

图 10–5

（3）其他涨停板止盈方法。

上面介绍的止盈方法，是比较常用的止盈方法，对于涨停板模式和非涨停板模式均适用。下面介绍一些专门用于涨停板止盈的方法。

①如果股价出现涨停板时投资者已经获利，股价出现涨停板后封板一直不稳，总是时不时地开板，则说明涨停板上面分歧非常大，投资者应当卖出股票止盈出局。

②如果股价出现涨停板时投资者已经获利，股价在涨停板上封板的挂单数量非常少，则说明市场投资者并不看好涨停板之后的走势，投资者应当卖出股票止盈出局。

③如果股价出现涨停板时投资者已经获利，并且股价前期大幅上涨，此时股价涨停可能是庄家拉高出货，投资者应当卖出股票止盈出局。

④如果股价出现涨停板时投资者已经获利，股价在涨停板上面频繁出现大单挂单后又撤单的现象时，可能是主力通过涨停板出货，投资者应当卖出股票止盈出局。

⑤如果股价出现涨停板时投资者已经获利，股价在涨停板上全是些小单封单时，可能是很多散户的挂单，这种涨停的可靠性不强，投资者应当卖出股票止盈出局。

⑥如果股价出现涨停板时投资者已经获利，股价全天表现弱势，临近尾盘时强势拉升至涨停，并且涨停封单量较小时，可能是主力利用尾盘突袭的方式拉高股价，方便后续在高价位出货，投资者应当卖出股票止盈出局。

⑦如果投资者在股价涨停当天买入股票，第二天股价上涨无法再度封板时，应当在股价冲高后多空分歧时卖出股票止盈出局。

⑧如果投资者在股价涨停当天买入股票，第二天股价高开低走，并且跌破前一天涨停价时，投资者应当卖出股票止盈出局。

⑨如果投资者在股价涨停当天买入股票，第二天股价大幅高开 6% 以上，开盘后股价没有直接拉升涨停，而是直接放量下跌或者小幅冲高后放量下跌，投资者应当卖出股票止盈出局。

⑩如果投资者在股价涨停当天买入股票，第二天股价直接一字板开盘，开盘后股价打开一字涨停板，并放量下跌时，投资者应当卖出股票止盈出局。

3. 止盈设置需要注意的问题

（1）设置止盈条件时，必须要有可参考的依据。止盈条件并不是盲目想象出来的，必须要有可操作性的止盈条件。

（2）止盈条件设置好后，应当严格遵守，不能随意更改。如果投资者频繁地更换止盈条件，很容易错过最佳的止盈时机。

（3）投资者按比例设置止盈条件时，要考虑到大行情整体的走势。如果是在牛市阶段，可以适当扩大止盈范围。如果是在熊市阶段，就要缩小止盈范围。

（4）所有的止盈方法都具有一定的局限性，不是万能的，所以投资者设置止盈时一定不要机械地套用，要根据当时的市场环境灵活运用。

第三节　涨停板止损方法

1. 止损的含义及重要性

止损是指某一投资操作出现的亏损达到预定数额时，及时斩仓出局，避免形成更大的亏损。止损的目的在于投资出现失误时，将损失限定在较小范围内。

止损是检验一个投资者是否成熟和合格的标准之一。普通散户和专业投资者之间重要的区别之一，就是能否合理地设置止损，并严格执行。专业投资者交易前会设置严格的止损策略，操作过程中产生亏损时，会毫不犹豫地按照止损策略严格止损。但普通散户大都没有止损的概念，即使小部分投资者设置了止损标准，也不严格执行，亏损实际发生时，总是犹豫不决，最终亏损扩大而被套牢。

从人性的角度出发，大多数人都有贪婪的心理，总想赚得更多，总认为自己的决策是正确的，总在投资交易时不断加仓，而毫无风险意识。投资者这样操作，行情好时短期内会实现盈利，但行情一旦走弱，就会亏损严重，甚至血本无归。

市场上有一句话叫"没有止损犹如让风险在市场上裸奔"，可见止损是非常重要的。其实，很多投资者都知道止损很重要，但在实际操作中，真正要执行到位却非常困难。实际上，很多投资者没有计算过，从 10 万元变成 9 万元，只需要下跌 10% 就可以，但从 9 万元变回到 10 万元，则需要上涨 11.1% 多才行。这就是说，相比上涨盈利，股价下跌亏损会更加容易。

2. 涨停板止损的方法

股市中止损的方法有很多，投资者要根据自己的交易风格和心理承受能力来设置止损。常见的止损方法如下。

（1）定额止损法。

定额止损法是最简单的止损方法，是指投资者将内心所能接受的亏损额度设置为一个固定的比例，亏损超出该比例时就果断地平仓止损出局。

定额止损的关键是止损比例的设置，其数值主要由投资者的风险承受能力及投资交易个股的波动性来决定，同时也与市场所处的环境有密切的关系。

投资者可以根据自身的实际情况设置止损，可以按照可接受亏损的金额设置止损，也可以按照可接受亏损的比例设置止损。

①按照亏损的金额设置止损。

投资者按照内心所能承受的亏损金额来设置止损，是指投资者事先对买入股票的亏损金额有个心理承受预期，股价下跌带来的亏损金额达到原本设置的亏损金额时止损卖出的方法。

②按照亏损的比例设置止损。

市场行情向好时，也就是牛市阶段，止损设置的比例可以大一些。因为牛市阶段，大多数个股会上涨，整体表现强势，很多个股短暂回撤后，依然会继续上涨。

市场行情不好时，也就是熊市阶段，止损设置的比例就要小一些。因为熊市阶段，大多数个股会下跌，个股易跌难涨，一旦股价下跌，就会出现亏损，甚至亏损还会继续扩大。

市场处于振荡行情时，止损的设置可以结合投资者心理承受能力来设置。

（2）技术止损法。

技术止损法是指将止损的设置与技术分析结合起来，剔除市场随机波动的因素后，在关键的技术位置设置止损，以避免亏损进一步加大。

相比定额止损法，技术止损法对投资者要求会高很多，要求投资者必须掌握一定的技术分析方法。实际交易过程中，投资者经常用到的技术止损方法有切线止损法、形态止损法、K 线止损法、均线止损法和技术指标止损法等。

①切线止损法。

切线是技术分析中十分常用，并且非常重要的分析工具。常见的切线有支撑线、压力线、趋势线、黄金分割线、百分比线等。

切线止损法是股价在运行过程中跌破了重要的切线支撑，即出现了向下的技术破位时，投资者止损离场的方法。

②形态止损法。

形态也是技术分析中十分常用，并且非常重要的分析工具。常见的顶部形态有头肩顶、双顶（M 顶）、三重顶、圆弧顶等。

形态止损法是股价在运行过程中跌破了形态的重要支撑位时，投资者止损离场的方法。

③ K 线止损法。

股价在高位经常出现巨量长阴线、射击之星、黄昏之星、下跌分手线等K线组合形态。

股价高位运行过程中出现这类明显的见顶标志的K线组合时，投资者应当及时止损离场。

④均线止损法。

股价处于上涨趋势时，通常多条均线都会向上运行，投资者可以根据自身情况，选择某条关键均线来止损。比如，投资者将10日均线作为止损条件，那么股价跌破10日均线时，就应当及时止损离场。

投资者也可以选取均线组合作为止损条件。比如，投资者将5日均线和10日均线死叉作为止损条件，那么股价开始下跌，使5日均线和10日均线形成死叉时，就应当及时止损离场。

⑤技术指标止损法。

技术指标有很多种类，比如MACD、KDJ、RSI、成交量等。投资者可以根据技术指标发出的卖出信号进行止损。比如，技术指标出现高位死叉的卖出信号时，意味着短期市场可能存在风险，投资者应当及时止损离场。

投资者也可以根据技术指标与股价的背离情况进行止损。股价上涨，技术指标走平或下跌时，意味着短期行情可能出现下跌风险，投资者应当及时离场。

投资者还可以在技术指标进入超卖区域时进行止损。股价上涨，技术指标逐渐上涨进入超卖区域时，意味着后市上涨的力度有可能减弱，甚至可能出现反转，投资者若处于亏损状态，可以及时止损离场。

（3）其他涨停板止损方法。

上面介绍的止损方法，是通常的止损方法，对于涨停板模式和非涨停板模式均适用。下面介绍一些专门用于涨停板止损的方法。

①如果投资者在股价涨停当天买入股票，第二天股价以低于成本价低开放量低走时，应当卖出股票止损出局。尤其股价处于高位区域涨停后出现这样的走势时，投资者更要果断卖出股票止损出局。

②如果投资者在股价涨停当天的涨停板上面买入股票，第二天股价平开或者低开，且开盘后股价快速地放量下跌，应当卖出股票止损出局。

③如果投资者在股价涨停当天买入股票，且当天股票跳空高开高走拉升涨停，那么可以把当天跳空高开的低点作为止损位，股价跌破当天跳空高开的低点时卖出股票止损出局。

④如果投资者在股价涨停当天买入股票，第二天小幅高开，开盘后快速地放量下跌，且股价跌至前一天收盘价以下，其后量能持续弱势，那么投资者若出现亏损，应当卖出股票止损出局。

3. 止损设置需要注意的问题

止损的主要目的是将风险控制在一定的范围内，不让亏损继续扩大。所以，止损设置是用来防范风险的，设置止损时需要注意一些问题。

（1）止损条件一旦设置不要轻易变更。投资者设置完止损后，如果不断地调整止损位置，容易使得亏损不断扩大。

（2）止损条件设置后要严格执行。一旦设置了止损条件，就要严格按照设置进行操作，不然设置的止损就形同虚设。

（3）投资者设置止损时要考虑到大行情整体的走势。如果是在牛市阶段，可以适当扩大止损范围；反之，如果是在熊市阶段，则要缩小止损范围。

（4）所有的止损方法都有一定的局限性，不是万能的。所以，投资者设置止损时一定不要机械地套用，要根据当时的市场环境灵活运用。

第十一章　涨停板的陷阱

第一节　涨停板的陷阱类型

相对散户而言，机构投资者具备资金优势，可以通过涨停板上的各种手法迷惑市场投资者，从而达到吸货、洗盘甚至出货的目的。投资者要学会正确地识别涨停板，了解涨停板背后的深意，辨别哪些属于优质涨停，哪些属于假涨停。

涨停板上的陷阱是非常多的，如果投资者不注意，就很容易掉入涨停板陷阱。因此，投资者要学会如何回避涨停板上的陷阱。学会回避涨停板陷阱前，投资者首先需要了解市场上有哪些经常出现的涨停板陷阱。

1. 假突破涨停陷阱

（1）主力震仓时的假突破涨停陷阱。

行情振荡时，主力为了实现洗盘的目的，往往会在接连反弹中快速拉升股价，并将其封至涨停板。但这是一种诱多的假突破陷阱，其后股价上涨会突然中止，次日反转下跌，所以不可参与此时出现的涨停。

①主力震仓出现前，股价刚刚离开底部区域出现上涨，但此时的上涨幅度往往不大。

②主力震仓时，成交量往往呈现出上涨时逐渐放量，涨停时放大量，转跌后逐渐缩量的特点。

③主力震仓时，K 线往往呈一根中阳线以上的阳线，紧跟一根中阴线以上的阴线，其后股价振荡盘跌。

④主力震仓期间，大量涨停往往出现在尾盘，属于强力作价所致，是一种虚假的涨停。如果股价离开底部上涨后，成交量逐渐放量，但下跌时无法逐渐缩量，则说明前期

并非底部，股价可能继续振荡走低。

（2）箱体振荡中的假突破涨停陷阱。

箱体振荡是指股价在一定范围内上下波动，不会大涨也不会大跌，而是在一个箱体区间内振荡，这一段时间的K线就像是一个长方体的箱子。主力经常以这种箱体振荡的方式实现建仓或者洗盘，而这种假突破是指股价一度突破箱体上沿压力后，未能继续放量上涨，而是出现了量能萎缩，并再次回归箱体运行的振荡下跌。

①突破前，股价必须形成明显的箱体振荡形态。

②突破箱体上沿时，必须出现明显的成交量放大。

③突破箱体上沿后，量能萎缩，股价呈现冲高回落走势，并回归振荡下跌。

④有时，即使股价以涨停板向上突破横盘振荡的箱体上沿，但其后若成交量无法跟上，自然会再回到箱体内继续振荡。

（3）高位回调后的假突破涨停陷阱。

高位回调后的假突破涨停，是指股价大幅上涨后，在高位区出现回调，再次上涨过程中，尽管不断刷新前高，并且出现涨停，但涨停总是封不死。这种形态是一种假突破的上涨形态，往往是高位上涨趋势即将反转的迹象。

①高位回调后的假突破涨停出现前，股价往往已经出现大幅上涨。

②高位回调后的假突破涨停出现时，K线经常会呈现较长上影线的阳柱或阴柱。

③高位回调后的假突破涨停出现当日，成交量通常会明显放大，但股价封不住涨停。

④高位回调后的假突破涨停出现时，K线往往会形成较明显的头部特征，比如双头、倒V走势等。

⑤高位回调后的假突破涨停出现时，均线依然呈多头上涨格局，从趋势上很难分辨。但出现涨停封不死的现象，以及该大涨而不大涨的放量，预示着趋势即将反转。因此，这是一种虚假的涨停。

2. 主力拉高出货的诱多陷阱

（1）次高位假涨停陷阱。

次高位假涨停，是指股价在次高位时，趋势原本已经转坏，但突然出现了涨停，可是这种涨停封不死，股价总在涨停价附近徘徊。此时，投资者应当注意，因为股价在高位涨停而封不死，意味着主力将股价维持在高位时要出货。

①次高位涨停出现前，股价往往处于创出新高后的回调上涨时期。

②次高位涨停出现当日，股价往往处于上涨趋势中，并一度冲击涨停，当日分时图

呈现冲高后回落走势。

③次高位涨停出现时，当日往往会收出十字星或阴线，但是上影线较长，当日成交量较大。

④主力出货前，往往会拉高股价，甚至使之涨停。有的主力为了掩饰出货的目的，将股价拉至涨停板附近，维持股价长久居高不下，但次日往往会低开低走。

（2）尾盘放量涨停陷阱。

尾盘涨停往往是主力全天不愿意消耗太多的筹码，而在临近尾盘时将股价拉至涨停板，来做高股价，以便次日走出更高的价格。若尾盘放出巨量或大单拉升涨停，投资者应当注意，尤其股价处于高位区时，尾盘巨量涨停，往往意味着主力有意作价，以吸引更多的跟风盘，从而达到出货的目的。所以，高位区或阶段性高点时出现的尾盘巨量涨停，是一种虚假涨停。

①尾盘放量涨停出现虚假时，往往出现在高位区或阶段性高点。

②尾盘放量涨停出现虚假时，股价往往无法创出阶段性新高。

③股价高位区出现尾盘放量涨停时，往往是主力通过诱多实现出货的特征，投资者此时不要盲目追高，而应该借助涨停卖出股票。

④主力尾盘放量涨停时，往往以小单卖出，以大单封涨停，因此会爆出巨量。

⑤高位区的尾盘放量涨停，往往是主力借涨停出货的手段，不可轻易相信。因此，高位区或阶段性高点出现涨停时，往往是主力用大单对倒所致，投资者一定要小心。

（3）封不住的涨停板陷阱。

封不住的涨停板，是指股价处于上升趋势时，突然某天出现高走，并很快封上涨停板，但涨停板总是封不住，很快被打开，股价并没有大幅回落，而在涨停板附近徘徊，即使封住涨停，很快再度打开。这种情况显示主力已经无力做多，正在逢高出货，所以股价此时不会深跌。但其后主力大举出货时，股价往往会大幅下跌。因此，封不住的涨停是一种假涨停。

①主力借涨停板出货时，往往股价已经有了大幅度的拉升，处于高位区或者阶段性高点。

②主力借涨停板出货时，或出现股价冲击涨停板后回落，或反复封涨停板后打开，始终封不住涨停板。

③主力借涨停板出货时，当时的成交量不一定很大，但其后往往会明显放大。

④涨停封不住，并不代表主力已经无力做多，而是要将股价维持在高位以便出货。所以，即使股价出现尾盘拉高甚至涨停，投资者也要高度谨慎，切莫追高买入。

⑤涨停封不住，经常出现在主力拉高出货的早期阶段，其后股价可能会进一步上涨，但在上涨过程中，主力会一边拉升股价一边出货。因此，投资者也应以逢高出货为主，因为后续一旦主力开始大举出货，股价往往会快速下跌。

（4）站不稳的开盘涨停陷阱。

站不稳的开盘涨停，是指上涨趋势中，股价某日突然开盘就涨停，但涨停板很快被打开，股价冲高回落，之后再未封上涨停，极端条件下甚至被打到跌停板。这种现象是主力大举出货引发的，此时主力已经无心护盘，而是以快速出货为主，投资者应当高度警惕。

①站不稳的涨停，当日通常都出现直接开盘涨停，即集合竞价涨停。

②站不稳的涨停，当日成交量往往会明显放大。

③站不稳的涨停，通常出现在股价的高位区，或者振荡行情的阶段性高点，是主力快速出货的一种表现，因此股价回落较快。一旦出现这样的走势，投资者应当果断采取回避措施。

④站不稳的涨停，K 线上往往会是一根中阴线或大阴线。如果伴随着出现大的成交量，说明股价已经处于危险阶段，后市股价通常会持续下跌。

⑤出现站不稳的涨停，经常是股价由强转弱的一种表现，是虚假涨停的一种特例。投资者往往只看到股价涨停，但开盘后很难以涨停价成交，通常都是开盘后立即快速下跌。这是主力为了拉高出货，刻意制造出来的开盘涨停板，其后往往会走出持续下跌走势。

3. 顶部形态中的假涨停陷阱

（1）双顶中的假涨停陷阱。

双顶又称 M 头，是指股价经过大幅拉升，放量冲高后出现持续回落，形成第一个顶，随后再次出现反弹，放量上涨到前高点附近时，又一次出现回落，从而形成第二个顶。

股价形成双顶过程中，主力为达到拉高出货的目的，经常在形成两个顶时制造假涨停。股价往往放量冲高后涨停封不住，或者冲击涨停后大幅回落。因此，双顶形成过程中形成涨停时，投资者要谨慎看待。

①双顶中出现涨停之前，股价必然经历过一段时间的持续大幅拉升。

②双顶中出现假涨停时，通常都会在双顶形态的两个顶部位置。

③双顶中出现假涨停时，往往会放出较大的量能，其后量能会逐渐萎缩。

④双顶中出现假涨停时，股价冲击涨停，主力往往会显得力不从心，并且封不住涨停，涨停只是短暂的。

⑤双顶中出现假涨停时，其技术指标往往会出现背离现象，投资者可以通过分析技术指标背离，来验证行情走势。

⑥股价大幅拉升后出现高位涨停时，往往是以低开或平开的方式出现，随后股价拉升上涨，冲击涨停却封不住。投资者遇到这样的股票时，应当高度警惕，以出货为主，切莫盲目参与。

（2）倒 V 顶形态中的假突破陷阱。

倒 V 形顶，是指股价一路上涨中突然冲高回落，转为下跌走势，其形态类似倒立的英文字母“V”。倒 V 形顶是一种顶部快速反转形态，股价形成倒 V 形态前，往往都处于快速拉升期，因此形成顶尖时经常会涨停，但顶尖形成后，股价往往会快速回落。所以，顶尖位置出现的涨停，通常是一种假涨停。

①倒 V 形顶出现假涨停前，股价往往处于上升趋势，且经过了较大幅度的上涨。

②倒 V 形顶出现假涨停时，当日股价往往出现涨停，但收盘价低于昨日最高价。K 线上多呈带有较长上影线的中长阴线，若呈阳线，通常也有着较长的上影线，往往次日会出现明显的下跌阴线。

③倒 V 形顶出现假涨停时，往往顶尖形成当日，股价收出放大量的阴线。

（3）圆弧顶中的假涨停陷阱。

圆弧顶是一种经典的顶部形态，是指股价运行到一定的高位区域时，上升趋势逐渐放缓，其后又徐徐下跌，从而在 K 线上形成一个类似锅盖的半圆顶。

形成圆弧顶后，股价往往已处于明显的下降趋势，但此时容易出现反弹。股价反弹时放量，并突破圆弧顶颈线，出现看似强势的反攻态势，当日很容易出现涨停。但这一涨停属于虚假涨停，因为其后股价经历短暂反弹后，会再次回归下跌走势。

①圆弧顶的假涨停，经常出现在形态形成后的反弹中。

②圆弧顶中的假涨停出现时，往往成交量会放大，但通常是单日或数日放量。

③圆弧顶形态中，成交量往往在顶部逐渐减少。其后，在颈线附近出现反弹假涨停前，虽然成交量会有所放大，但远不及出现圆弧顶时的成交量，因此无法推动股价继续上涨。

④圆弧顶之后出现假涨停，往往是下跌行情中的反弹，反弹时间通常很短。由于这是下跌走势的初始阶段，所以投资者应当以出货为主，切勿参与。

⑤圆弧顶形成后，股价反弹时出现假涨停。如果后市股价要延续前期的上涨趋势，成交量必须持续放大，并且量能要跟前期圆弧顶顶部阶段的成交量相近，或者比其更多。

（4）头肩顶中的假涨停陷阱。

头肩顶是指股价上涨过程中，形成左肩后回落，然后再次上涨，并且突破前期高点形成头部，其后股价再次回落，在接近前次回落低点附近时受到支撑，之后股价止跌回升，反弹形成右肩，股价反弹高点低于前面头部形成的高点，随后股价再次回落，从而形成头肩顶形态。

头肩顶形成后的假涨停，通常出现在形态形成的末端。主力意图制造股价将继续上涨的假象，但因为头肩顶形态已经形成，反弹的量能无法持续增长，因此出现缩量涨停。其后，股价往往会持续下跌，这里的涨停是一种假涨停。

①头肩顶中的假涨停，往往出现在形态形成的末端，股价最后突破颈线虚假破坏形态时。

②头肩顶中的假涨停出现时，往往在股价反弹向上突破颈线时出现缩量。

③头肩顶形态是一种典型的主力出货形态。尽管形态形成过程中成交量并无格外放大的迹象，但主力出货意图明显。尤其形态形成后对颈线的反抽，往往以涨停的方式出现，对投资者来说更增添迷惑性。

④头肩顶一旦形成，除非市场有重大的利好消息，否则行情都将沿着形态的既定走势运行。就算股价反抽出现涨停，后市持续下跌的概率依然较大。

4. 其他假涨停陷阱

（1）股价高位天量涨停陷阱。

股票经过持续大涨后，机构通常已经获利颇丰，后续考虑的问题是如何在高位兑现筹码。

股价已经大幅上涨，很难吸引投资者的买入兴趣。此时，机构要想在高位顺利出货，就必须通过一些特别的手段。

主力机构经常将股价在早盘开盘时大幅高开，然后再将股价快速拉升至涨停板，并且用几笔大单封住涨停板。这样，就给市场造成股价非常强势的感觉，从而吸引投资者积极买入。

主力机构利用几笔大单封死涨停板后，再通过对倒成交，给市场制造该股交投非常活跃的假象，来调动短线投资者的买入热情。这时，主力机构可以趁机抛售手中的筹码。

主力机构来回地在涨停板上利用挂单对敲的方式大肆出货，最终成交爆出天量，主力机构顺利地将一部分筹码在高位抛出。通常来说，股价高位区域出现天量涨停时，投资者要格外当心，后市风险会比机会高很多。

（2）涨停板盘口挂单异常陷阱。

有时虽然股价已经涨停，但涨停板上的封单量出现频繁的大小变化。比如，封单瞬间大幅减少，过几秒又恢复原样，这通常是主力机构撤掉前面封板巨单后，放在委托列队的最后边，让前面投资者的单子成交，如此往复，达到出货的目的。

投资者观察涨停板盘口，如果发现多笔 5000 手以上的机构委买单出现后又撤出，就表明机构并不看好后市的走势，股价涨停只是机构用来出货的方式。这类涨停只是虚张声势的“假涨停”，后市股票通常难以上涨。

（3）涨停板多空分歧异常陷阱。

不论股票涨停的原因是什么，股价能够涨停说明多方占据绝对优势。股价成功涨停后，涨停板位置就是多空双方的战场。如果多空双方有分歧，就会在涨停板附近展开激烈争夺。

通常情况下，多空双方在涨停板位置发生分歧时，涨停板会频繁开板。在涨停板附近几档价位，股价往往会出现多空激战。

涨停板上的多空剧烈分歧，代表着市场上有很多投资者不认可涨停板，同时对股价未来上涨缺乏信心，从而使股价无法封死涨停板。

涨停板多空分歧异常，这种走势最终仍然可能会封住涨停板。但是由于看空的投资者很多，股价后市的风险相对较大。

第二节　逃脱涨停板的陷阱

对于涨停板上的很多陷阱，普通投资者大都无法辨别。通过上一节对涨停板陷阱的类型进行讲解，投资者能够清楚主力有很多方法制造涨停板陷阱。所以，投资者应当学会逃脱涨停板的陷阱。

1. 弄清涨停的实质原因

股价涨停必然有原因，投资者要想参与涨停个股，就必须清楚地了解股价涨停的原因。只有这样，才能分析出股价涨停背后主力的意图，从而决定是否可以参与交易。

涨停模式各种各样，有些涨停是进攻上涨的号角，有的涨停是主力为洗盘而有意拉升的，有些涨停则是主力为了出货而故意拉升制造的。不同的涨停原因，决定了投资者参与的价值，也决定了操作获利的概率。

如果是启动型涨停，投资者可以果断进入，并且一旦进入，就能短期内获得可观的利润。如果是洗盘型涨停，投资者一旦买入，可能会承受一段时间的煎熬，并且承受短期内股价回撤的风险。如果是出货型涨停，投资者一旦买入，风险就会非常大，很容易出现行情反转后高位套牢。

涨停板花样繁多，但按照最终目的可以归结为3类，即进攻型涨停、洗盘型涨停、出货型涨停。所以，投资者分析涨停板意图时，从这3种思路入手，就能找到突破口。

投资者研究和分析涨停板的原因，不单是为了寻找更好的交易机会，还是为了寻找涨停板可能存在的风险和陷阱。

2. 规避涨停板陷阱

（1）顶部放量涨停陷阱。

股价经过一段时间的持续大涨后，形成顶部时收出一根涨停大阳线，并且该股在高位区形成大幅放量走势，大概率是有庄家在出货。庄家拉升股价的真正意图是希望带出市场跟单，为了引起市场投资者的关注，庄家在拉升过程中进行堆量。

顶部放量涨停陷阱最重要的特征，是在涨停板挂单时，庄家往往会频繁地撤换挂单，同时在涨停板上真实买进的单量一般都比较小。投资者遇到这样的涨停板挂单时，最好回避。如果有持仓，尽量以出货为主。

（2）顶部尾盘拉升涨停陷阱。

股价经过一段时间的持续上涨后处于高位区域，此时庄家的主要目的是想办法抛出手中的筹码。有时庄家会利用投资者尾盘关注度不高，快速地拉升股价至涨停。

庄家利用尾盘拉升股价至涨停，其主要目的不是为了当天出货，而是为了给第二天蓄势，积攒人气，同时也是为了拉高股价，后续能在更高价位抛售筹码。

投资者在股价高位区碰到尾盘拉升涨停时，一定不要盲目地跟风买入，应尽量远离这样的股票。如果有持仓，尽量以出货为主。

（3）股价涨停回落支撑乏力陷阱。

经验丰富的投资者都知道，经常有很多个股会在盘中冲击涨停，涨停之后无法强势封板，而是短暂封板后就开始逐渐回落。对于这样的涨停板走势，投资者一定要辨别是机会还是陷阱。

通常情况下，如果股价冲击涨停后开始回落，在支撑位时有强力的买单支撑，说明股价比较强势，行情有可能继续上冲。如果股价冲击涨停后开始回落，在回落过程中，各个支撑点位都显得非常疲弱，那么投资者需要提高警惕，这种情况下股价往往会持续回落，甚至步入下跌行情。

（4）警惕涨停后的低开陷阱。

通常情况下，不会分析涨停板走势的投资者，大都认为涨停板是股价强势的表现。但有时股价当天的强势涨停只是虚晃一枪，其实是庄家在吸引市场投资者跟风买入，自己则趁机出货。

当股价第一天被封死在涨停板上，第二天该股低开时，很多投资者认为第二天该股低开后，能在更低价位买到前一天强势的股票，并期望股价低开高走。庄家就是利用投资者的这种心理，第一天将股价拉升至涨停，第二天将股价低开，然后股价短暂冲高后转为下跌。这种走势大多是庄家为了出货特意制造的。

当投资者遇到第一天股价强势涨停，第二天低开时，一定要提高警惕，看清楚是否是庄家在出货。尤其股价处于高位区域时，千万不要盲目地跟风买入。

（5）顶部巨量涨停陷阱。

顶部巨量涨停陷阱，经常出现在短期内持续大涨后的涨停，或者连续涨停后的巨量涨停。

巨量涨停之前一段时间的大幅上涨或者连续涨停，通常成交量都是缩量状态或者温和放量状态。股价突然出现巨量涨停，说明在这一天产生了巨大分歧，多空双方产生了激烈角逐。虽然最终多方胜利，但对市场情绪来说，是有一定负面影响的。

股价连续大涨后出现巨量涨停，通常是股价见顶的标志。投资者尽量不要跟风买入，有持仓的投资者要卖出手中的筹码。

后　记

抓住涨停板是众多市场投资者梦寐以求的，尤其实施注册制以后，涨跌停的幅度放开为 ±20% 的情况下，追逐涨停板的热情更加高涨。

涨停板股票通常是当天表现非常强势的股票，但是每天能够涨停的股票始终只是少数。所以，投资者要想在几千只股票中准确地找出涨停潜力股，就必须仔细学习和研究各种涨停板模式。

历史可能会重演，但不会简单重复。多数涨停是有规律可循的，因此只有研究明白各种模式的涨停板走势，才能更轻松地找出具有潜在涨停价值的个股。

很多投资者认为，注册制条件下，涨跌停幅度调整为 ±20%，是否意味着未来会彻底放开涨跌停板，倘若真的放开了，涨停板战法和模式是否依然适用。实际上，涨跌停幅度的放大，确实是为将来彻底放开涨跌停板作准备，但短期内涨跌停板制度很难取消，因为 A 股市场中追涨杀跌、大起大落太严重。如果在没有完善的制度和稳健的模式之前彻底放开涨跌停板，非常容易引起股价短期内的暴涨暴跌。因此，近几年来看，涨跌停板制度不会彻底放开。

本书介绍的涨跌停板模式，主要来源于技术走势的潜在价值。也就是说，股价形成这些模式的走势时，已经具备了涨停潜力，就算股价没有涨停，大幅上涨的概率也会大增。因此，如果涨跌停板制度将来真的放开，投资者依然可以运用各种涨停板模式来寻找具备强势上涨潜力的个股。

这里再强调一遍，股市是一个具有专业性的市场，要想在这个市场中获得稳定收益，就一定要先学习，后交易。投资者应该将学习、研究、总结、实践结合起来，形成自己的一套行之有效的操作交易体系。